邮政快递概论

谢逢洁◎主　编
李彩凤◎副主编

人民邮电出版社

北京

图书在版编目（CIP）数据

邮政快递概论 / 谢逢洁主编. -- 北京 : 人民邮电
出版社，2022.12
ISBN 978-7-115-59951-3

Ⅰ. ①邮… Ⅱ. ①谢… Ⅲ. ①邮政业务－概论②快递
－概论 Ⅳ. ①F618

中国版本图书馆CIP数据核字(2022)第160255号

内 容 提 要

《邮政快递概论》共 11 章。本书先概述邮政和快递的基本概念与作用，对邮政、快递、物流之间的联系和差异进行了说明。然后，本书从追溯邮政快递历史的发展脉络开始，分章节介绍邮政和快递的基本业务与增值业务、邮政和快递的电子商务业务、邮政快递生产作业组织、邮政快递网络、邮政快递技术、邮政快递客户服务、邮政普遍服务监督管理与快递市场监督管理、国际邮政快递、邮政快递企业的社会责任。

本书适合物流管理、物流工程、邮政管理、邮政工程相关专业学生及邮政快递行业管理者、从业人员阅读。

◆ 主　　编　谢逢洁
　　副 主 编　李彩凤
　　责任编辑　苏　萌
　　责任印制　马振武

◆ 人民邮电出版社出版发行　　北京市丰台区成寿寺路 11 号
　　邮编　100164　　电子邮件　315@ptpress.com.cn
　　网址　https://www.ptpress.com.cn
　　北京七彩京通数码快印有限公司印刷

◆ 开本：720×960　1/16
　　印张：20　　　　　　　　2022 年 12 月第 1 版
　　字数：283 千字　　　　　2025 年 9 月北京第 9 次印刷

定价：79.80 元

读者服务热线：(010)53913866　印装质量热线：(010)81055316
反盗版热线：(010)81055315

前言

邮政快递业是国家重要的社会公用事业，是服务生产、促进消费、畅通经济循环的现代化先导性产业，发挥着连接千城百业、联系千家万户、连通线上线下的重要作用。国家新一轮对外开放战略和"一带一路"建设，给邮政快递业的发展带来了新的契机，同时也对邮政快递业务模式创新、寄递网络重构、服务能力提升、生态环境保护和寄递安全监管等多方面提出了更高的要求。

"十三五"时期，我国邮政快递业发生了翻天覆地的变化，自动分拣、无人车、无人机、即时寄送、共享递送等新技术、新业态、新模式层出不穷，有效改进了服务质量并降低了成本。在"十四五"全面开启之际，对邮政快递业最新的实践创新经验进行总结，形成完整的知识框架体系，打造《邮政快递概论》图书，具有重要意义。

20年前，邮政和快递有着较为清晰的界限，邮政业和快递业是最常用的行业规范表述。随着行业的迅猛发展，二者之间的交叉和联系越来越多，在很多重要场合，如2021年全国两会，将邮政业和快递业统称为邮政快递业。目前，国家邮政局、各省邮政管理局网站对于行业概念的表述，既有邮政业，也有快递业，还有邮政快递业，呈现多样化特征。鉴于此，本书按照"宜分则分、宜合则合、分合相宜"的原则，进行章节内容编写。全书共11章，各章内容简介如下。

第1章的内容为邮政快递概述，首先分别讲述了邮政和快递的基本概念与作用，然后介绍二者之间的异同。在此基础上，第2章、第3章和第4章采取"宜分则分"的原则组织内容编写。第2章介绍了古代邮驿、近代邮政、现代邮政的发展历程，讲解了中国邮政的改革进程和中国邮政业的发展现状；同时讲述了快递的产生背景、快递发展的历史沿革，以及中国快递业的发展现状。第3章阐述了邮务类、金融类、速递类和物流类共4类邮政业务，以及对基本业务和增值业务的快递业务进行阐述。第4章概述了邮政网的组成要素、邮政网体制、邮政网组织、邮政信息网等，对快递网络的层次划分、结构模式及快递信息网络进行了阐述。

第5章、第6章和第7章采取"宜合则合"的原则组织内容编写。第5章按照邮快件寄递作业流程，阐述了邮快件的收寄、分拣封发、运输和投递共4个环节的作业流程。第6章从信息流和实物流两个角度，介绍了邮快件4个环节的作业流程涉及的主要相关技术。第7章按照邮政快递的业务服务流程，阐述了客户在交易前、交易中和交易后3个阶段的咨询服务和客户投诉受理服务，以及邮政管理部门的申诉受理服务。

第8章和第9章采取"分合相宜"的原则组织内容编写。第8章分别阐述了邮政和快递的电子商务业务，并分析了邮政快递企业与电商平台的协作。第9章分别阐述了邮政普遍服务监督管理和快递市场监督管理，并分析了邮政快递业安全监管与应急管理。第10章采取"宜分则分"的原则组织内容编写，分别介绍了国际性邮政组织和4个重要的国际快递企业。第11章采取"分合相宜"的原则组织内容编写，在企业社会责任理论基础之上，分析了邮政快递企业应履行的社会责任，阐述了邮政快递企业对政府、员工、消费者及社会环境应履行的社会责任。

为使读者更好地学习邮政快递相关知识内容，各章以"学习目标"和"导入案例"开篇，引发读者对于本章内容的学习兴趣和学前讨论；然后详细讲解了章节知识体系内容；最后给出两个包含知识体系内容和课程思政内涵的小故事，带领读者深入思考与讨论，并给出复习思考题。

本书特色如下。

（1）厘清邮政和快递的异同、联系，便于读者对邮政快递业知识体系的理解和掌握。

（2）关注课程思政建设，在每章的"导入案例""小故事"两个模块中，融入隐性课程思政要素，并专设一章"邮政快递企业社会责任"，落实立德树人的根本任务，强调对读者的社会责任感的培养，强化读者的使命意识和责任担当。

（3）运用建构主义教学理念，为读者搭建学习框架，引导读者自主学习和思考。通过学前明确学习目标；通过学中案例激发学习兴趣、帮助读者探究和吸纳新知识；通过学后小故事引发读者深入思考并完成复习思考题，进行学习评估和反思。

本书由谢逢洁任主编，李彩凤任副主编。具体编写分工为：第1章由谢逢洁编写，第2章和第3章由王绒编写，第4章由周雪艳编写，第5章和第8章由珠兰编写，第6章和第7章由孙瑞芬编写，第9章和第10章由任翠萍编写，第11章由李彩凤编写。

本书在编写过程中，获得了西安邮电大学教务处、中国物流学会等相关部门的支持，还得到了中国邮政集团有限公司、顺丰速运、圆通速递等众多快递企业的支持，在此一并向相关部门、企业、专家、学者表示衷心的感谢。

由于编者的能力和水平有限，对于有些观点和知识还需进一步探索、实践并完善。敬请各位专家、读者提出宝贵建议并能及时反馈，我们虚心接纳并致以诚挚的谢意。您可直接将修改建议反馈至电子邮箱：fengjie_xie@163.com。

编者

2022年春于西安

目录

第1章 邮政快递概述

学习目标

1. 掌握邮政的基本概念和特点；

2. 理解邮政业的基本属性和作用地位；

3. 掌握快递的基本概念和特征；

4. 明确快递市场参与主体的责任和相互关系；

5. 理解快递服务的作用和地位；

6. 理解邮政与快递的关系。

导入案例

邮政的变迁

邮政的变迁见证国家和时代的发展。近10年，邮件揽收、分拣、运送、投递方式发生了翻天覆地的变化，线上下单、上门揽收、智能分拣、智能投递等先进技术和创新服务，大大缩短了邮件的寄递时间，提高了邮件的处理量。此外，邮政的业务范围大大扩展，从一开始的包裹收寄、信件传递、机要通信、汇款、报刊订阅、集邮等基本业务发展为银行保险、证券资本、代发工资等金融业务，以及代收货款、供应链金融、保税物流等增值业务。这些发展变化，伴随着国家从百废待兴到成长为世界第二大经济体的发展。

中国快递业高速发展

中国快递业伴随着中国改革开发的步伐成长壮大，从20世纪80年代开始逐步向国际外资企业和民营企业开放。从一个电话、一部车送快递，到拥有庞大的快递货运运输机队，分拣、配送、运输等环节均实现智能化，快递业的飞速发展在方便人们生活的同时，还推动了电子商务的发展，且加速了偏远地区百姓脱贫的步伐。快递次日达甚至当日达已成为现实，改变了人们的生活方式。这是中国改革开放40余年伟大成就的缩影。

💬 **讨论与思考：**

对于中国邮政业和快递业的高速发展，你有哪些体会？讨论邮政和快递的关系，民营快递和邮政企业的异同。思考邮政企业为什么被称为"行业国家队"？

1.1 邮政的基本概念与作用

1.1.1 邮政的基本概念和特征

1. 邮政的基本概念

邮政是利用遍布世界各地的寄递网络，向社会传递以实物为载体的信息、传递物品及提供其他相关服务的行业。这个概念体现了邮政是一个服务行业。邮政向社会提供通信服务，这种通信服务的一个重要特点是信息以实物为载体。邮政的主体业务是提供寄递服务，其他服务是利用邮政网络优势和便利而提供的。

随着世界各国对邮政管理体制的改革，邮政的体制发生了很大变化。很多国家如德国、比利时等，已经完成了所有制改革，邮政不再是国家所有。但是在我国，邮政依然是国家所有。2019年12月，经国务院批准，中国邮政集团公司正式改制为中国邮政集团有限公司。中国邮政集团有限公司是依照《中华人民共和国公司法》组建的国有独资企业，企业不设股东会，由财政部依据国家法律、行政法规等规定代表国务院履行出资人职责，设立党组、董事会、经理层。

2. 邮政业务的基本特征

中国邮政集团有限公司是国有邮政企业，依法经营各项邮政业务，包括承担邮政普遍服务义务，受政府委托提供邮政特殊服务，对竞争性邮政业务如速递物流、金融等实行商业化运营。邮政业务的基本特征如下。

（1）服务对象广泛。邮政的服务对象是整个社会，包括政府、企业等，也包括每一位公民。

（2）服务过程与消费过程的同一性。邮政服务主要是提供以寄递服务为主的相关服务，其生产过程即为用户服务的全过程。这种服务的特点是，邮政的服务过程即用户的使用过程。

（3）全程全网联合作业。从邮政的基本概念可以看出，邮政提供的寄递服务是基于寄递网络展开的。要完成邮政作业全过程，需要有两个或两个以上的邮政部门协作配合才能提供完整的服务。全程全网联合作业是邮政最为突出的特点。

（4）不可替代性。邮政业务中的邮政普遍服务和受政府委托提供邮政特殊服务（机要通信业务）必须且只能由中国邮政集团有限公司提供。《万国邮政公约》第一条和《中华人民共和国邮政法》第二条均对邮政普遍服务做出了相关规定。机要通信则是党和国家保密通信的重要组成部分，是党和国家赋予邮政企业的一项特殊政治任务。

1.1.2 邮政业的基本属性

1. 实物通信服务是其本质属性

邮政业作为第三产业的通信服务业，除邮票外，不生产新的实物产品，只为社会提供寄递服务，寄递服务提供的过程即用户的消费过程。邮政业所提供的寄递服务，其核心内容是传递以实物为载体的信息，即实物通信服务，这是邮政业区别于其他服务业的本质属性。

2. 邮政业具有公共服务属性

邮政网络是国家重要的通信基础设施。邮政普遍服务是国家公共服务业的重要组成部分，是政府为全社会提供的基本公共服务，为所有社会公众和经济活动单位提供平等的、普遍的、非营利的社会化服务。提供邮政普遍服务是邮政企业的基本社会职责，通过提供邮政普遍服务，实现公民的基本通信权利。近10年，邮政普遍服务均等化水平持续提升，"十二五"期间完成8440个空白乡镇邮政局所补建任务，"十三五"末建制村全部实现直接通邮。快递网点基本实现乡镇全覆盖，建制村快递服务覆盖率超80%，年人均快递量达76.7件。用户满意度保持在较高水平。

3. 邮政业具有商业服务属性

作为基础性产业，邮政业不仅为社会提供邮政普遍服务，同时也为国民经济和社会发展提供商业服务。因此，邮政业是传递市场经济信息和市场商品流通的重要通道，是中国经济与世界经济联系的重要渠道。此外，邮政业还为社会提供汇兑及各类金融服务，是市场货币流通的重要渠道。

1.1.3 邮政业的作用与地位

2020年，国家邮政局发布《邮政强国建设行动纲要》，指出我国邮政业已发展成为国家重要的社会公用事业，是助力生产发展、推动流通方式转型、促进消费升级的现代化先导性产业。邮政体系是国家战略性基础设施和社会组织系统之一，为国脉所系、发展所需、民生所依。总结其重要作用和意义，主要体现在以下5个方面。

1. 邮政为党和政府传达政令

邮政企业（中国邮政集团有限公司）具有为党政机关服务的特殊使命。邮政企业提供的机要通信业务主要负责传递《邮政机要通信寄递范围》（国家邮政局印发）所列的党政军机关及国民经济各部门相互之间寄发的机要件，其中包括标注密级的经机要通信渠道代发行的涉密内参刊物。机要通信业务由邮政企业专营。

2. 邮政为社会提供普遍服务

邮政普遍服务是指保证提供使顾客在全国任何地方都能寄发或收到物品和

信件的基本通信需求。这是建立在人们基本权利原则上的一种政府行为，每个公民都有权利享受邮政通信服务。

3. 邮政为社会主义市场经济提供支撑

社会主义市场经济的建立要求信息流通快、信息反映及时、信息量足够大，这些信息有一部分是通过邮政渠道传递的。随着时间的推移，邮政大通道的作用越来越突出，已经由信息流通渠道发展为物品流通和货币流通的重要渠道。

4. 邮政是思想感情交流的桥梁

邮政连接着千家万户，与广大人民群众息息相关，是人们相互联系、沟通思想、交流感情的桥梁。通过书信、物品、货币的传递，人们可以交流思想、联络感情、互相合作、增进友谊，从而丰富精神生活。

5. 邮政是传播文化的重要渠道

邮政践行社会主义核心价值观，传承"百年邮政"优良传统，建设具有鲜明时代特色的邮政文化。邮票作为传播、记载和再现一个国家历史文化的重要载体，被誉为"国家情怀，文化名片"，在传承文明、传播文化和增进国际文化交流等方面发挥着重要作用。

1.2 快递的基本概念与作用

1.2.1 快递的基本概念和特征

1. 快递的基本概念

关于快递的基本概念，国内外不同组织和学者均对其有不同的定义，下面给出几类比较有代表性的观点。

《中华人民共和国邮政法》规定：快递是指在承诺时限内快速完成的寄递活动。寄递，是指将信件、包裹、印刷品等物品按照封装上的名址递送给特定个人或者单位的活动，包括收寄、分拣、运输、投递等环节。

我国《快递服务》国家标准中规定：快递服务就是快速收寄、运输、投递单独封装的、有名址的快件或其他不需储存的物品，按承诺时限送到收件人或指定地点，并获得签收的寄递服务。

我国《快递市场管理办法》规定：快递是指快速收寄、分发、运输、投递单独封装、具有名址的信件和包裹等物品，以及其他不需储存的物品，按照承诺时限递送到收件人或指定地点，并获得签收的寄递服务。

美国国际贸易委员会对快递的定义为：快递服务是指快速收集、运输、递送文件、印刷品、包裹和其他物品，全过程跟踪这些物品并对其保持控制，提供与上述过程相关的辅助服务，包括清关服务等。

可以看出，以上这些定义主要强调了快递寄递活动的快速性、时效性、时限性。

2. 快递服务的特征

依据快递服务的概念，可以进一步归纳快递业务有以下基本特征。

（1）服务的快捷性

快递服务最突出的特征就是快捷性，它不仅在理念和体制上实现了创新，同时还在运输能力、网络及技术上实现了突破，从而能够快速、便捷地将用户的包裹送达，满足了消费者对快件时效的需求。

（2）递送物品的特定性

快递服务寄递的是特定的物品，其主要体现在3个方面。首先，封装。快递服务是对封装物品的递送。封装的物品在快递业务中被称为"件"，并以"件"为计量、计价及物品流动的基础单位。其次，署有名址。快递服务是对有名址物品的递送。收件人名址和寄件人名址均须明确。最后，有重量、体积限制。快递业务是对有重量、体积限制物品的递送。《中华人民共和国邮政法》规定了快件包裹的重量不超过50千克，任何一边的尺寸不超过150厘米，长、宽、高合计不超过300厘米。

（3）寄递组织的网络性

健全、顺畅的快递网络是经营快递业务的基础。快件从寄件人到收件人一般需要经历收寄、分拣封发、运输和投递等环节。这些环节是快件在快递网络上的有序流动。快递业务各环节的有机组合、节点配置、合理分工、合作运行是快递服务网络性的重要体现。快递服务组织的网络随着快件经营范围的扩大而同步扩大，且是不可或缺的。

（4）寄递服务的专业化

快递服务经历收寄、分拣封发、运输和投递等多个环节，每一环节的完成都需要依靠标准化的操作流程和信息化的操作设备，实现全流程的专业化操作。近年来，随着快递业务量的飞速增长，一些现代化的专业技术助力快递业务组织，且有一些专业设备为其提供服务，如自动分拣系统、分拣机器人、无人机等。

（5）寄递服务的信息化

伴随快递服务的各个环节，快件信息的录入、预报、追踪、查询、统计和结算等操作已经完全实现了信息化，成为快递服务的关键要素。快递企业通过越来越多的信息化技术，如GPRS（通用分组无线业务）、ReiD（行人重识别）、蓝牙等，推动快递服务水平不断提升，从而满足客户对快速服务的要求。

1.2.2 快递市场的参与主体

在我国，监管职能部门、快递企业、快递行业组织、快递消费者及媒体等其他社会监管力量是快递市场运行的主要参与者。这些参与者之间的关系构成了我国快递市场运行的基本框架，各相关主客体之间的关系如图1-1所示。

1. 监管职能部门

我国快递市场的监管主体为国家邮政局和地方各级邮政管理部门。其中，国家邮政局接受国务院和交通运输部领导，国家邮政局对地方各级邮政管理部门进行管理，地方邮政管理部门需要执行国家邮政局的各项规定。

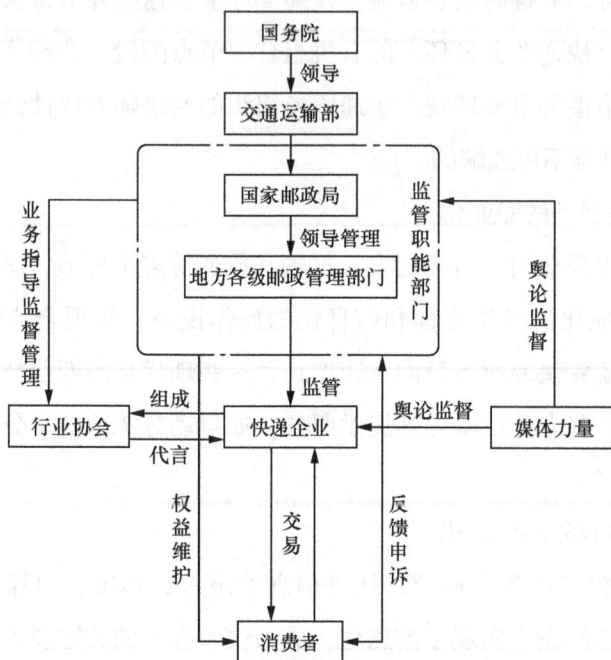

```
                        国务院
                          │领导
                      交通运输部
                          │
        ┌─────────────────┼──────────────────┐
        │             国家邮政局         监管职能部门
  业务   │              │领导管理                    舆
  指导   │        地方各级邮政管理部门                  论
  监督   │                                           监
  管理   │                  │监管         ↑           督
        ↓      组成          ↓      舆论监督          │
     行业协会  ───→  快递企业  ←─────────  媒体力量
              代言    ↑ │ ↑
        权益         交 │ 反
        维护    交易  易 │ 馈申诉
              ↓     │ ↓
              消费者
```

图 1-1　快递市场主要参与者的关系

2. 快递企业

快递企业是在我国境内从事快递经营业务的所有企业，包括国有、民营和外资等多种所有制性质的企业。快递企业接受国家邮政局和地方各级邮政管理部门的监管，向消费者提供各种快递业务或服务，是我国快递行业组织的主要组成力量。

目前，国有快递企业主要包括中国邮政速递物流股份有限公司、中外运空运发展股份有限公司、中铁快运股份有限公司、中国远洋物流有限公司、民航快递有限责任公司等；民营快递企业品牌主要包括顺丰速运、中通快递、百世快递、申通快递、圆通速递、宅急送、韵达快递、天天快递等；外资快递企业品牌主要包括敦豪快递（DHL）、联邦快递（FedEx）、天地快递（TNT）、联合包裹（UPS）等，其中FedEx、TNT、UPS以独资形式经营，DHL以合资形式经营。

3. 快递行业组织

快递行业组织在一定程度上对行业内的快递企业进行自律性监管，同时为快递企业提供相关服务。中国快递协会于2009年2月11日成立，对于快递市场发展具有里程碑式意义，标志着我国快递业"政府监管、行业自律和社会监督"三位一体市场监管模式的初步形成，对于提高快递市场监管的有效性，促进行业健康有序发展起到了重要作用。我国各省市、自治区都成立了省级快递协会。

4. 快递消费者

使用快递服务、与快递企业产生交易关系的消费者，即为快递消费者，不仅包括个人用户，还包括非个人用户，如政府部门、企业等。快递消费者可以向邮政管理部门反映自己在使用快递服务时遇到的各种问题，也可以向媒体等其他社会监管力量反映自身诉求。

近年来，快递消费者的数量不断增长。消费者个体对快递服务的要求也在不断提高，对价格、企业品牌、服务质量等因素的考虑越来越多。然而，我国消费者维权意识相对较低，责任意识相对不足。部分消费者不知道可以通过哪些途径保障自己的合法权益，也不清楚我国法律法规禁止寄递的物品范围。快递市场监督职能部门和快递行业组织应加大宣传力度，提高快递消费者的维权意识和责任意识，共同维护快递市场的健康发展。

5. 媒体

以媒体、社会组织为代表的其他社会监管力量虽不是我国快递市场监管的职能部门，但可以凭借自身特点通过新闻调查、报道等方式对快递企业进行间接监督。在新媒体时代，媒体等社会监管力量的作用不容小视，可以在一定程度上消除快递市场监管中存在的信息不对称，促使监管部门、快递企业及消费者行为的改变。

1.2.3　快递服务的作用与地位

1. 快递服务推动国民经济发展

快递服务是一种时效特快的"门到门""桌到桌""手到手"的传递服务。随着快递业务领域的不断拓宽，快递业务收入迅猛增长，在加速流通、扩大内需、调整结构、吸纳就业、普惠民生等方面的作用日益凸显，推动了整个国民经济的发展。

2014年，国务院《政府工作报告》首次提出要促进快递业发展。2015年，国务院常务会议对快递业进行了重新定位，提出"快递业是现代服务业的重要组成部分，是推动流通方式转型、促进消费升级的现代化先导性产业。"这一定位将快递业在整个国民经济发展中的作用提升到了一个新的高度。

2021年，我国全年快递业务量累计完成1083亿件，包裹数量占全球一半以上；全国快递业务收入累计完成10 332.3亿元，占GDP比重达0.90%。在国内外经济形势复杂多变的背景下，快递业在推动流通方式转型、促进消费升级、扩大社会就业、服务人民生活、促进新业态形成和发展中发挥了重要的基础性作用。

2. 快递服务改变人民的生产生活方式

近10年快递业的快速发展，极大地方便了人民生活。2015年，国务院常务会议专题研究促进我国快递业发展的措施，会议指出"加快发展快递业，可以便利群众生活、降低流通成本、服务创业创新，对于扩大内需和就业、促进结构优化、提高新型城镇化质量，具有重要意义"。2020年，《中国快递业社会贡献报告》指出，全国快递企业日均服务消费者达4.5亿人次。2021年，靠快递递送的实物商品网络零售额达10.8万亿元，占全社会消费品零售总额比重24.5%，对社会消费品零售总额增长的贡献率为23.6%。快递已成为传统电子商务、直播电商、社交电商等新型业态快速壮大的重要支撑力量。

3. 快递服务的产业关联效应显著

在经济全球化的今天，国际市场瞬息万变，技术创新的速度越来越快、产品更新越来越频繁，市场的竞争往往就是时间和速度的竞争，对迅速、高效安全、门到门的快递服务的需求尤为迫切。

以服务制造业为例，快递业与制造业深度融合发展，进入服装、家居、汽车零配件、医药等生产制造企业的物流保障环节，形成了订单末端配送、仓配一体化、售后维修、嵌入式供应链等有效服务模式。2021年，全国快递服务制造业业务收入超百万的项目有1908个，使制造业通过两业融合实现降本增效。

快递还在服务"三农"、助力乡村振兴方面发挥着重要作用。2021年，全国乡镇快递网点覆盖率达98%，行政村实现快递直投的比例超过80%，农村快递服务水平稳步提升。2021年，打造快递服务现代农业"一地一品"年业务量超千万件的项目100个，全年农村地区收投快递包裹总量为370亿件，带动农产品出村进城和工业品下乡进村超1.85万亿元，在提升农产品流通效能、促进农民增收、助力乡村振兴等方面取得了显著成效。

4. 缓解就业难问题

快递服务是由包装、装卸、运输、配送、存储、流通加工和处理信息等功能集合而成的服务行业。我国快递市场既包括国际业务市场，也包括国内异地和国内同城快递业务市场，不同的业务和市场需要各种人才，从高度专业化的机场工作人员、海关人员和经理人到普通的运输司机、收件员、分拣员和投递员等，可以为不同资历的人提供就业机会。

我国庞大的快递业务规模提供了海量就业岗位。随着新技术应用和快递服务的多元化，更多的新职业在快递行业诞生。2021年快递业从业人员超过400万人，新增社会就业人员20万人以上，为国家稳就业、保民生做出贡献。

1.3 邮政与快递的关系

1.3.1 邮政业务与快递业务的关系

实物通信服务是邮政最基本的服务业务。随着社会需求的变化而发展，邮政企业（中国邮政集团有限公司）通过开发新业务、改进旧业务，不断调整业务结构以满足各种新需求。目前，邮政业务名目繁多、复杂多样，可根据业务板块、市场竞争情况、承担的社会功能进行业务类别的划分。其中，按业务板块划分，邮政业务可分为邮务类业务、邮政金融类业务、邮政速递类业务和邮政物流类业务。可见，邮政业务包含快递业务。

在我国境内经营快递业务的企业包括国有、民营和外资等多种所有制性质的企业。中国邮政速递物流股份有限公司隶属于中国邮政集团有限公司，是国有快递物流综合服务提供商，主要经营国内速递、国际速递、合同物流等业务，拥有享誉全球的特快专递品牌"EMS"和国内知名的物流品牌"CNPL"。其中，特快专递"EMS"所涉及的国内速递和国际速递业务正是前述邮政业务中所述的邮政速递类业务。

1.3.2 邮政企业与快递企业的共同点

1.不仅服务生产，也服务消费

邮政企业和快递企业的寄递业务起始于满足消费者的服务需求，这与传统物流主要服务于企业的物流需求不同。因此，其基础设施更庞杂、服务群体更庞大、规模效应更显著，作业链条也从传统物流业的仓储、运输延伸至分拣、投递作业等环节。这是传统物流不具有的特性。

2.寄递网络的全网特性

邮政企业和快递企业寄递业务的完成均依赖于寄递网络。寄递网络的全网特性打破了时空限制，加速了信息的传播和流动，新的生产技术和管理手段得以沿着供应链的纵向、横向两个方向传播，促进了供应链上、下游企业的技术交流与合作，以及不同产业间的技术进步。目前，我国已基本构建了覆盖全国、深入乡村、通达全球的邮政快递网络。高铁快递、航空快递运能不断增强，无人仓、无人车、无人机等智能设施装备普遍应用，促使快件最高日处理接近7亿件。

3. 寄递业务的主要作业环节相同

邮政企业和快递企业寄递业务的作业流程是指从寄件人交寄邮件或快件起，至将邮件或快件交给特定的收件人的全过程。整个过程由收寄、分拣封发、运输、投递四大作业环节组成。运输将收寄、分拣封发、投递三大作业环节联系起来，实现邮件或快件从寄件人到收件人之间的传递。

4. 归属国家邮政局监管

首先，邮政企业承担的普遍服务业务、特殊服务业务和集邮业务等受到国家邮政局监督；其次，我国快递市场中的所有企业受到国家邮政局监管，包括价格监管、市场准入监管、服务质量监管等方面；最后，无论是邮政企业还是快递企业，均须接收国家邮政局的安全监管和应急管理。

5. 客户服务类别一致

邮政企业和快递企业主要为客户提供寄递服务，在寄递服务的过程中，为用户提供两人类延伸和辅助服务，包括客户咨询服务和客户投诉服务。客户咨询服务包括客户交易前咨询与接单服务、交易中查询及快件跟踪服务、交易后咨询服务；客户投诉服务是指处理客户对企业服务的不满和投诉。当客户咨询服务和客户投诉服务没有得到满意答复后，客户可以向邮政管理部门提出申诉。

1.3.3 邮政企业与快递企业的不同点

1. 邮政企业肩负国家的社会公用事业

邮政体系是国家战略性基础设施和社会组织系统之一。这反映了邮政具有强烈的政治和社会属性。首先，邮政普遍服务是代表邮政企业形象和行业特征的标志性、基础性业务，是邮政企业承担邮政基本公共服务的主要载体，在国家公共服务中占有重要地位。其次，机要通信是国家保密通信的重要组成部分，是党和国家赋予邮政部门的一项特殊的政治任务，是具有通信性质的一项特种业务。这些特点是邮政区别于快递的突出特性。

2. 邮政企业的业务类型远远多于其他快递企业

邮政主要经营的业务类型繁多，主要包括：函件、包件、集邮、报刊发行、机要通信、信息代理等邮务类业务；银行、保险、证券、资本等邮政金融业务；国内速递、国际速递等邮政速递类业务；仓储、运输配送、综合物流服务、物流金融、供应链咨询等邮政物流类业务。快递主要经营的业务类型可分为国内快递业务与国际快递业务，其性质与邮政主要经营业务中的邮政速递类业务相同。由此可见，邮政的业务类型远远多于快递。

小 故 事

小故事1：从2.61天到1.78天——安徽邮政普邮全程时限提速记

2021年8月开始，安徽邮政启动直辖市、省会城市间普邮全程时限提速工作。提速后，合肥邮区中心局发出的普邮全程时限平均缩短到1.78天，优于中国邮政集团有限公司制定的2.4天标准。为实现该提速目标，安徽邮政采取了以下具体措施。

全线路优化措施。安徽邮政网络繁密，合肥邮区中心局寄出的线路多达30条，线路平均时限为2.61天，其中不达标的线路有13条。对此，安徽邮政结合邮件种类，对不达标线路一一进行梳理，对节点一一进行分析，全面优化邮寄线路。

全品类提速措施。安徽邮政根据业务量和流量流向，对平信、挂号信、挂号印刷品等不同种类的邮件，分类制定提速措施。如对业务量占比较大的信函及文件类印刷品邮件，打破现行全程陆运方式，当传输线路为中远途线路时，全部改为航空运输，大幅压缩邮件运输时长。

全环节联动措施。邮件的寄递涉及"营、分、运、投"等众多环节，安徽邮政网路运营中心对寄递作业组织进行了系统优化。根据干线邮路计划，对普邮作业模式进行调整，加密作业频次，压缩内部处理时长，为合肥邮区中心局的内部邮件处理节省时间。

全过程管控措施。安徽邮政采取关键环节打卡、每日通报、责任单位自查等方式，找准各环节问题，并明确改进点。为此，安徽邮政专门印制《普邮新运营标准应知应会手册》，确保人人知标准、懂流程、会操作。此外，各环节实时发布动态信息，能充分预判下一环节，及时进行相关作业安排。

2022年，安徽邮政将继续以普邮时限库为基础，持续加强管控，有效缩短普邮时限，以高质量服务来满足人民的生活需求。

💬 **讨论与思考：**

从安徽邮政普邮全程时限提速的案例中，你能提取出本章给出的哪些知识点？请思考并研讨邮政企业与快递企业可进一步从哪些方面确保邮件提速？

小故事2：长篇小说《国脉：谁寄锦书来》

2019年6月13日下午，以新中国首任邮电部部长朱学范等为原型的长篇小说《国脉：谁寄锦书来》首发。该书是首部讲述中国邮政历史的长篇小说。它揭示了鲜为人知的邮政史，抒写了邮政人的家国情怀，为中国邮政谱写了一曲不忘初心、百折不挠、奋发向上的壮丽凯歌。

小说讲述了20世纪上半叶的中国上海滩。3个邮政人，3个好兄弟、好工友，在工人运动风云里脱颖而出。一次偶然的抉择，造就了3人迥然不同的命运，展现出一幕幕时代与人性、历史与命运、理想与奋斗、爱情与信念的跌宕起伏的剧情。小说时间线从清末民初至新中国成立，以邮政工人秦鸿瑞的成长历程为线索，以波澜壮阔的工人运动为主轴，串起了五卅运动、上海工人3次武装起义、九一八事变、一·二八淞沪抗战等一系列重要历史事件，再现了一个个惊心动魄的斗争场面，勾勒了中国社会发展演变的历史进程，谱写了一部中国邮政史和工运史。

小说描绘了邮政工人荡气回肠的斗争画面，如上海邮工童子军参加一·二八淞沪抗战、东北3000名邮工维护邮权撤回关内、巩固邮基运动、战争年代跑秘密交通、组建抗日别动队、解放上海邮政大厦等，是一部能够表现中华民族在特定时期的历史选择和思想高度、文化深度的优秀作品。

💬 **讨论与思考：**

请你阅读小说《国脉：谁寄锦书来》，认真思考邮政体系作为国家战略性基础设施和社会组织系统之一的含义，并谈谈你对邮政人在历史进程中发挥作用的理解。

📓 **复习思考题**

1. 邮政的基本概念和特征是什么？

2. 快递的基本概念和特征是什么？

3. 阐明快递市场参与主体的责任和相互关系。

4. 邮政与快递的异同有哪些？

5. 邮政和快递的作用、地位有何差异？如何理解邮政业向邮政快递业的转变？

第2章 邮政快递业发展进程

学习目标

1. 了解古代邮驿、近代邮政、现代邮政的发展历程；

2. 了解快递业的产生背景与发展历程；

3. 理解中国快递业的发展现状与趋势；

4. 理解中国邮政业的发展现状及存在问题。

导入案例

"邮"来已久

中国是世界上邮驿起源最早、最发达的国家之一；也是世界上最早、最成功地发现并运用通信规律、组织书信传递的国家之一。中国的邮驿体系早在商朝时期就已经建立并能够很好地运行。中国创造和积累了一整套治邮经验，为促进人类通信事业的发展做出了重要贡献。

"快"速惊人

中国古代的快递业在世界上非常超前。早在宋代就有"急脚递"，日行400里（1里即500米）。元代急递铺"星罗棋布，脉络通通，朝令夕至，声闻毕举"。隋唐时快递传送速度之快，更是从"一驿过一驿，驿骑如星流。平明发咸阳，暮及陇山头。""一骑红尘妃子笑，无人知是荔枝来。"等古诗中直观显现。这些都成为后来我国快递业迅猛发展的良好基础。

💬 **讨论与思考：**

对于邮政和快递的历史，你还了解哪些故事？讨论邮政与快递的起源，古代邮驿与近代邮政的异同。思考邮政和快递呈现的特点及其背后的原因。

2.1 从古代邮驿到当代邮政的演进

远古时代，人类通过使用语言、声响、火光或以物示意等方式发射与接收信息，以满足生存需要。之后，随着国家和政权的出现，通信活动主要服从并服务于国家政权，故被称为"邮政"，"邮"即通信方式和组织，"政"指由国家政权进行统治。

随着社会的高速发展与科技的不断进步，邮政在通信领域的地位受到了一定挑战，其内涵特征等也发生了一些变化。世界各国的邮政发展进程不尽相同，但都经历了古代邮驿、近代邮政和现代邮政这3个阶段。

2.1.1 古代邮驿

1. 发展历程

世界各国与地区在古代时大都有邮驿组织。其中，古埃及、古波斯、古罗马和中国等国与古希腊地区因邮驿事业发展飞速而著名。古埃及在公元前3000年前后就建立了邮驿组织。古希腊在公元前2000年进入奴隶社会后，因传递路途短及多山的特点，多采用步行方式送信来保持城市间联系，且以奴隶剃发传信的措施保障通信安全。公元前6世纪，古波斯因国土辽阔步行送信常误事而改为骑马送信，并在路途设有驿站、备有马匹和骑士，站站相传进而加快了邮政通信速度。古罗马继承了古波斯的邮驿制度，信使骑马或乘马车，邮驿成为当时军事和行政机构的组成部分。中国在距今3000多年前的殷商时期就出现了有组织的通信活动。

中国古代邮驿的发展历程按朝代大致如下。

西周时期，中国已经有了比较完整的邮驿制度。一方面，保持着烽火报警（按约定信号通报紧急军情）、击鼓传声（早期声光通信系统）；另一方面，建立了完善的邮驿组织，并形成了以步行、乘车为主的邮传通信系统。

春秋战国时期，随着经济发展及各诸侯国间战争的需要，各诸侯国争相建设国道、通信设施和邮驿馆舍，并出现单骑通信和接力传递。为了更迅速地传达政令、飞报军情，声光通信也得到广泛采用。

秦统一中国后，修驰道，开河渠，车同轨，书同文。在邮传方式上，秦时大都采用接力传递文书的办法，由政府规定固定的路线，由负责邮递的人员一站一站接力传递下去。为了保证公文和书信及时、迅速而准确地到达，秦王朝制定了中国第一部有关通信的法令——《行书律》，对传递官府文书的时间要求、处理手续、人员条件、生活待遇、机构管理和奖励办法等都进行了明确的规定，并规定十里设亭，其中有士兵和兵器，除供邮差停歇外还承担稽查责任，促进了邮驿的发展。

汉承秦制，不断完善邮驿制度，规定"五里一邮，十里一亭，三十里一驿"，驿设"传舍"，并专设官员掌其事，在制度上也日趋严密；而且对邮书的保密性、邮书传递的速度、邮递里程等方面都有严格的规定。那时邮驿通信的速度较快，马传一日可行三四百里，车传一日可行七十里左右，步行一日可行四五十里。另外，汉朝邮驿不仅用于国家管理，还用于对外联系。据《后汉书·西南夷列传》记载，永宁元年（公元120年）中国邮驿已通达缅甸、印度等国。

东汉末年，战乱不断，邮驿通信遭到破坏。三国时期，战火纷飞，更需要迅速获得必要的信息。各国在征战的同时，都投入一部分财力、人力进行邮驿的建设。随着交通的发展，南方的东吴和北方的曹魏，都和西方的罗马帝国有往来。

　　魏晋南北朝时期，邮驿通信和邮驿制度不断得到发展和完善，出现了中国历史上第一部邮驿专门法规——《邮驿令》（已失传）。随着交通的发展和当时信息传递的需求，"传""亭"逐渐被统一为驿站制度，即中央和地方的一般公文一概由"驿"独立承担传送；主要的文书则由发件单位派出专人送递，但途中替换的车马和食宿，全由"驿"来供应。这样，"驿"就成为邮路上的唯一机构，它同时兼管在交通线上送往官员、专使和宾客的任务（这一任务先前是由"传""亭"来承担的）。另一方面，安排非官方的客商及私人旅客的食宿，则由一种新兴的私人旅店和寺院旅店来负责。这种制度的确立为我国邮驿制度的发展起到了承上启下的作用。

　　隋唐时期，邮驿盛极一时，空前繁荣。当时邮传事业发达的标志之一是"驿"的数量迅速增多。隋唐时期继续执行魏晋南北朝时期"驿传合一"的制度，"驿"代替了以往所有的"邮""亭""传"。唐朝的邮驿设置遍及全国，规模宏大，并采取陆驿、水驿和水陆兼办的方法，制定了完善的管理制度和规定。据《大唐六典》记载，当时的官邮线路以京城长安为中心，向四方辐射，直达边境地区，大致是30里一站，全国共设有驿站1600多处。专门从事驿务的人员有20 000多人，其中驿夫有17 000人。唐朝时期驿拥有的马匹也很多，大一点的都亭驿配备马75匹；诸道的驿配备马少则8匹，多达60匹。对邮驿的行程也有明文规定，如陆驿规定马每天走70里，驴每天走50里，车每天行进30里。对于各级官吏使用车马的数量，也有一定的限制。唐朝驿传相当准确、迅速。遇到紧急事情，骑马一天能跑300里以上。当时邮驿的组织已高度发达，传递速度已达到很高的水平。"驿"的任务包罗万象，既负责国家公文书信的传递，又负责传达紧急军事情报，还兼管迎送官员、平息叛乱、追捕罪犯、慰抚灾区和押送犯人等任务，有时还管理贡品运输和其他小件物品的运输。唐玄宗开元年间（713—741年），邮驿开始传递"邸报"（报刊发行的开始）；806—820年又兼递"飞钱"（汇兑上用的证券），这是我国邮政传递报纸和开办汇兑业务的开端。唐朝的邮驿制度及其多样化的传递方式都对后人产生了积极的影响，极大地推动了我国古代邮驿事业的发展。

　　宋朝邮驿规模不如唐朝，但有其自身特色：为传递军令设立了急递铺，每铺设铺长1人，铺兵10人，负责传递紧急公文，日行可达四五百里；驿卒由民夫改为军卒担任；宋初对邮驿经费制度进行了变革，关于官员可以邮递私书的规定更是突破了自秦朝、汉朝以来传统邮驿的旧框架，把发展缓慢的封建邮驿向前推进了一步。嘉祐年间（1056—1063年），还编有《嘉祐驿令》共3卷74条，与唐朝相比，邮驿规章制度得到了进一步的完善。宋朝的邮驿上承隋唐五代之后，兴利除弊，下启元朝、明朝、清朝三朝通信的发展，影响颇为深远。

　　元朝疆域辽阔，横跨欧亚两大洲，邮驿也随之发展。1229年，元朝建立了固定邮线和驿馆，设驿站（在蒙古地区称"站赤"）近1500处，并在欧亚两大洲版图内广泛设置急递铺多达两万余处。为了确保高度机密文书的传递，忽必烈还创建了海青驿作为其专用驿站。首先从元大都至济南，设海青驿8所，随后在各路设置海青驿，急递铺的军事性质较宋时有所减弱。全国驿站以元大都为中心逐站接力，通达横跨欧亚的四大汗国。主要干线有南路，经良乡、涿州南下，与南方各行省驿路衔接；西路，经昌平至榆林分路。此外，驿路还东至鸭绿江，通达高丽全境，北抵西伯利亚，南临安南，西经甘肃、新疆，远达波罗的海和波斯湾。在此基础上，元朝建立了以驿站为主体的马递邮驿网和以急递铺为主体的步递邮驿网，从而构成完整的元代邮驿系统；并陆续制定和颁布了一套邮驿管理制度，如《立站赤条例》等。

　　明朝邮驿隶属于兵部车驾司，各行省由布政使和按察使兼管驿站，按察使下有驿传道为全省驿传主管长官，各州县有驿丞为地方驿传主管人员。京师驿传机构有会同馆，各地设水马驿、递运所。急递铺每铺设有铺司1人，铺兵若干人。铺兵在传送普通公文时昼夜行300里，在传送紧急文书时昼夜行600里。明朝《大明律》中《兵律·邮驿门》律文规定对危害邮驿、贻误军机、造成严重后果者一律处以死刑，体现了以严刑峻法治理邮驿的特点。由于海上交通发达，郑和"七下西洋"，出航印度、阿拉伯、东非等地，使海路邮驿盛极一时。1403—1424年出现了民信局，它是与邮驿相并存的传递民间书信、物品和办理汇款的私营商业组织。

清朝邮驿在明朝基础上进行改革与创新，在康熙、雍正、乾隆三朝百余年间发展到高峰。据《钦定大清会典事例》等典籍记载，光绪中期，全国共有2000个驿站、70 000多名驿夫、14 000多个递铺、40 000多名铺兵，由此组成了清代邮驿组织，规模庞大、网路纵横、四通八达，无论在广度和深度上都超过了以往的任何朝代。为了更好地完成通信任务，清朝将"邮""驿"这两种组织形式融为一体，这就使得驿站不仅作为官方的交通组织，也作为通信组织让交通与通信融于一体，驿站从间接为通信使用变为直接办理通信事务，接受并传送紧急公文，这是我国邮驿制度发展史上的重要标志。《大清律例·兵律》有邮驿律18条，后增至35条，比明代更为严密和完备。

晚清年间，政治腐败，外犯频至，邮驿制度开始废弛，邮递迟缓，继之而来的有客邮即外国邮政、工部局书信馆、麻乡约、文报局、送信管局和华洋书信馆等各种邮传组织。在当时，各种邮传组织各自经营、各立制度、自成体系、互不统一。1878年清政府在海关试办邮政，1896年开办国家邮政，在此情况下，有识的革新之士提出裁驿主张，1913年1月，北洋政府宣布将驿站全部裁撤。由近现代化的邮政代替古老的驿站，已成为历史发展的必然。

2. 相关概念

（1）邮驿。邮驿是专门为政府传送公文和传递军情的国家通信机构。

（2）驿站。古代负责传递公文、转运官方物资及为来往官员提供食宿的机构。埃及在建立了有组织的通信系统后逐步设立驿站。我国的驿站始于周朝，被称为传舍，以后历朝历代有不同的名称，如邮亭、邮置、递铺等，元朝将其称为站赤，后来将其统称为驿站。

（3）驿符。古代管理和使用邮驿的一种凭证。周朝、秦朝时期驿符为

"节"或"传"，两汉时期由中央对使用邮传的使者发放木制的封传，"传"长一尺五寸（1尺约为33.33厘米，一寸约为3.33厘米），由御史大夫加封，凭"传"以供应车马，决定事物的缓急和车马的等级。另一种"传"是一种红色织物，供一般使用者使用。隋朝时期，开始驿遣使发放银牌，以后逐步演变为发放纸券。传符盖上相当级别的印方能生效，有的会注明该件公文的时速要求。

（4）泥封。古代对简书用一种特制的黏土在捆扎处进行加封的方式，是古代邮驿封发公文书信的一种重要方式。泥封始于战国时期。汉朝已广泛使用泥封，发文官署除加盖官印外，还盖有邮寄部门的印章，注明传舍名称及收发日期，管理制度十分严格。

（5）驿使。驿使是邮驿传递文书的人。驿使有的是朝廷差遣的传书专使，有的则是专司传送文书的人员。

3. 特征

纵观古代邮驿的发展历程，各国有异，中国的各个朝代也各有特色，但包含着邮驿的一些共同特征。

（1）通信是根本功能

通信的需要是产生古代邮驿最主要的原因。中国各个朝代邮驿的组织管理、邮驿规模各不相同，尽管邮驿也负责迎送过往官员和接待使臣，提供车马住宿，但其基本功能是通信。

（2）官办是最根本的组织管理形式

从周朝邮驿到清朝邮驿，历代邮驿是传递公文和军情的国家通信组织，从中央到各地区都由官方来管理，邮驿是国家机构的一部分。

（3）仅服务于国家政权是邮驿的本质

古代邮驿不为公众提供通信服务，其建立的根本目的是为国家统治者维护政权服务。

2.1.2 近代邮政

1. 形成与变革

邮驿的发展主要为官府服务，民间通信只能靠托人捎带或派人专送。随着社会经济及文化等的发展，人们之间的书信往来逐渐增多，促使各国一些教会、大学、城市和商业组织等设置各自独立的邮递组织，世界最早的私营寄递组织由此产生，其后续发展很快，并持续发展了几百年。如15世纪由塔克西斯家族经营的私营寄递组织，在16世纪中叶，其邮路往来几乎伸展到欧洲大部分地区，成为当时世界上最大的私营寄递机构，并存在了300多年。此后，传统邮政逐渐发展。法国于公元1477年建立了皇家邮政。英国于公元1516年委派邮政局局长，组建了邮政通信网，在公元1600年前后传送私人信件合法化。英国与法国邮政分别于公元1635年和公元1672年宣告邮政由国家专营。私营寄递组织继而被国家邮政所取代。

中国近代邮政随着英国、法国等资本主义国家的入侵而产生，经历了由外国邮政在华设立邮局到中国政府自己开办邮局的过程，其产生、形成与演变大体分为"海关邮政""大清邮政""中华邮政""革命邮政"等几个阶段。

（1）海关邮政

在晚清开办国家邮政之前，传统驿站弊端已是积重难返，同时，外国客邮（外国政府在中国擅自设立的其本国的邮政机构）密布口岸，民信局（民间商业通信的机构，与管局相对）遍及村镇。仅上海一地就存在着包括民信局在内的近百家邮政组织，这些组织性质各异，有民间的、有官办的、有租界当局直属的、有归各国在华领事馆管辖的。这些邮政组织各自为政，互不统属，也不受清政府管辖。各客邮机构执行其本国的邮政制度，邮资自定，并发行其本国或殖民地政府的邮票，所用标志也是中外文参半。在这种情况下，清政府逐步意识到开办国家邮政的重要性。在1896年光绪皇帝正式批准开办国家邮政，即"大清邮政"前夕，中国近代邮政先后经历了由海关进行兼办邮政和试办邮政的两个阶段。海关邮政的创办使当时的中国人开始接触到近代邮政，并且为之后创办晚清国家邮政积累了重要的经验。

1861年，清朝总理各国事务衙门成立以后，各国公使感到自行寄递邮件不便，就改由总理各国事务衙门转交驿站寄。1866年，总理各国事务衙门将代办邮递业务交由英国人赫德担任总督的中国海关总税务司兼办此事，这就是"海关兼办邮政"。同年12月起，北京、天津、上海、镇江等地的海关先后设立邮务办事处兼办邮递，承担原来由驿站传递的各国驻华使馆公文，并收寄办理海关公私信件。

1867年3月4日，海关总税务司署发布《邮政通告》，公布邮件封发时刻表，并从1868年1月起开始收寄外侨信件。1878年3月9日，根据李鸿章的建议，赫德委派德璀琳在北京、天津、烟台、牛庄（营口）、上海共5处海关，仿照欧洲办法由海关试办邮政，并于当年7月25日发行了大龙邮票。1882年11月，海关"拨驷达局"公布《海关邮局章程》，此章程扩大了海关邮局的影响，也使越来越多的中国人认识到了邮政的优点。由此开始，海关试办邮政已经在我国北方和长江流域一些通商口岸建立机构并提供服务，但由于当时体制不健全，网络、经费、人员方面不到位，影响不是很大。"洋味十足"的中国海关邮政并未被当时的中国人普遍接受。到1896年初，在全国24处设有海关的地方，基本上都已开办了海关邮局。

这一时期中国官办公文、报纸仍由驿站传递，而中国商人和民众不信任海关邮政，仍向民信局交寄邮件，所以形成了邮驿、海关邮政、民信局和客邮并存的局面。

（2）大清邮政

为阻止客邮的不断扩张，同时控制国内邮政，南洋大臣刘坤一和北洋大臣李鸿章分别于1892年和1896年上书呼吁清政府尽快正式开办邮政，否则"异日中国再议推广，必更维艰"。1896年，张之洞又奏请开办国家邮政。设立国家邮局已成为封疆大吏的共识，也成为适应客观形势的需要。于是，光绪帝于

1896年3月20日在奏折上批"依议"，在附呈章程上朱批"览"。总理衙门即据以委令赫德为"总邮政司"，让其专司其事。从此，"大清邮政"正式开办，这标志着中国邮政的诞生。

在1897年2月20日大清邮政局正式营业时，全国24处海关邮局改称大清邮政官局，经过35年的海关兼办加试办邮政，终于在1896年成立了一个自主的邮政局。1899年《大清邮政章程》颁布，这是中国有了国家邮政以后颁布的第一部邮政法规。从1906年11月6日起，清代邮政有了专业管理单位，即成立了邮传部，邮政才脱离海关归邮传部。邮传部在1906年官制改革中成立后，其作为主管航路电邮四政的中央政府职能部门，致力于发展邮政事业，并取得了突出的成绩。直到1911年邮传部才正式接管了海关邮政，在英国人赫德离职返回英国后，法国人帛黎又当上邮政总办，中国邮政大权仍被掌握在外国人手中。

（3）中华邮政

中华邮政于1913年成立，隶属于交通部，并在1914年加入万国邮政联盟，但邮政大权仍先后被操纵在法国人帛黎、铁士兰及挪威人多福森等人手中。自"大清邮政"时期开始，我国邮政职工为从英法代理人手中夺回邮政主权进行了长期不懈的斗争。直到"中华邮政"时期，为夺回邮政主权已先后经历20多年的曲折斗争。在1922年2月1日太平洋会议上，通过了撤销外国在华"客邮"的议案，除日本设在我国东北旅大及南满铁路沿线的邮局和英国设在西藏的邮局外，其他"客邮"陆续撤销。

中华邮政在总结历史邮政经验的基础上，引入西方邮政管理制度，注意改善经营管理，使中华邮政能在北洋军阀连年混战期间扭亏为盈，有所发展。中华邮政在人事管理上采用考试晋级制度，强调"选贤任能、信赏必罚、终身事业"；在各生产环节明确职责，核定定额，实行考试录用新工并进行新工训练、实行试用制度，使职工晋级与工资收入相关；在财务管理上，中华邮政实行高度集中和视察检查制度；在劳动管理上，制定严格的纪律考核奖惩制度；在业务经营体制上，实行总局集中垂直管理，现业局则按规模大小和业务多少区分等级，但相互之间业务往来关系平等。

现业局各局局长都经办具体业务和行政业务，均不脱产。邮区划分以行政区划为基础，并结合通信需要和效益进行布局。在中华邮政时期，邮政经办的业务种类较多，业务覆盖范围较广；在邮运上利用火车、汽车、轮船、飞机、兽力车和自行车等各种工具。为了便于管理、统一要求，中华邮政先后制定了"邮政纲要""邮政条例"，并于1935年7月5日颁布《邮政法》，使邮政法制进一步完善。

（4）革命邮政

在中国近代邮政史上，一个特殊的光辉篇章，是中国共产党领导下的革命邮政事业。其在为人民革命战争服务方面，立下了不朽的功勋，发挥了生命线的重要作用。在艰苦的革命战争年代，中国共产党领导下的革命邮政事业，是在对内和对外的革命战争中逐步形成和发展起来的。其发展大致经历了最早的"红色交通线"到苏区的赤色邮政和苏维埃邮政，再到抗战时期的特殊通信邮政，最后发展到解放战争时期的解放区战时人民邮政，其间的转承和发展，为新中国的人民邮政事业的发展奠定了坚实的基础。

建党之初，不少中国共产党的领导干部和优秀党员参与了党组织早期地下秘密交通线的创建工作，被誉为"红色交通线"。这有一个逐步确立和发展的过程，最早往往采用委托式临时措置的方式进行秘密通信活动。1921年7月中国共产党第一次全国代表大会召开，会后不久，党的总书记陈独秀让茅盾（沈雁冰）担任直属中央的联络员，利用其在商务印书馆编辑《小说月报》的方便条件作掩护，以保持中央与各地党组织的联系。1924年5月，中央扩大执行委员会决议规定，中央组织部之下设"交通"职务，负责发送秘密宣传品。1925年4月，各省、区专门抽调人员从事秘密交通工作。1926年7月，中共中央秘书处成立后就建立了交通科，承担传递党中央及中央各部委的文件和书报刊物的任务。此后，党内秘密通信体系不断完善。

1927年，中国共产党领导了南昌起义和秋收起义，之后开辟了井冈山革命根据地，并建立了中华苏维埃政权。为了适应革命斗争需要，各根据地都成立了各自的通信联络组织，如"递步哨""传山哨"等。这些通信联络组织依靠广大群众，利用各种方式监视敌人动向，传递军事情报信息，并且在根据地及国民党统治的部分地区建立地下交通站，传递消息、护送干部、转移和运送物资。1928年，湘赣边工农民主政府正式设立赤色邮政湘赣总局。1930年，江西吉安成立赣西南赤色邮政总局。同年，赣西南赤色邮政总局发行了第一套赤色邮政邮票。1931年，赣西南赤色邮政总局迁往江西永丰龙冈，并改名为江西省邮务总局。在这期间，其他革命根据地也相继建立了赤色邮政。

1932年，"赤色邮政"经过整顿后改名为"中华苏维埃邮政"，并建立统一制度，发展为军邮和民用两种形式的通信组织。由中央设立邮政总局，各苏区省设邮务管理局，以下设县邮局和邮站，统一使用中央苏区发行的邮票，这一阶段发行的邮票被称为苏维埃邮政邮票。

在抗日战争期间，除了中共中央所在陕甘宁边区积极发展邮政通信事业外，各抗日根据地也在各级党委和政府的领导下，依靠人民群众，纷纷建立交通邮政组织，如在华北各根据地成立了交通总局，在山东成立了战时邮政总局，在华中各根据地成立了交通总站。各根据地邮政组织，尽力维持着根据地内部和根据地之间以及与中共中央的通信联系，有力地支持抗战。为了抗战大业，国共双方都曾积极筹建与发展军邮机构，这也成为抗战时期中国邮政发展的突出特点。在抗日统一战线的统领下，中国共产党领导下的边区交通邮政与国民党领导下的中华邮政在日常邮务方面进行合作互通有无的同时，军邮方面的合作一度也出现了较好的局面，并形成了普通邮务与军邮密切配合，以满足军邮需要为主的格局，竭力为抗战服务。

在解放战争时期，邮政职工组织随军邮政支援战争。在各野战军设军邮总局，军以下兵团、纵队和师团中，分别设军邮分局、支局和交通站，组成一个完整的军邮通信系统，为解放战争的指挥联络、传递信息及战士与家人之间的通信做出了巨大贡献。

2. 特征

自英国第一次邮政变革到20世纪80年代，尽管世界上大多数国家的近代邮政发展有各种各样的不同，但仍保持了传统邮政的基本运作模式和特征。其主要特征如下。

（1）实行国家专管，组织统一的邮政网路。

（2）向社会公众开放，设立固定营业点，定时开门营业，收寄公众邮件。

（3）实行统一的资费制度，并有明确标准和使用邮资凭证。

（4）业务范围比较广泛，组织管理严格统一。

（5）邮件寄递有了固定路线和班期，开始采用比较先进的交通工具进行寄递。

2.1.3 现代邮政

1. 形成

1840年，英国对邮政进行了改革，内容包括了实行统一资费制，采用邮资预付制并发行邮票，重申邮政由国家专营，业务向所有用户开放等。这一邮政改革确定了邮政的基本特征，并逐步为世界各国所采用，形成了世界各国邮政运作的基本模式。我们可称之为世界邮政的第一次改革。

邮政通信是最为主要的通信手段，在通信领域占有主要地位，关系到国家安全和社会发展。邮政一般与电信结合在一起作为国家政府的职能部门，管理和经营本国的邮电通信。直到20世纪70年代初，一些国家开始对邮政进行改革，如澳大利亚、新西兰、新加坡、瑞典、芬兰等国，改革的核心在于对邮政的管理体制进行革新。

自20世纪80年代以来，通信技术和计算机技术取得了飞速发展，人们对信息传递时限提出了更高的要求，加之国际互联网和计算机的迅速普及、电信通信的蓬勃发展及数字传输技术的悄然兴起，一部分原本属于邮政通信的业务被这些新兴通信方式所替代。面对这种局面，邮政体制改革和机制转换迫在眉睫。以英国邮政脱离政府、组建国家邮政公司为开端,邮政领域实行政企分开的改革序幕由此拉开。进入20世纪90年代以后,邮政领域的改革更是如火如荼地进行着,改革成为邮政领域的主旋律。21世纪,世界邮政的改革已取得了初步成效,新的邮政运作模式基本形成。

2. 特征

尽管世界各国邮政改革的进程不一,改革的深度不同,但从众多国家的邮政改革中可描绘出现代邮政的大致轮廓及基本特征,具体如下。

（1）邮电分营,使邮政和电信两大专业各自按照自身的特点和市场规律发展。

（2）政企分开,邮政独立运营以建立适应市场经济的邮政新体制和新机制。

（3）邮政商业服务市场逐步开放、邮政专营范围缩小。

（4）采取多种形式的补偿办法以保证邮政普遍服务义务的履行。

（5）传统国内邮政业务市场向国际邮政市场扩展。

2.1.4 中国现代邮政的建设与改革

1. 中国现代邮政的建设

1949年10月1日,中华人民共和国成立,同年11月1日成立中华人民共和国邮电部,主管全国邮政和电信工作。1950年1月1日邮电部邮政总局成立。除台湾地区外,全国建立了各级邮政机构。在3年恢复时期,主要是恢复和发展邮政通信事业,如接管和改造官僚资本主义企业,对侨批局实行独立经营,自负盈亏,使之逐步成为国营邮政的委托代办机构。

1953年以后,邮电部积极发展邮电事业的建设,提高了业务和技术水平。如加强了以北京为中心的全国邮政网的建设,建立邮电科研、教育和工业基地,建立新的企业管理制度。1986年,《中华人民共和国邮政法》颁布,为邮政发展提供了法律保障。1998年,邮电部对邮电体制进行了改革,实现了邮电分营。邮电分营之后，邮政成为国民经济体系的一个部分，并开始独立运营。邮电分营使邮政企业开始自我经营发展，调动了邮政职工的积极性；邮电分营有利于邮政职工整体素质的提高，有利于邮政向集约化经营发展，为现代化邮政网创造了发展条件，特别是中心局体制建设和邮政综合网建设。

2. 中国现代邮政的改革

20世纪90年代后，由于技术进步、市场环境变化及政策调整，中国邮政外部环境发生了很大的变化，邮政政企合一的经营管理体制已经不再适应国民经济迅速向市场经济体制转变的大环境，邮政改革势在必行。从1998年实行邮政、电信分开经营开始，中国邮政的经营管理体制经历了邮电分营、政企分开、内部重组3个阶段的改革。

（1）邮电分营

邮电部于1997年1月做出了在全国实施邮电分营的重大决策。在重庆和海南分别进行邮电分营试点的基础上，1998年，国务院开始正式对邮电经营管理体制进行改革，改革原有的邮政、电信由邮电局统一经营的模式，实行邮政、电信分开经营。把邮电局拆分为相互独立的邮政局和电信、联通等通信运营商，邮政开始独立运营，成为国民经济的一个独立部门。这次改革后的邮政经营管理体制仍保留政企合一模式。

（2）政企分开

2005年7月20日，国务院批准了国家发展和改革委员会关于邮政体制改革方案。这次会议确定了邮政体制改革的基本思路，即实行政企分开，加强政府监管，完善市场机制，保障普遍服务和特殊服务的提供，确保通信安全；改革邮政主业和邮政储蓄管理体制，向现代邮政业方向发展；重新组建国家邮政局，作为国家邮政监管机构；组建中国邮政集团公司，经营各类邮政业务；加快成立邮政储蓄银行，实现金融业务规范化经营。通过改革，建立政府依法监管、企业自主经营的邮政体制，进一步促进我国邮政事业的健康发展。

2007年1月29日，中国邮政集团公司正式挂牌，注册资金为800亿元。到2007年9月4日，中国邮政集团公司西藏自治区分公司挂牌，全国31个省（区、市）邮政分公司都已正式完成政企分开改革。至此，酝酿数载的中国邮政政企分开工作完成，中国邮政集团公司成为一个崭新的兼营邮递业和金融业的大型国有企业。

（3）内部重组

邮政完成政企分开改革后，中国邮政集团公司按照国家对邮政改革的总体要求，积极深化内部重组改革，主要是邮政储蓄银行改革和邮政速递物流专业化经营改革两部分。

① 邮政储蓄银行改革

与中国邮政政企分开改革同步，中国邮政金融经营体制改革也在随改革大潮进行。1997年1月，中国人民银行向国务院上报了《关于邮政储蓄汇兑管理体制改革的请示》，开启邮政储蓄体制改革进程。邮政储蓄银行改革主要时间节点及事件如表2-1所示。

表 2-1　邮政储蓄银行改革主要时间节点及事件

时间点	大事记
1997年1月	开启邮政储蓄体制改革进程
2000年后	以调整转存款政策为主要方式推进邮储体制改革
2005年8月	按金融行业改革方向加速组建由中国邮政集团公司控股的中国邮政储蓄银行
2006年12月	银监会批准中国邮政储蓄银行开业申请
2007年3月	中国邮政储蓄银行正式挂牌开始实现独立运营
2012年1月	中国邮政储蓄银行有限责任公司变更为中国邮政储蓄银行股份有限公司
2015年12月	中国邮政储蓄银行由单一股东向股权多元化转变
2016年9月	中国邮政储蓄银行在中国香港联交所主板成功上市
2019年2月	中国邮政储蓄银行被列为国有大型商业银行，与中国工商银行、中国农业银行、中国银行、中国建设银行、交通银行同列

② 邮政速递物流专业化经营改革

2005年，国务院下发的《邮政体制改革方案》（国发[2005]27号），明确提出了改革邮政主业的要求，鼓励中国邮政集团公司根据现代邮政业发展需要，对企业进行重组，组建物流、速递、电子商务等专业公司，实行专业经营。在《中华人民共和国邮政法》修订的过程中，国家法律相关主管部门和一些社会舆论也提出了"混业经营"问题。《邮政法》第十八条规定："邮政企业的邮政普遍服务业务与竞争性业务应当分业经营"，以法律形式确立了邮政速递物流专业化经营的改革目标。

2007年4月，中国邮政集团公司出台了《关于推进速递重点城市市县一体化专业经营的指导意见》，拉开了邮政速递物流专业化经营改革的序幕。邮政速递物流专业化经营改革主要时间节点与事件如表2-2所示。

表 2-2　邮政速递物流专业化经营改革主要时间节点与事件

时间点	大事记
2007年4月	出台专业化改革指导意见
2008年6月	194个城市邮政部门实施了速递物流专业化经营
2008年12月	中国邮政速递物流公司成立
2010年6月	中国邮政速递物流股份有限公司成立
2010年12月	中国邮政速递物流收入突破200亿元大关
2015年5月	中国邮政速递物流股份有限公司与所属省级公司完成吸收合并
2019年4月	中国邮政加大了寄递业务改革创新力度，改革成效初步显现，全网日均处理能力达到每天7600万件

2.1.5　中国邮政业发展现状

通过进行政企分开的邮政体制改革，我国建立了政府依法监管、企业自主经营的邮政体制。国家邮政局代表政府监管国家邮政业；中国邮政集团公司作为企业，经营各类邮政业务。须特别说明的是，由于快递市场也归属国家邮政局监管，在我国邮政行业统计数据中关于快递方面的表述，既包括中国邮政速递物流股份有限公司的速递业务，也包括其他快递公司的快递业务，是国内所有快递服务业务量的计量总和。目前，我国邮政业发展现状可从以下几个方面予以概述。

1. 基础设施逐步完善

经过大规模建设，截至2022年上半年，我国基本构建了覆盖全国、深入乡村、通达世界的邮政快递网络，高铁快递、航空快递运能不断增强，无人仓、无人车、无人机等智能设施、装备加快应用，快件最高日处理能力近7亿件。目前，我国邮路的总长度（单程）超过1000万公里，快递服务网络的总长度（单程）超过4000万公里，拥有邮政快递营业网点41.3万处。

2. 公共服务不断优化

邮政普遍服务的可及性、均衡性不断提升，快递服务遍布城乡并开始向村一级延伸。"十二五"时期完成了8840个空白乡镇邮政局所补建任务，"十三五"末期，全国建制村全部实现了直接通邮。快递网点目前基本实现乡镇全覆盖，建制村快递服务覆盖率已经超过80%，年人均快递量近77件。邮政快递服务的用户满意度保持在较高的水平。

3. 治理能力持续提升

邮政业积极推动修正邮政法，出台《快递暂行条例》，加快构建与高质量发展相适应的邮政快递业法规、规划、政策、标准体系，深化"放管服"改革，优化营商环境，激发市场主体活力，行业的安全监管水平加快提升，人才队伍能力素质明显提高，基层员工权益保障持续推进，行业文化和软实力全面加强。

4. 行业作用日益凸显

2012—2021年以来，邮政业业务收入从1980.9亿元增长至12 642.3亿元，年均增幅达到22.9%，与全国GDP的比值从0.37%提升到1.11%。快递业务量从57亿件增长到1083亿件，是原来的19倍，已连续8年位居世界第一。邮政业在与现代农业融合发展方面，培育了邮政服务农特产品进城"一市一品"项目超过1000个，年业务量超千万件的快递服务现代农业金牌项目100个。在与制造业融合发展方面，形成了入厂物流、仓配一体化等模式，供应链服务能力逐步增强。在与电商融合发展方面，邮政快递业已经成为商品流通的加速器、服务电商用户的主渠道，年支撑实物商品网上零售额已经超过10万亿元。

5. 国际合作深入推进

邮政快递业正积极推进"快递出海"工程，持续加大跨境网络建设力度，加快建设全球性的国际邮政快递枢纽集群。我国现已与世界200多个国家和地区建立了通邮关系，恢复了在万国邮政联盟中的合法席位，在北京成功举办了第22届万国邮联大会，开放了国内包裹市场，多次当选为万国邮联行政理事会和经营理事会理事国，深度参与万国邮联体制改革、国际铁路运邮规则制定等国际事务，在全球邮政治理中的话语权显著增强。

6. 存在问题

虽然当前我国邮政业发展形势良好，但是整个行业发展速度太快，市场需求刚性太强，加上各方面的政策供给和生产要素供给没有及时跟上，邮政业目前还存在一些制约发展的问题和短板，主要表现在以下5个方面。

（1）国内市场与国际市场不平衡

2021年我国快递业务量达1083亿件，而其中国际及港澳台业务量累计完成21亿件，仅占全部快递业务量的1.94%；快递业务总收入为1.04万亿元，而国际及港澳台业务收入仅占全部快递业务收入的11.3%。这个水平跟国际同行比起来差距较大。国际同行平均水平基本是20%，发达国家则更高一些。

（2）服务对象中生产性服务占比小

中国目前是以服务流通消费为主，业务结构中的80%都是服务电商，只有20%是商务性、政务性、生产性的服务。但是在国外较为成熟的市场中，生产性服务占比比较大，而我国在这方面基本上刚刚开始，是需要弥补的短板。

（3）服务质量与品质有待提升

2009年全国总快递量18亿件，2019年全国总快递量超过600亿件。到2021年，全国总快递量已突破1000亿件。从整体结构来看，这个快递量增速很快，但是在快递质量和快递业效益上还有很大的提升空间。部分快递企业经营管理比较粗放，嵌入产业链的深度不够，服务质量不稳定，中高端产品的供给不足，运营产品还处在价值链的中低端。

（4）末端网点服务发展有待提高

企业总部、企业枢纽与末端服务网点的差异较大，在末端服务中，快递员、末端网点、三轮车的背后是枢纽、科技力量在支撑，但末端服务因为方方面面的原因还未得到充分发展，特别是"最后一公里"基础仍然薄弱。

（5）行业发展与治理体系能力不平衡

当前我国邮政业规模全球领先，要素市场活跃，功能不断增强，成为国家重要的战略性基础设施和社会组织系统之一，处在大有可为的战略机遇期。但邮政治理体系和治理能力还未实现从传统企业向治理科学、精简高效、自动智能的现代企业集团全面转型，与行业的规模体量、发展要求不相适应，安全和应急保障等能力需要进一步提升。

对于如何解决当前邮政业发展存在的问题，在2022年6月10日中共中央宣传部举行的"中国这十年"系列主题新闻发布会上，国家邮政局副局长戴应军表示，发展不平衡、不充分仍然是我国邮政快递业面临的主要问题，本质上来说还是发展质量不高的问题。为了促进邮政业高质量发展和邮政强国建设，在当前"十四五"期间和今后一个时期，国家邮政局将重点推进以下工作。

一是加快高能级枢纽网络建设。重点增强与综合交通枢纽协调发展的能力，推进各类邮政快递枢纽建设，加快国际寄递网络建设步伐，持续提升境内外国际枢纽能级和辐射带动力。加大公共性快递业分拣处理中心、智能投递设施建设力度。持续推进中西部基础设施建设，加快贯通县乡村三级寄递物流服务体系，建设村级寄递物流综合服务站。

二是加快高水准服务能力建设。推动快递业务成本分区、服务分层、产品分类，稳步实现合理定价、优质优价。支持发展约定投递、改址投递、改时投递等精准服务，综合运用无人机、无人车，鼓励开展无接触投递。深入实施"两进一出"工程，在"快递进村"方面重在持续提高质效，在"快递进厂"方面重在加快形成规模，在"快递出海"方面重在保障安全可靠。

三是加快高效能治理能力建设。强化依法治邮，完善法规政策体系。加强综合治理，不断完善部门协同、多方共治和双重管理的机制。丰富治理方式，完善"双随机、一公开"监管，开展信用监管、联动监管、分类监管、清单式监管，增强事中事后全链条监管能力。强化信息披露，发挥导向作用。指导企业完善现代企业制度，加强内部规范管理。压紧压实安全生产责任，多措并举提升本质安全水平。同时，加强应急管理体系建设，增强应急保障能力。

2.2 快递业发展进程

2.2.1 快递产生背景

20世纪初，资本主义经济迅速发展，现代快递业诞生。

1907年8月，美国联合包裹运送服务公司（UPS）创始人吉姆·凯西（Jim Casey），以100美元的注册资金，在华盛顿州的西雅图市创建了美国信使公司。创业之初，他们租用了一间简陋的办公室，聘用了十几名员工担任信使，利用市内的几个服务网点，在接听客户电话后，指派距离客户位置最近的信使前去收件（有商务文件、小包裹、食物等），然后按发件人的要求和时限送到收件人手中。这便是"国内快递"的开端。

1969年3月的一天，当美国大学生达尔希（Dalsey）到加利福尼亚州的一家海运公司看望朋友时，听一位管理人员说，一艘德国商船正停泊在夏威夷港，而提货单正在旧金山制作，需要一周时间才能寄到夏威夷港。达尔希主动提出，愿意乘飞机将提货单等文件取回送到夏威夷。管理人员盘算此举可节省昂贵的港口使用费和货轮滞期费等开支，便同意他充当一次特殊的信使。达尔希在完成任务后，便联合赫尔布罗姆（Hiublom）和林恩（Lynn）于1969年10月在美国旧金山成立了DHL航空快件公司，公司名称由达尔希、赫尔布罗姆和林恩3人英文名的首字母缩合而成，专门从事银行、航运文件的传送工作，后来又将业务扩大到样品等小包裹传送服务，主要经营国际业务，"国际快递"由此开始。

2.2.2　快递业发展的历史沿革

现代快递业诞生于美国。但不可否认的是，作为一种传递实物信息的通信方式，快递业的起源可以追溯到古代设立的邮驿。那时的人们已经有了快速运输紧急物品的意识，通过修建专用驿道、增加驿站数量等方式提高寄递速度。进入资本主义时代后，人们利用蒸汽机车、近代汽车及汽船等运输工具使实物寄递的速度大大提高，人类离现代快递业又迈进了一步。

20世纪开始，资本主义经济快速发展，现代快递业终于在这次发展浪潮中诞生并不断壮大。全球第一家快递公司UPS在美国西雅图市成立后，快递业并没有马上迎来它的发展黄金期，反而是两次世界大战使世界各国经济普遍遭受重创，快递业也受此牵连。

第二次世界大战结束后，欧洲经济于20世纪五六十年代开始全面复苏，日本经济于20世纪70年代开始腾飞，亚洲多个国家在20世纪80年代开始快速发展。在经济大发展的背景下，快递业积极引入以电子计算机为主的先进技术和现代管理方法，加之运输工具的进步，迎来了行业发展的春天。以四大国际快递企业（DHL、TNT、FedEx、UPS）的崛起为标志，快递业开始迈出发达资本主义国家的国门，面向全球规模化发展。

现如今，快递业已经凭借其强大的生命力和服务能力，在人类生产、生活的各个方面发挥着重要作用。快递业不仅能够与制造业、电子商务等产业实现深入融合、协同发展，还能广泛吸纳就业、解决社会问题。更重要的是，快递服务的便捷高效极大地提高了人们的生产、生活效率，推动了制造、流通、消费、投资及金融等多个领域的发展。毋庸置疑，伴随着经济全球化步伐的加快，快递业已经成为现代服务业中的先导性产业，将在现代社会中显现出它不可替代的重要作用。

2.2.3　中国快递业发展历程

中国快递业的发展，大致经历了起步、成长、快速发展这3个阶段。

1. 20世纪70年代末至20世纪90年代初：起步阶段

中国快递业从国际快递业务起步，源自于外向型经济的拉动。在这一阶段，中国快递业从无到有，取得了一定程度的发展，其特点是中国邮政速递物流（EMS）发展迅速，外资快递企业逐步进入中国市场。

1978年中国实行改革开放政策后，迅速激发经济活力，经济发展进入快速增长轨道并逐步融入世界市场。随着国际经济交往的不断增加和中国发展外向型经济的需要，国际快递业务应运而生。1980年6月，日本海外新闻普及株式会社（OCS）率先与中国对外贸易运输总公司签订了中国第一个快件代理协议。中国对外贸易运输总公司成为中国第一个经营快递服务的企业。随后，其他国际跨国快递服务企业如DHL、TNT、FedEx及UPS等也纷纷进入中国市场，相继与中国对外贸易运输总公司达成快递服务代理协议，开展国际快递业务。1980年7月15日，中国邮政与新加坡邮政部门合建全球邮政特快专递，开办国际快递业务。1984年，中国邮政又开办国内特快专递业务，并于1985年成立中国邮政速递物流公司，专门经营国际、国内速递业务。

2. 20世纪90年代初至21世纪初：成长阶段

这一发展阶段的特点是民营快递企业开始发展，快递经营主体多元化格局逐步形成。

1992年，中国改革开放进入新的发展阶段。中国香港、台湾地区的劳动密集型产业大量转移到珠江三角洲城市群，普遍的做法是来料/来件加工或进件加工，香港成为贸易桥梁，大量的文件或货样在珠江三角洲城市群与香港地区之间传递，顺丰速运应运而生。与此同时，长江三角洲地区乡镇企业的发展如火如荼，开始成为国际供应链上的一个环节。在此背景下，申通快递和其他民营快递企业得以迅速建立。

同时，中国民用航空局（简称"民航"）、中国铁路工程集团有限公司（简称"中铁"）等其他非邮政国有企业，也开始成立自己的快递服务公司。民航快递借助民航系统的航线、场站，并利用国际交往的优势，国内、国际快递业务齐头并进；中铁快运则利用中国铁路旅客列车的行李车作为主要运输工具，辅以快捷方便的短途接运汽车，开辟具有铁路特色的快递服务。

在此期间，国际快递企业利用与国内企业合作的机会，加大战略性投资，铺设快递网络，建立信息系统，加快在华发展速度，在国际快递市场占据越来越大的份额。

这一阶段，中国快递业得到了较快的发展，业务量急剧上升。中国海关的数据显示，全国进出口快件由1993年的669万件上升为1998年的1034万件。2000年，EMS快件业务量达到1103.4万件。20世纪90年代末，中国整个快递服务业务量已达2.2亿件，呈几何倍数增长。

3. 21世纪初至今：快速发展阶段

进入21世纪后，中国经济以更快的发展速度和更大的规模融入世界经济。目前，我国货物贸易进出口总值已从2001年的4.2万亿元人民币增至2021年的39.1万亿元，进出口增长超过8倍，年均增长12.2%，货物贸易规模跃居世界第一，有力拉动了快递服务的发展。随着我国参与世界市场的步伐加快，快递服务也进入了快速发展的黄金时期，从2018年我国快递业务量首次突破500亿件，到2021年1000亿件快递业务量的诞生，我国快递实现年业务量的翻倍仅用了3年。2016—2021年，中国快递企业业务量持续上涨，年均增长率高达32.1%。

EMS依托中国邮政航空公司，建立了以上海为集散中心的全夜航航空集散网；分别在北京、上海和广州建立了大型邮件处理中心并配备了先进的自动分拣设备；建立了以国内300多个城市为核心的信息处理平台，与万国邮政联盟查询系统链接，可实现EMS邮件的全球跟踪查询；建立了网站、短信、客服电话三位一体的实时信息查询系统；在南京建立了亚洲地区规模最大、技术装备十分先进的中国邮政航空速递物流集散中心。

中外运空运发展股份有限公司于2000年在上海证交所成功上市，成为国内航空货运代理行业第一家上市公司（简称"外运发展"）。其核心业务之一的速递业务已形成高速发展的国内快递自有品牌——中外运速递（SinoEx sinotrans Express）。

中铁快运在2005年成立后，通过重新整合优质资源，形成了铁路行包快递运输网、快捷货运网、公路运输网、航空运输网、配送网、经营网、信息网"七网合一"的网络资源核心优势，公司经营网络遍及全国31个省、自治区和直辖市，门到门服务网络覆盖国内500多个大、中城市，能同时提供70多个国家及地区的快递和国际航空、铁路货运代理服务。

将总部设在北京的民航快递由中国航空集团有限公司控股，东方航空集团有限公司、首都机场集团有限公司、广东省机场管理集团有限公司等单位共同出资组建，于2011年发展成为我国唯一一家具有全国民航快递网络和航空快递时效品牌的大型国有综合性物流快递公司。

此外，民营快递企业经过近些年的发展，快速扩展网络，不断提升市场份额，经营逐步走向正规。其代表企业顺丰速运、京东物流、申通快递、圆通速递、韵达快递、中通快递、百世快递等已成为中国快递行业民族品牌中的佼佼者。

2.2.4 中国快递业发展现状

当前，我国快递市场主要由三大主体组成，包括国有快递企业、民营快递企业和外资快递企业，根据地域可以划分为东部、中部、西部三大板块，其发展现状和趋势如下。

1. 快递市场的三大主体

（1）国有快递企业

近10年来，国有快递企业在国内快递市场份额中占比虽逐年下降，但其凭借着几十年的发展历史和较为完善的基础网络，依然是我国快递市场中的重要力量。目前，我国拥有多家国有快递企业，如中国邮政速递物流（EMS）、中铁快运股份有限公司（CRE）、民航快递有限责任公司（CAE）等，其中EMS在我国快递市场中占有重要地位。

（2）民营快递企业

民营快递企业根据其业务量、业务收入及知名度等又可以将其划分为大型民营快递企业和中小型民营快递企业。

大型民营快递企业多在20世纪90年代中后期起步，经过近30年的发展已经成长为我国快递市场的中坚力量，其社会知名度也在不断提高。早在2013年左右，顺丰速运、申通快递、圆通速递及韵达快递等民营快递企业就因业务量大而被广大消费者所熟知。2021年我国快递服务品牌集中度指数CR8为80.5%，行业集中度已处于较高水平，该统计数据中包含的8家快递企业中有7家为民营快递企业，分别是顺丰速运、京东物流、圆通速递、韵达快递、中通快递、百世快递、申通快递。与此同时，在2021年度中国物流企业50强排名中，顺丰速运、京东物流、圆通速递、韵达快递、百世快递等民营快递企业进入前10，德邦快递、中通快递、申通快递等民营快递企业均上榜。这些大型民营快递企业初期往往只在某个区域范围内具有很强的优势，之后才向全国市场扩展并逐步开拓国际市场。

当然，除了这些大型民营快递企业外，一些中小型民营快递企业也在不断涌现和发展，其最大的特点就是数量众多，分布在全国各地，业务量、业务收入和服务范围相对较小，在硬件设施、管理水平及信息化建设等方面也相对落后。这些中小型民营快递企业尽管难以与大型民营快递企业匹敌，但也是我国快递市场的重要组成部分，它们对于盘活快递市场，补充大型民营快递企业短板具有重要作用。

（3）外资快递企业

德国敦豪快递服务公司（DHL）、美国联邦快递公司（FedEx）、美国联合包裹速递服务公司（UPS）和荷兰天地（TNT）被称为全球快递业的四大巨头。现在，这四大快递公司均已进入中国市场，并开展相关业务。四大快递公司成立时间较早，具有丰富的市场运作经验和相对完善的全球服务网络，加之其本身具有雄厚的资金基础和硬件基础，因而在国际快递市场上具有较强的竞争力。

2. 快递市场的市场规模结构

近几年，我国快递业连年保持高速发展态势，业务量不断创出新高。2014年，我国快递业务量首次突破100亿件，达到139.6亿件，首次超越美国快递业务量，跃居世界第一。2021年，我国快递业务量突破1000亿件，已连续8年稳居世界快递业务量第一。我国的快递市场已成为世界上发展最快、最具活力的新兴寄递市场，包裹快递量超过美国、日本等发达经济体总和。我国快递市场经过40年的发展，已成为国民经济不可或缺的重要组成部分。具体而言，我们可以从快递业的区域结构和快递业的业务结构两个方面来认识我国快递业市场。

（1）快递业的区域结构

我国快递市场可根据地域划分为东部地区、中部地区、西部地区三大板块，区域结构相对稳定，但存在三大区域发展不平衡的现象。

在快递业务规模上，东部地区快递业务量和快递业务收入远高于中部、西部地区。2021年，东部地区、中部地区、西部地区快递业务量所占比重分别为78.1%、14.6%和7.3%，业务收入所占比重分别为78.2%、12.9%和8.9%。

在快递业务规模的增长速度上，中部地区高于东部地区和西部地区。与2020年同期相比，2021年中部地区快递业务量所占比重上升1.3%，快递业务收入所占比重上升1%；西部地区快递业务量所占比重基本持平，快递业务收入所占比重上升0.4%；东部地区快递业务量所占比重下降1.3%，快递业务收入所占比重下降1.4%。

（2）快递业的业务结构

目前，我国已经形成了国内同城快递、国内异地快递、国际快递三大业务板块。国内异地快递业务无论从快递业务量还是快递业务收入上看，都在三大业务板块中占主导地位，其次分别是国内同城快递和国际快递业务。

在国内异地快递市场中，民营快递企业发展迅速，特别是顺丰速运等大型民营快递企业在国内快递市场中所占份额越来越大。加入世界贸易组织（WTO）与签署区域全面经济伙伴关系协定（RCEP）后，我国全面开放国内快递市场，一些国际快递企业为了抢占中国巨大的快递市场份额，也在加快进军中国市场的步伐。因此，国内快递市场的竞争愈发激烈。

在国内同城快递方面，主要表现为中小型民营快递企业之间的竞争，国内超过70%的同城快递市场份额被民营快递企业占据，而目前已经得到国家邮政局快递业务经营许可批准的民营快递企业已达数千家，因此国内同城快递之间的竞争也非常激烈。

对于国际快递业务来说，我国国际快递市场的市场集中度一直都比较高，四大国际快递企业占据了约75%的市场份额，而国内快递企业所占市场份额持续较低。

3. 中国快递业发展趋势

（1）需求持续增长

随着我国全面建设小康社会，工业化、信息化、城镇化、市场化、国际化将进一步加速发展，人均国民收入稳步增加，经济社会发展持续加快，综合国力不断增强。伴随经济规模的不断扩大、国际经济贸易往来更加密切，以及快递国际市场的开拓，信息交流、物品递送和资金流通等活动日趋频繁，快递服务的需求将持续增长。

（2）支撑作用突出

2021年，全国电子商务交易额达40.14万亿元，其中网上零售额达13.1万亿元，实物商品网上零售额达10.8万亿元，后者占社会消费品零售总额的比重上升到24.5%；截至2021年12月，我国网民规模达10.32亿人，互联网普及率达73.0%。电子商务、网络购物等新型服务业态的迅猛发展，推动了人们消费方式的转变，促进网购与快递需求快速增长。快递服务成为电子商务、网络购物发展的重要支撑。

（3）网络日益健全

近年来，我国快递企业营业网点数量整体呈现增长趋势。目前，我国已有快递营业网点41.3万处，全国农村快递服务营业网点数量占比提高至30%以上，快递服务乡镇网点覆盖率达到98%。一个连接城乡、覆盖全国、通达世界的快递服务体系已经基本建成。随着国家"五纵五横"综合交通运输网络的建成和高速公路、民航、铁路的快速发展，以及物联网、大数据、云计算等信息技术的飞速发展，快递服务网络和信息网络的承载能力将大大提升。

（4）服务能力增强

随着物联网技术等信息技术的发展及推广，科学技术在快递服务领域将得到更加广泛和深入的应用。先进的分拣传输设备和车辆定位系统的广泛使用将大大提高快件处理效率。对用户数据和各种信息的综合利用及快件传递过程中的信息采集点数量的逐步增加，将使快递处理信息更加全面，快件跟踪查询的响应速度不断提高。呼叫中心、营销中心、客户服务中心等工程的建设，将显著增强快递企业的客户关系管理能力。

（5）产业集中度提升

随着法律法规体系的逐步健全，快递市场运行机制将进一步完善。一些国内快递企业经过多年发展，积累了一定的经营实力和管理经验。遵循市场经济规则，依托市场发展机制开展快递企业兼并重组，成为做大行业、做强企业的客观要求。目前我国领先型快递企业已呈现四人阵营：主打高端时效件的顺丰速运、依托阿里电商平台的菜鸟裹裹（整合"通达系"等快递资源）、依托京东电商平台的京东物流、业务量主要源于拼多多的极兔速递等。快递业内及跨行业、跨地区、跨所有制的兼并重组步伐仍在加快，进一步推动产业集中度的提升。

（6）机遇挑战并存

近年来我国快递业务量与快递业务收入稳定增长，市场前景广阔。国家对快递服务业的重视为快递行业发展提供了很好的政策环境。大数据、云计算、人工智能等技术在快递场景中的实践应用极大地提高了快件处理效率。这些都为快递行业发展提供了难得的新机遇。与此同时，我国快递业的主要驱动力即电商快递竞争同质化严重，价格战等非良性竞争方式此消彼长，对当前的快递市场监管与法律法规提出了不小的挑战。

小 故 事

小故事1：邮到悬崖马坪村

2020年某天清晨，66岁的张明娴来到村邮站，收取两个女儿从网上购买、通过邮政寄来的衣服和鞋子；峡谷对岸的申其林背着半袋自家产的核桃来到村邮站，寄给远在上海的儿子。63岁的退休老师、村邮站代办员向开强熟练地对邮件进行称重计费、打印面单、扫码收费等一系列操作，让村民在村里就能方便、快捷地办理邮政寄递业务。

这里就是面积不到0.2平方千米，只有11户人家的四川省雅安市汉源县永利彝族自治乡古路村5组（属马坪村）。它位于大渡河峡谷左岸的绝壁千仞之上，被称为"悬崖上的村庄"，其北面、东面、南面均临绝壁深渊，西面背靠200余米高的放马坪，奔流不息的大渡河在南侧悬崖下蜿蜒东去。

这里距汉源县城100千米，但因为山路崎岖，开车需要3小时左右。在村邮站开办之前，张明娴在外地的女儿一般是在逢年过节时，才把买好的东西捎回来。如果是急用的物品，就约定好时间，到邻近的皇木镇去取。前往皇木镇包车需要100元，拼车每人需要花费40元，还要花上大半天时间。

2019年1月，村邮站正式开通后，汉源县邮政分公司每周安排3趟汽车取送邮件。如今，村民们进行网上购物或是家人从外面寄回东西，都会选择邮政寄递方式。正如古路村党支部书记郑望春所说，邮政服务点的开通，将邮政服务延伸到自然村，村民可以在家门口享受到和城里人一样的服务，还能减少村民的人工耗时、费用开支，是一件大好事。

💬 **讨论与思考：**

　　从这个故事中，你能体会到邮政区别于快递的哪些特性？你能看出现代邮政在服务民生方面的哪些发展？请结合该故事内容，查阅相关资料，深入思考与讨论以上问题。

小故事2："双11"期间的快递服务保障

　　与往年不同，2021年，各大电商平台的"双11"购物季活动提前至了11月1日。国家邮政局数据显示，在2021年"双11"期间（2021年11月1日至2021年11月11日），全国邮政、快递企业共处理快件47.76亿件，同比增长20.5%；其中11月1日，全国共揽收5.69亿件快递包裹，同比增长28.54%；11月11日，全网包裹订单数达11.58亿个，处理快件6.96亿件，再创历史新高。

　　为完成好旺季服务保障工作，2021年11月1日至2021年11月11日，全国邮政、快递企业约有210万名一线快递员投入工作，平均下来每人每天要揽收207件快递。再看派件工作，每人每天要派送106件快递。目前，我国快递电子运单普及率为95%以上，逐渐规模化使用"小黄人""蓝精灵"等自动化分拣、无人仓和智能分拣机器人。不断加大科技投入，行业科技人员已万人有余，京东物流等领先型物流快递企业研发资金达28亿元，同比增长36.9%。

　　在压力较大的投递末端，全行业正在积极探寻多元化方式释放压力。目前，在全国范围内已建设11.5万个快递末端公共服务站点，约40万组智能快件箱投入运营，住宅投递、智能快件箱投递和公共服务站投递等模式互为补充的快递末端投递服务新格局初步形成。值得一提的是，自实施快递末端网点备案管理以来，10万多个快递末端网点获得合法身份，这有效缓解了末端投递压力。但是，与高位业务量相比，末端投递力量仍显不足，尤其是广大西部及农村地区压力依然巨大。

　　与此同时，为助力中国商业实现"买全球、卖全球"，积极服务"一带一路"倡议,邮政行业加强布局全球服务链,努力实现"运全球、送全球"。行业企业携手海关升级清关效率,有的保税区甚至可以实现"秒级清关",增加海外包机、跨境直邮线路和海外仓等多种服务,在重点海外业务地区提升末端配送能力。以俄罗斯为例,已有2000余个自提柜覆盖俄罗斯境内的390个城市,极大地提高了海外的履约效率。

💬 **讨论与思考:**

请你结合以上案例数据,认真思考我国快递服务高速发展的必然性,讨论2022年"双11"期间快递业务的增长情况及快递服务较往年在此期间的变化,并就科技进步与快递服务发展的关系谈谈你的看法。

复习思考题

1. 我国近代邮政大致经历了哪几个阶段?

2. 古代邮驿和现代邮政的特征分别是什么?

3. 当前我国邮政业发展存在的主要问题有哪些?

4. 简述快递业产生的背景。

5. 简述我国快递业发展趋势。

第3章 邮政快递业务

学习目标

1. 了解邮政主要业务分类方式；
2. 掌握邮政速递与物流业务涉及的主要内容；
3. 了解邮政与快递增值业务的类别及内容；
4. 掌握快递基本业务的内容。

导入案例

步入新时代，传统邮政业务与多元化服务并存

身着墨绿色制服，骑着二八式绿色邮政自行车，邮递员们行走乡间挨家挨户送信、送报纸，是20世纪80年代特有的风景。随着快递业的迅速发展，送信等普遍服务业务日渐衰落，传统书信正逐渐淡出人们的视野。然而，邮政公司却没有因此退出历史舞台，而是与时俱进，从函件、包件、汇票和报刊等传统业务逐步转向传统邮政业务与邮政特快专递、集邮、邮政储蓄等多元化业务并存，同时依靠电子商务平台形成新的增长点，使邮政业务发展步入新时代。

快递市场抢夺大战，"增值服务"成关键

目前我国快递公司达数千家之多，要在残酷的竞争市场中有所突破，必然要有自己的独到优势，"增值服务"因此成为企业破局的关键。比如，众多快递公司为顺应电子商务物流配送而推出代收货款业务，德邦快递为解决客户寄大件和重件难的问题而推出"上至60千克免费上楼"服务等，这些都是通过为

消费者提供有价值的"增值服务"，以争取更好的市场竞争优势。

💬 **讨论与思考：**

　　除了大家耳熟能详的信函、集邮、特快专递、邮政储蓄外，你知道中国邮政还为客户提供哪些服务吗？思考目前市场上快递企业所提供的服务，讨论中国邮政与普通民营快递公司在业务上的异同。

3.1　邮政业务

　　邮政业务是邮政部门为社会各行各业和人民群众提供各种产品和服务的总称。邮政部门通过邮政企业（中国邮政集团有限公司）经办邮政业务。中国《邮政法》第十四条规定，邮政企业经营下列业务：邮件寄递；邮政汇兑、邮政储蓄；邮票发行以及集邮票品制作、销售；国内报刊、图书等出版物发行；国家规定的其他业务。

　　邮政业务随着社会需求的变化而发展，邮政企业须不断调整业务结构，通过开发新业务、改进或取消不适应社会需要的旧业务，来满足各种社会新需求。邮政业务名目繁多、复杂多样，既有属于通信性质的业务，也有不属于通信性质的业务。可将各种业务根据不同需要划分为不同类别。

　　按业务性质，可将邮政业务分为函件业务、包件业务、特快专递业务、现代物流业务、储汇业务、报刊发行业务、集邮业务、机要通信业务、信息和代理业务。其中，函件业务、包件业务、储汇业务中的汇兑业务、报刊发行业务开办时间较早，被称为邮政的四大传统业务。按市场竞争情况，可将邮政业务分为专营类业务和竞争性业务。按承担的社会功能，可将邮政业务分为邮政普遍服务、邮政特殊服务和商业性服务。按业务板块，可将邮政业务可分为邮务类业务、邮政金融类业务、邮政速递类业务和邮政物流类业务。

　　本书按照业务板块对邮政业务进行分类，对邮政业务的具体内容展开介绍。

3.1.1 邮务类业务

邮务类业务主要包括函件业务、包件业务、报刊发行业务、集邮业务、机要通信业务、信息和代理业务。其中，函件业务和包件业务结合在一起，统称邮件业务。

1. 函件业务

（1）函件业务的概念

函件业务是收寄和传递各类函件的业务。函件包括信函、明信片、邮简、邮送广告、印刷品和盲人读物。其中信件（信函和明信片）的寄递为邮政的专营业务。

从邮政的发展历史可以看出，函件业务是邮政起源的根本所在。世界各国的邮政部门都经办函件业务，各国政府都对邮政经办的该项业务予以立法保护。

（2）函件业务的分类

可将函件根据其具有的不同性质、处理手续、传递时限、运递方式、寄递区域等，分成不同的种类。

按内件性质，可将函件分为信函、明信片、邮简、印刷品和盲人读物等。

按处理手续，可将函件分为平常函件和给据函件两类：平常函件指在收寄时不提供收据，在处理时不登记，在投递时不需要收件人签收，不接受查询，非邮政企业因故意或重大过失造成损失也不承担赔偿责任的函件；给据函件指在收寄时提供收据，处理时进行登记，在投递时需要收件人签收，并接受寄件人查询及须邮政企业承担赔偿责任的函件。给据函件还可分为挂号函件和保价函件。

按传递时限，可将函件分为普通函件和特快专递函件。普通函件是按照一般传递时限规定传递处理的函件；特快专递函件是以最快传递速度传递处理的函件。

按运递方式，可将函件分为水陆路函件和航空函件。利用火车、汽车、轮船等交通工具运输的函件为水陆路函件；全程或一段路程利用飞机运输的函件为航空函件。

按寄递区域，可将函件分为国内函件和国际函件。国际函件是中华人民共和国境内用户与其他国家或地区用户寄递，以及其他国家或地区间用户寄递但通过中国境内经转的函件。国内函件是中华人民共和国境内用户相互寄递的函件。可将国内函件分为本埠函件和外埠函件两类。本埠函件的寄递区域，是以市属各区（不包括市辖县和异地）内及区际互寄为范围；县以城关内互寄为范围。外埠函件指寄递区域超出上述范围的函件。

按邮局应负赔偿责任，可将函件分为保价函件和非保价函件。保价函件指在交寄时报明保价金额，在因邮局责任造成函件丢失、短少、损毁时，邮局按保价金额负担相应损失赔偿的给据函件；非保价函件指在交寄时不报明保价金额，在函件丢失、短少、损毁时邮政局只负担一定限度的损失赔偿或采取补救措施的给据函件。

按用户类型，可将函件分为个人通信类函件和商业函件。商业函件是指区别于具有个人通信性质等零散交寄的信件，面向社会各类用户的邮政大宗商务性信息服务的函件。随着个人通信类函件业务市场的萎缩，商业函件成为目前函件业务发展的重点。从广义上讲，邮政商业函件包括数据库商业函件、邮资封片（贺卡）、账单等。

2. 包件业务

（1）包件业务的概念

包件业务是办理包裹寄递的业务，是邮政部门根据有关规则接受用户委托把适合邮寄的物品寄递到用户指定地点并投交给收件人的业务。邮政部门有遍布全国城乡各地的邮政局、邮政所和运邮路线，能够在完成邮政通信任务的同时，充分发挥内在潜力，满足广大居民互通有无、寄递各类零星物品的需要。

（2）包件业务的分类

包件业务可按照是否跨越国界分为国内包裹业务与国际包裹业务。

国内包裹业务目前按传递时限可分为普通包裹和快递包裹。对于符合邮政部门对寄递包裹的重量、尺寸的限制要求及有关禁寄、限寄的规定，并按一般时限规定传递处理的物品，均可按普通包裹交寄。普通包裹业务的服务对象为工商企业、电子商务公司、邮购公司等，同时也可以满足居民之间逐渐扩大的包裹寄递需求。快递包裹业务采用以陆路运输为主的传递方式，其发运次序排列在特快专递邮件之后、普通包裹之前，要选择快捷有效的车次和最佳的邮路组织运递，省会城市之间全程运递时限为4~6天。

国际包裹业务是国家与国家（地区）邮政之间互寄的物品类邮件业务。国际包裹分为普通包裹、脆弱包裹和保价包裹。凡适宜邮递的物品，除属禁寄物品和超过规定限量寄递的物品外，都可以作为包裹寄递。包裹内不准夹寄信函，但可以附寄包裹内件清单、发票、货单、与内件有关的产品说明书、使用说明书及收、寄件人姓名地址签条。国际包裹只能寄往通达此项业务的国家和地区。每件包裹的重量、尺寸不能超过我国规定的标准限度，但如果寄达邮政或散寄经转邮政规定的重量、尺寸限度低于我国的标准，则应以寄达邮政或散寄经转邮政的规定为准。装有易碎物品的包裹可以按照脆弱包裹交寄，但只能寄往同意接收脆弱包裹的国家和地区。除属禁寄物品和超过规定限量寄递的物品外，凡适宜邮递的贵重物品均可以作为保价包裹寄递。保价包裹只限于寄往与我国互相通达此类包裹业务的国家和地区。

（3）包件新业务

"家乡包裹"是邮政发挥网络企业优势，与名优土特产品厂家联合策划，为客户提供便捷、免费（特惠）邮寄的一种包裹增值服务。家乡包裹满足了异地产品邮递需求和人们交往、传情达意的客观需求，为商务客户礼仪交往提供了定制服务方式。

"爱心包裹"是中国邮政服务社会、服务公益事业的一个项目。爱心包裹里面的善品是根据受益对象的不同、季节的不同精心配备的学习和生活用品。中国扶贫基金会依托中国邮政网点在全国开通多个爱心捐赠站,社会各界爱心人士只需要通过邮政网点捐赠爱心包裹(统一的善品和捐赠标准),就可以一对一地将自己的关爱送给需要帮助的人。群众也可以通过指定网址进行在线捐赠。

3. 集邮业务

(1)集邮业务的概念

集邮业务是专门从事出售邮票和集邮用品及组织指导公众开展集邮活动的业务;是邮政部门发挥邮政优势和潜力,以经营邮票为主兼营其他集邮品、集邮用具、集邮书刊的商品经销活动;是邮政企业所经办的集邮商品营销活动和为社会集邮文化活动提供的各种服务。

(2)集邮业务经营的内容

集邮业务经营的主要内容有以下8个方面。

第一,邮资票品的发行与经营。现行邮资票品主要有邮票、邮资信封、邮资明信片等。此外,还有邮资邮简、邮资信卡等。

第二,集邮品的制作与经营。集邮品指利用邮资票品、邮戳及仿印邮票图案制成的集邮商品。拥有集邮品制作权限的部门有中国集邮有限公司、省集邮公司两级,地(市)、县邮政局不得自行制作集邮品。

第三,经销集邮用具、用品。集邮用具、用品主要是集邮使用的镊子、放大镜、量齿尺、护邮(票)袋,以及储存邮票、集邮品的各种薄、册、本等。这些集邮用具、用品主要是由社会厂家生产制造的,各级集邮公司实行自由购销,按质论价,进行竞争性经营。

第四,经销集邮书刊。集邮书刊是集邮的宝贵资料,也是进行集邮宣传教育的工具。集邮公司经销集邮书刊不仅有利于传播集邮文化,方便集邮者学习、查阅资料,还有利于提高人们的集邮水平,推动集邮活动的开展,从而促进集邮业务的健康发展。

第五，经营集邮品信托业务。集邮信托是集邮企业利用自己的营业网点和信誉，接受集邮者的委托，对集邮者所拥有的集邮商品办理寄售、交换、转让或收购、代购活动，是集邮业务的一项基本内容，是对集邮公司现有业务项目进行的补充和扩展，既有利于集邮者交流、调剂余缺，又可以方便群众、改善服务。

第六，开展集邮咨询服务。集邮咨询服务是随着社会集邮热和集邮业务的纵深发展而兴起的一种集邮服务项目，目的是为集邮者提供指导、帮助。集邮咨询服务为集邮者提供集邮市场信息和分析集邮发展趋势和动向，对集邮商品进行鉴定、评议、估价，当好集邮者的参谋，为集邮企业与顾客之间的联系沟通提供渠道和纽带，使两者之间的关系更密切，引导消费，促进集邮业务的繁荣和发展。

第七，经营集邮进、出口贸易。集邮一贯具有国际性。因此，邮票进行国际进、出口贸易也是我国集邮业务的一项重要内容，它不仅促进国际集邮文化活动的开展和交流，促进国际友好往来，同时也是国家出口创汇的途径之一。集邮进、出口贸易的经营范围包括中国邮政集团有限公司发行的各种邮票、邮资信封、邮资明信片及其他邮政用品；中国集邮有限公司发行的各种集邮品；各省、自治区、直辖市集邮公司发行的有地方特色的集邮品；可供出口的历史邮票和集邮品。为了适应改革开放的新形势，国家对过去完全由中国集邮总公司统一经营邮票进出口业务的规定进行了修改。自1993年开始，中国集邮总公司只保持邮票的出口权，其他集邮商品的进出口权放给各省集邮公司，同时要求各省加强对集邮品质量的管理，以保证我国对外贸易的信誉。

第八，开展集邮活动。为了促进集邮业务的蓬勃发展，还应配合集邮协会和有关方面积极组织开展各种集邮活动，以吸引更多人加入集邮行列。从市场营销角度来看，企业积极配合有关方面组织开展集邮活动本身就是市场营销的重要内容，也是企业公关活动的重要组成部分。通过参与、赞助、支持、组织集邮活动，从而提高企业的知名度，树立企业形象，促进集邮品销售，增加集邮业务收入。其活动方式和具体内容主要有举办集邮品展览、举办集邮讲座、举办集邮知识竞赛等。

4. 报刊发行业务

（1）报刊发行业务的概念

报刊发行业务是指邮政部门经营报刊发行业务，邮政部门利用遍布全国的邮政通信网联系用户，具有传递广泛、传递迅速等特点，将报刊出版单位出版的报纸、杂志以订阅或零售的方式发送给读者的业务。

报刊发行业务是《邮政法》规定的邮政可以经营的竞争性业务。中华人民共和国成立以来，我国采用了"邮发合一"的体制，即报刊发行与邮政部门合为一体，由邮政部门承担报刊的发行工作。改革开放后，一些报刊开始自办发行，即由报刊出版单位自己承担报刊的发行工作。报刊发行不再是邮政企业独家经营的业务。

（2）报刊及其分类

报刊是报纸和期刊的合称。报纸是指有固定名称、刊期、开版，以新闻报道为主要内容的散页连续出版物。期刊又称杂志，是指有固定名称，用卷、期或者年、季、月顺序编号，按照一定周期出版的成册连续出版物。由于我国出版管理实行许可制，因此并不是所有符合期刊形态的出版物都是合法出版物。只有依法取得出版许可的期刊为合法期刊。合法期刊由依法设立的期刊出版单位出版。期刊出版单位出版期刊，必须经新闻出版总署批准，持有国内统一连续出版物号，并领取《期刊出版许可证》。对于非法期刊，应按照打击非法出版物的有关规定予以取缔、处罚，邮政不予发行。

可按出版地区、报刊内容和读者对象、刊期、文字等4种标准对报刊进行分类。按出版地区划分，在国内出版的报刊，将本地出版的报刊称为"本埠报刊"，将外地出版的报刊称为"外埠报刊"。将外国出版的外文报刊称为"进口报刊"。将外国出版的中文版报刊称为"进口中文版报刊"。按报刊内容和读者对象对报刊进行划分，可分为报纸和杂志。按报刊的刊期划分，报纸可分为日报、周六报、周五报、周四报、周三报、周报、旬报、半月报、月报。按报刊的刊期划分，期刊可分为周刊、旬刊、半月刊、月刊、双月刊、季刊、半年刊和年刊。按报刊的文字划分，可分为中文版、外文版、少数民族版。

5. 机要通信业务

（1）机要通信业务的概念

机要通信业务是邮政通信承担的一项政府职能，是专门传递党和国家机要文件和机要刊物，并为保守国家机密、维护国家安全利益，确保机要文件保密、安全传递的业务。机要通信是国家保密通信的重要组成部分，是党和国家赋予邮政部门的一项特殊的政治任务，是具有通信性质的一项特殊种类的业务。

（2）机要通信业务的任务

机要通信的主要任务是传递党和国家的秘密文件，在内部业务处理中称其为机要件。将其密级分为"绝密""机密""秘密"3种，各单位寄发时应当依照《保密法》的规定标明密级。

6. 信息和代理业务

信息和代理业务是邮政在新形势下为适应社会信息化需要和市场需求，整合、归集自身优势资源，主动开发市场、服务社会的一种新型业务。现已形成了以代理、代办业务为基础，以信息增值业务为重点、电子商务业务为发展方向的业务，主要包括：网络购物、商旅票务、会员服务、代收代缴、短信和邮务六大类业务。该部分业务内容将在本书第8章中进行详细介绍。

3.1.2　邮政金融类业务

邮政金融类业务是指邮政部门利用邮政基础设施开办本外币储蓄、对公业务、小额信贷、个人理财、国际国内汇兑、保险等业务的总称。邮政金融类业务按照目前业务负责主体的差异，可将其分为商业银行业务、保险业务、证券业务和资本业务。

1. 商业银行业务

邮政金融类业务中的商业银行业务主要由中国邮政储蓄银行有限责任公司提供。商业银行业务包括负债业务、资产业务和中间业务。负债业务是指形成资金来源的业务，包括客户存入银行的各项存款、银行向其他机构借到的各种借款等。资产业务是指商业银行运用资金以取得收益的业务，也就是商业银行将其吸收的资金贷放或投资出去赚取收益的活动。在商业银行的资产业务中，以贷款和投资最为重要。中间业务是指金融机构基本上不动用自己的资金，替客户办理支付及其他委托事宜而从中收取手续费的业务，包括结算业务、代理业务等。

中国邮政储蓄银行不是一个纯商业性的普通商业银行，而是继续依托现有邮政的网络设施、以提供基础金融类服务为重要目标的特殊商业银行。其区别于纯商业性银行的特点主要表现在以下3个方面：首先，中国邮政储蓄银行向城乡居民提供储汇业务带有普遍服务业务的性质，在中国邮储银行覆盖全国的众多网点中，70%的网点在吸收存款较少的县级以下地区，而纯商业性的银行则会从降低经营成本的自身利益视角出发，选择撤销吸收存款较少的网点。其次，邮政储蓄银行选择在社区、"三农"、中小企业等普惠金融服务领域树立品牌，在涉农贷款、小微企业贷款等方面覆盖面较广，发放金额年增长率持续增高。如果作为一个纯商业性的银行，则一定会从商业利益角度出发，选择最有效率的地区、最有效率的客户作为自己服务的对象去实现营利目标，把重点投向大城市、大客户、大企业、外资企业这些能够带来最大利益的客户。最后，在中国邮政储蓄银行的服务对象中，广大农村和偏远地区的居民占到了相当大的比例，在很多地区，中国邮政储蓄银行是当地居民可以获得的唯一金融服务。普通商业银行服务的对象则广泛得多，主要是各类企业、政府机关和民间团体等，也包括居民个人。

现阶段，中国邮政储蓄银行办理的负债业务主要是邮政储蓄业务，办理的资产业务主要是贷款业务，办理的中间业务以邮政汇兑业务为主。此外，中国邮政储蓄银行还提供代理、理财、银行卡、托管等其他中间业务。

（1）储蓄业务

邮政储蓄是指个人把节余下来的或暂时不用的货币有条件地存入邮政储蓄机构的一种信用行为。目前，中国邮政储蓄银行可以办理人民币储蓄存款业务和外币（美元、欧元、日元、英镑等其他币种）储蓄存款业务。

中国邮政储蓄银行开办的人民币储蓄存款业务包括定期储蓄、活期储蓄、定活两便、通知存款共4项基本业务。除了基本业务外，根据社会需要，中国邮政储蓄银行还开办了一些人民币储蓄存款拓展性业务，如一本通存款、个人存款证明等。中国邮政储蓄银行人民币储蓄存款业务如表3-1所示。

表 3-1　中国邮政储蓄银行人民币储蓄存款业务

业务类型	业务内容	细分类型	细分内容
定期储蓄	储户在存款时约定存期，一次或分次存入款项，到期一次或分笔支取本金和利息的储蓄业务	整存整取定期储蓄	储户在存款时约定存期，一次存入本金，到期一次支取本金和利息的储蓄存款业务
		零存整取定期储蓄	储户在存款时约定存期，按月定额存入，到期一次支取本金和利息，积零为整的一种定期储蓄
		存本取息定期储蓄	储户在开户时一次存入本金，分期均等支取利息，到期一次性支取本金的一种定期储蓄
		定额定期储蓄	储户存款金额固定、存期固定的一种定期储蓄业务，简称"双定"
		整存零取定期储蓄	储户在存款时约定存期，一次存入本金，分期支取固定本金，利息到期一次结清的一种定期储蓄
活期储蓄	不限存期，凭银行卡或存折，随时可存入、随时可支取的一种储蓄业务	活期储蓄本地存取	本地存取是指储户在本地办理活期储蓄存款开户，只能在本地开户局或本地邮政储蓄计算机联网局续存或支取
		活期储蓄异地存取	异地存取是指储户在本地办理活期储蓄存款开户，可在异地邮政储蓄计算机联网局续存或支取
定活两便	事先不约定存期，一次性存入，一次性支取的储蓄存款	固定定活两便	固定定活两便分为100元、200元、500元、1000元等多种面额
		不固定定活两便	不固定定活两便50元起存，金额不限

业务类型	业务内容	细分类型	细分内容
通知存款	储户在存款时不约定存期，在支取时须提前通知金融机构，约定支取存款日期和金额方能支取的存款方式	1天通知存款	存款人必须提前1天通知约定支取存款
		7天通知存款	存款人必须提前7天通知约定支取存款
一本通存款	将多个储种、多个账户的存款集中于一本存折上，通过一个存款凭证记载、管理多个存款账户资金活动情况的业务品种	整存整取定期存款	本金一次存入，到期支取本息。到期可约定转存，循环生息。支取方式灵活，可全部提前支取，也可多次部分提前支取
		定活两便储蓄存款	存期不限，不可部分支取。存期不满3月的，按天数计付活期利息；存期为3个月以上，可得到1年期内同档次整存整取存款6折利率的优惠。利率打6折后，若低于活期利率，则按活期利率计息
个人存款证明	邮政储蓄部门应存款人的申请，为其存于邮政储蓄机构的个人存款所提供的书面证明	时点存款证明	用于申请人在提出申请开具个人存款证明时在邮政储蓄有一定金额存款的证明
		时段存款证明	用于申请人自申请之日起至某一日期的时间段内在邮政储蓄有一定金额存款的证明

外币储蓄业务是中国邮政储蓄银行为客户提供的外币（目前仅办理美元储蓄业务）资金存取及保值增值服务。具体包括活期储蓄、定活两便、整存整取、个人存款证明、外币携带证等业务。其中，活期储蓄1美元起存，随时存取，方便灵活。定活两便5美元起存，不确定存期，可以随时支取，利率随存期长短而变动。整存整取10美元起存，约定存期，到期时一次支取本息，存期从1个月到2年不等。个人存款证明可用于证明任一时点或时段上存款人在邮政储蓄开立的个人账户中的存款币种及金额。外币携带证是作为居民或非居民个人携带一定金额外币出境时的证明文件。

（2）信贷业务

邮政储蓄银行办理的信贷业务，依据贷款主体，可将信贷业务分为个人信贷业务和公司信贷业务。目前提供的个人信贷业务包括"好借好还"个人信贷业务（见表3-2）和"佳信家美"消费贷款业务（见表3-3）。中国邮政储蓄银行开办的公司信贷业务类型和内容如表3-4所示。

表 3-2 "好借好还" 个人信贷业务

业务类型		业务内容
小额贷款	中国邮政储蓄银行向单一借款人发放的金额较小的贷款	农户小额贷款是指向农户发放的用于满足其农业种植、养殖或者其他与农村经济发展有关的生产经营活动资金需求的贷款
		商户小额贷款是指向城乡地区从事生产、贸易等活动的私营企业主（包括个人独资企业主、合伙企业个人合伙人、有限责任公司个人股东等）、个体工商户和城镇个体经营者等微小企业主发放的用于满足其生产经营资金需求的贷款
个人商务贷款	额度类个人商务贷款	中国邮政储蓄银行向借款人发放的用于本人合法生产经营活动可循环使用的担保贷款
	非额度类个人商务贷款	中国邮政储蓄银行向借款人发放的，具有地方特色的短期非经营性贷款
个人质押贷款		中国邮政储蓄银行向借款人发放的以在中国邮政储蓄银行开立的未到期整存整取定期人民币储蓄存单（即定期存单，包括特种存单）为质押担保且到期一次性收回本息的贷款

表 3-3 "佳信家美" 消费贷款业务

业务类型	业务内容
个人综合消费贷款	中国邮政储蓄银行向个人提供以其所有（共有）的住房作抵押，并在最高额授信项下，循环支取用于多种合法消费用途的人民币贷款
个人商业用房贷款	中国邮政储蓄银行向个人发放的用于购置商用房或商住两用房的贷款
个人住房贷款	中国邮政储蓄银行向个人发放的用于购置住房的贷款

表 3-4　中国邮政储蓄银行开办的公司信贷业务类型和内容

业务类型	业务内容	
专项融资	中国邮政储蓄银行可为符合国家政策规定的企事业单位提供优惠的专项融资服务，主要适用于信用评级高的国家级涉农公用企业和公用工程，专项用于农村能源、公路、水利（含南水北调工程）、通信、循环经济和环境保护等基础设施建设。按照国家的相关政策，对于优质项目，中国邮政储蓄银行有着更加优惠的利率政策空间，可以为大型项目客户进一步降低融资成本	
项目贷款	中国邮政储蓄银行可向企业客户发放用于新建、扩建、改造、开发固定资产（不包括房地产）投资项目的贷款。项目贷款是以项目的资产、预期收益或权益作抵（质）押取得的一种无追索权或者有有限追索权的债务融资。建设项目贷款一般为中长期贷款，也可用于项目临时周转用途的短期贷款，可为企业客户的长足发展和基础建设提供有力的信贷支持	
银团贷款	由获准经营贷款业务的多家银行或非银行金融机构参加，基于相同的贷款条件，采用同一贷款协议，按商定的期限和条件向同一借款人提供资金的贷款方式	直接银团贷款是由银团各成员行委托代理行向借款人发放、收回和统一管理的银团贷款，为银团贷款的基本形式
		间接银团贷款是由牵头行直接向借款人发放贷款，然后再由牵头行将参加贷款权（即贷款份额）分别转售给其他银行，全部的贷款管理及放款、收款均由牵头行负责
		联合贷款是在牵头行已经向借款人承诺贷款或授信的前提下，参与行与牵头行、客户共同签订三方协议，在牵头行的授信额度内向借款人提供融资
小企业贷款	中国邮政储蓄银行向小型企业法人客户提供的，用于企业正常生产经营周转资金需要的人民币担保贷款。具有申请简便、审批效率高、贷款方式灵活等特点，可以采用土地房产抵押、存货质押或应收账款质押等多种担保方式	

（3）邮政汇兑业务

汇兑业务是指承兑行将客户持交的一定款项汇至异地指定的收款人。承汇行在接受客户持交的款项后，通过汇票或支付委托书向异地承兑行发出命令，由承兑行向第三者支付一定数额的货币。

邮政汇兑业务分为国内汇兑业务和国际汇兑业务。国内汇兑业务包括按址汇款、密码汇款、账户汇款、网上汇款（网汇通和网汇e）、商务汇款5种产品，以及附言、回执等其他附加的汇兑增值业务。国际汇兑业务按照与境外机构的合作方式，分为国际邮政汇款、"一汇通"国际银邮汇款、西联汇款3种。
具体地，国内汇兑业务内容见表3-5，国际汇兑业务内容见表3-6。

表 3-5 国内邮政汇兑业务

业务类型		业务内容
按址汇款		汇款人到邮政储蓄办理汇款后，兑付邮局以投递取款通知单的方式，通知收款人支取汇款的业务。汇款人可直接用现金或用本地开户的邮政储蓄活期个人结算账户交付相关款项
密码汇款		汇款人将现金交付邮局或委托邮局从其指定账户中扣款，由汇款人自行设定取款密码并通知收款人凭汇票号码、取款密码和有效身份证件在全国任意汇兑联网网点实时支取现金的汇款
账户汇款	账户到账户	联网邮局按汇款人指定的账户扣款，并将扣款项直接汇入汇款人指定的账户
	现金到账户	汇款人以现金方式在联网邮局汇款，联网邮局将款项直接汇入汇款人指定的账户
	账户到现金	联网邮局按汇款人指定的账户扣款，并将所扣款项直接寄达汇款人指定的收款人
网上汇款	网汇通	基于邮政电子汇兑系统的一款经济、快捷、安全的新一代网上支付服务产品。当客户网上购物或购买游戏点卡时，若身边没有银行卡，可采用中国邮政提供的网汇通支付方式。客户自行设定取款密码，在网汇通网站操作取款交易
	网汇e	利用邮政品牌和网络优势开发的一种向互联网客户提供网上支付服务的新产品。将传统邮政汇兑业务从网下延伸到网上，突破了必须以账户为基础进行网上支付的限制，实现非账户的网上支付功能
商务汇款		以电子汇兑系统为平台，为各类单位提供资金汇划服务的汇款业务
增值业务	附言业务	根据汇款人需要，追款人汇款时可选择汇款附言业务，满足汇款人与收款人温馨对话的需求
	回执业务	受汇款人委托，在收款人领取汇款后，将汇款兑付情况以投递回执卡或发送手机短信回执的方式通知汇款人

表 3-6 国际邮政汇兑业务

业务类型	业务内容
国际西联汇款业务	中国邮政与美国西方联合金融服务有限公司（下文简称"西联公司"）合作开办的特快国际个人汇款业务。实现信息转换全程电子化，自柜台受理业务起，数分钟内汇款即可到达收汇人账户
国际银邮汇款（一汇通）业务	中国邮政与德意志银行合作开办的国际汇款业务，是一种新型国际电子汇款业务，汇款可以直接或间接通达全球任何一家银行机构
国际邮政汇款业务	按两国双边协议规定在两国（或地区）邮政间办理的国际汇款业务。按其汇款信息的传递方式，分为电子汇款和实物汇款两种方式

（4）其他中间业务

除了邮政汇兑业务外，中国邮政储蓄银行还提供代理业务、理财业务、银行卡业务、托管业务等其他中间业务。

代理业务是指商业银行接受客户委托，代为办理客户指定的经济事务、提供金融服务并收取一定费用的业务。中国邮政储蓄银行提供的代理业务主要包括代理保险业务、代理开放式基金业务及代理国债业务。中国邮政储蓄银行与多家保险公司合作，为客户提供多家保险公司产品，满足客户差异化的投保需求。中国邮政储蓄银行代理的基金产品类型丰富，涵盖了股票型基金、货币型基金、债券型基金和混合型基金，客户可在不同市场时期购买不同的基金产品，来达到分散投资风险的目的。中国邮政储蓄银行作为凭证式国债、储蓄式国债承销团成员，接受财政部、中国人民银行的委托，代理其发行销售和兑付国债。

理财业务是指通过收集整理客户的收入、资产、负债等数据，倾听客户的希望、要求、目标等，为客户制定投资组合、储蓄计划、保险投资对策、继承及经营策略等财务设计方案，并帮助客户将其资金最大限度地增值。中国邮政储蓄银行自2007年12月起获批开办人民币个人理财业务，目前已对外发售了"创富""天富""财富"等多款人民币理财系列产品。

银行卡是指商业银行（含邮政金融机构）向社会发行的具有消费、转账结算、存取现金等全部或部分功能的信用支付工具。中国邮政储蓄银行的银行卡业务包括借记卡业务和信用卡业务，即绿卡业务和信用卡业务。中国邮政储蓄银行提供的绿卡业务十分丰富，除普通绿卡之外，还开发了绿卡通、淘宝绿卡、QQ联名绿卡、区域联名绿卡等众多新业务。邮政储蓄信用卡属个人人民币贷记卡普卡，为银联标准卡，具有透支消费、透支取现、分期付款、积分优惠等丰富功能，同时提供24小时电话银行服务、账单免费寄送、自动还款关联等服务，以及提供免收异地还款交易手续费、大额交易免费短信提醒、免费账单短信、消费最长免息期等优惠。

托管业务是指具备一定资格的商业银行作为托管人，依据有关法律法规，与委托人签订委托资产托管合同，安全保管委托人委托投资的资产，履行托管人相关职责的业务。中国邮政储蓄银行自2009年7月起获得证券投资基金托管资格，成为我国第16家具有证券投资基金托管资格的托管银行，可托管证券投资基金、银行理财产品、信托产品、专户理财产品、券商理财等多种资产，为客户提供账户开立、财产保管、资金结算、会计核算、投资监督、信息披露、托管报告等安全、高效、专业的托管服务。

2. 保险业务

邮政金融类业务中的保险业务主要由中邮人寿保险股份有限公司提供。

中邮人寿保险业务包含个人保险和团体保险两类。个人保险是为满足个人和家庭需要，以个人作为承保单位的保险。团体保险一般用于人身保险，它是用一份总的保险合同，向一个团体中的众多成员提供人身保险保障的保险。

现阶段，中邮人寿个人保险的险种包括中邮绵绵寿、中邮富富余和中邮贷贷喜，以及中邮惠邮万家A产品计划、中邮惠邮万家B产品计划、中邮惠邮万家C产品计划、中邮惠邮万家D产品计划、中邮福邮万家C产品计划、畅邮天下B计划、中邮年年好邮保康乐医疗保险、中邮年年好邮保百万医疗保险、中邮年年好邮保一生终身寿险等20余种保险产品。

当前中邮人寿团体保险的险种主要有中邮附加团体境外救援医疗保险、中邮团体综合医疗保险、中邮附加团体住院医疗保险、中邮附加禄禄通团体意外伤害医疗保险等12余种保险产品。

3. 证券业务

邮政金融类业务中的证券业务主要由中邮证券有限责任公司提供。

中邮证券的经营范围包括证券经纪、证券投资咨询、证券投资基金销售、融资融券、代销金融产品、证券资产管理、证券承销与保荐、证券自营与证券交易等。

现阶段，中邮证券提供的客户服务产品主要有资讯类、体验类、培训类3种，每类业务具体包含的产品如表3-7所示。

表3-7　中邮证券客户服务产品

类型	产品名称	主要内容
资讯类	中邮A股投资策略报告	为客户定期推出的综合性投资服务包裹，包括投资策略、投资推荐、风险揭示等方面的内容
	上市公司研究报告	研发部针对上市公司调研发布的上市公司分析报告
	行业研究报告	研发部以行业为对象发布的研究报告
	中邮晨会纪要	每天定期推送的晨会研究报告，包括今日要闻、今日策略、宏观数据点评、行业点评、重点报告推荐等方面内容
	中邮股票池	公司为客户提供的由中邮研发部推荐的个股股票池服务
	智赢优选投资组合	公司投顾人员根据个股研究向客户推送的个股分析周刊
	智赢成长投资组合	公司投顾人员为客户提供有价值个股的点评及投资策略建议等信息服务
	智赢内参	针对市场热点和个股分析形成投资组合向客户进行指导和建议
	新股申购策略	根据拟发行新股的发行价、发行时间及公司业绩，向客户提供新股申购策略
	中邮热点直击	根据市场热线向客户提供热点板块分析
	智赢俱乐部投资组合	中邮智赢俱乐部主办，集研发人员、投顾人员等精英团队成员共同智慧出品的系列资讯之一。定位服务于核心客户，资产配置侧重二级市场交易品种，特点是贴近操作层面，满足、引领客户资产管理需求
	债券市场策略报告	根据债券市场行情波动，向客户提供债券操作建议

续表

类型	产品名称	主要内容
体验类	理财报告	营业部投资顾问为签约客户提供的行业、个股及账户诊断投资理财报告
	网上行情交易软件	公司为客户以行情软件揭示的方式提供各类证券品种的即时行情揭示服务及分析工具服务，以及委托交易、成交回报服务
	手机炒股软件	为客户提供的通过手机查看行情及资讯、进行委托，通过网上交易的通道实现移动证券交易
	中邮热线咨询服务	公司为客户及潜在客户通过统一客服热线提供证券业务咨询、交易品种介绍、投资咨询等证券相关内容的实时咨询服务
	网站专家在线咨询服务	公司为客户及潜在客户在公司门户网站提供实时证券投资咨询等证券相关内容的咨询服务
	网上在线服务	公司为客户和潜在客户在公司门户网站提供实时的非证券投资咨询类证券相关内容的咨询服务
	中邮播报	公司为客户和潜在客户在公司门户网站提供的实时股评节目（音频）
	投顾签约服务	公司投顾人员通过投顾平台与公司客户进行一对一签约服务，提供证券业务咨询、交易品种介绍、投资咨询等证券相关内容的实时咨询服务
	智赢管家	公司打造的集客户标准化服务与个性化服务为一体的综合服务平台，客户可以通过该平台实现资讯阅览、产品定制、签约服务，全方位满足客户资讯、理财、账户查询、投顾签约服务等多项定制化服务需求
	中邮微服务	公司通过微信公众平台为客户提供投资策略、市场风险提示、交易品种介绍等证券相关内容的服务
	中邮智赢宝典	为客户提供的多品种、多市场、多层次的在线实时金融信息终端，集财经资讯、实时行情、金融数据和分析工具于一体的服务软件
	中邮盘后综述	为客户以短信订制的方式，在每日收盘后为客户提供对市场的热点解析及收盘后对市场的重要点评服务
	中邮热点跟踪	每日开盘前为客户提供每日投资策略、市场风险提示及投资板块分析等信息服务

类型	产品名称	主要内容
体验类	客户持仓短信提示	以短信订制的方式，为客户提供所持股票公告，包括分红派息、配股、增发、特别提示等方面内容
	新股发行与上市提示	以短信订制的方式，在新股发行和上市前一交易日为客户发送提示信息
	资金变动提示	公司通过短信的形式为客户提供实时资金变动提示的信息服务
培训类	中邮智赢俱乐部	在公司实现客户服务任务分解、产品体系完善的基础上构建的重要支撑平台。通过对中邮智赢俱乐部的运营，实现公司投资咨询队伍结晶式壮大，促进服务成效及品牌影响力的提升
	中邮财富讲堂	为客户组织举办的沙龙和报告会，由其投顾人员针对市场走势和未来投资策略、投资板块、市场风险提示等内容进行现场讲解
	中邮高端客户品鉴会	为客户举办的小型高级报告会，从全球视野、宏观经济形势的角度为客户提供符合需求的资产配置策略和其他市场投资品种的选择建议，协助客户做好自身资产的保值增值

4. 资本业务

邮政资本业务由中邮资本管理有限公司提供，主要为中国邮政集团有限公司内部提供资本业务。

中邮资本主要业务包括集团内部资产重组、引战、改制；战略并购；直接股权投资；私募股权投资基金；私募证券投资基金；其他投资。

重组改制、引战是积极推进中国邮政集团有限公司内部业务重组改制、引战上市，建立市场化、专业化公司治理机制，挖掘资产潜力，提升资本效率。

战略并购是围绕中国邮政集团有限公司主营业务领域，适时开展收购兼并，助力中国邮政集团有限公司业务转型和核心竞争力提升，培育打造新的业务增长点。

直接股权投资是围绕中国邮政集团有限公司主营业务新业态、新技术和新模式开展股权投资，促进业务协同与发展，助力邮政生态体系的建设和突破。

私募股权投资基金是依托中国邮政集团有限公司实业背景和金融资源优势，发起设立私募股权投资基金，布局中国邮政集团有限公司主航道相关前瞻性投资机会，开放协同构建集团公司竞争新优势。

私募证券投资基金是以量化基金中的基金（FOF）为主要形式，投资于国内外顶级量化对冲私募基金。旗下FOF基金管理公司中邮永安配置资产范围广，包括但不限于股票、债券、期权；策略丰富多样，如股票对冲策略、日内回转策略、管理期货（CTA）量化趋势、期权套利等。

不动产盘活指中邮资产专注于邮政系统内不动产运营管理。依托主业资产，开展整体规划，协同板块资源，实现邮政企业闲置的房屋土地等不动产的系统盘活，同时为主业生产经营提供不动产咨询、代建或租赁服务。

3.1.3 邮政速递类业务

为实现邮政竞争性业务与邮政普遍服务业务的分业经营，中国邮政集团公司于2008年开始实施邮政速递物流业务专业经营改革，将中国邮政速递物流股份有限公司作为管理全国邮政速递物流业务的事业部，对全国邮政速递物流业务实行一体化经营管理。

邮政速递类业务是中国邮政速递物流股份有限公司的两大主营业务之一。根据客户对不同地域的需求，邮政速递类业务提供通达全国31个省（自治区、直辖市）所有市县乡（镇）及港澳台地区的国内速递服务，和通达全球200多个国家与地区的国际速递服务。根据客户对不同时限的需求，邮政速递类业务提供标准类和经济类速递产品，其中，标准类速递产品在国内重点城市、重点区域及全球部分国家和地区提供高端限时速递服务。此外，根据客户对个性化服务的需求，邮政速递还提供代收货款等增值服务及礼品礼仪服务，并针对具有电子商务快递需求的客户推出国内、国际"e邮宝"产品，具体内容如下。

1. 国内邮政速递类业务

（1）国内标准类速递产品

国内标准类速递产品主要指EMS。国内EMS是中国邮政最早开办的产品，主要依托自主航空网，提供高效、安全的国内城市间文件和物品寄递服务。国内EMS已开设时限承诺服务，即对纳入承诺范围覆盖的城市间互寄的特快专递标准型邮件，承诺全程时限；对超过承诺时限的邮件，退还已收取的邮件资费。

国内特快专递业务包括国内异地特快专递业务和同城特快专递业务。邮政国内特快专递业务产品具体包括当日递业务、次晨达业务、次日递业务等。

当日递业务是中国邮政速递物流股份有限公司为适应日益增长的客户需求及提升市场核心竞争能力，在有条件的地区开办的一项国内限时业务。通常当日递业务是指客户在12:00前交寄邮件，速递部门于当日18:00前送达收件人本人的限时业务，多在同城和省内异地开办。

次晨达业务是中国邮政集团有限公司充分发挥"全夜航"航空自有运输能力的网络优势，对邮政资源进行整合而推出的高品质业务。次晨达业务包括区域次晨达和跨区域次晨达业务。区域次晨达业务是邮政EMS在环渤海区域、长江三角洲、珠江三角洲、东北区域、西南区域城市间开办的限时专递业务，在指定开办范围内当日交寄的EMS邮件，邮政速递部门保证在次日上午10:00前（珠江三角洲为11:00前）投交收件人。跨区域次晨达业务则在更大区域范围内推出。

次日递业务是中国邮政集团有限公司通过调整内部作业组织，邮政航空飞机全部实行夜间航行，在承诺范围覆盖的省市间互寄EMS，均可享受到"今日寄出、次日投递"的服务，即邮件在当日18:20之前寄出，次日即可送达。

（2）国内经济类速递产品

国内经济类速递产品主要是为批量交寄且量大、邮件内件重和对邮件安全、信息反馈及服务综合性价比要求较高的物品类业务大客户提供服务，如网上购物、电视购物、电子通信产品生产厂家或销售商等，不针对零散客户。邮政速递部门采取专人专车定点上门服务、派驻制等方式进行收寄。此业务的开办，能够进一步满足社会需求，完善邮政物品类业务产品结构，增强邮政速递物流的市场竞争力。

（3）其他类专递与特快业务

政务专递是EMS致力于为各级政府部门、办事企业和群众提供多渠道、全环节、信息化的"智慧政务"综合解决方案，提供安全可靠的高品质速递服务。政务专递主要服务于公安、司法、税务、工商、人社、医院、院校等政府类、事业单位类客户，为办事企业和群众提供场景丰富、简单便捷、渠道多样的邮寄服务，通过嵌入速递服务实现"线上办理、邮寄送达"的新型服务模式，积极服务政务民生，为办事群众和企业提供更多的便民服务。政务专递可提供证照、文书、公文等的单程/双程寄递、驻点服务、系统对接、主动客服、物流信息查询服务等。

商务专递是EMS致力于为商务类客户提供高效、便捷、快速的寄递服务体验所打造的商务类客户专属服务，应用场景丰富。商务专递主要服务于金融、保险、通信、新零售等行业客户，为不同行业的商务类客户提供综合服务解决方案。商务专递可提供单程/双程寄递、增值服务（包括但不限于返单、一票多件等）、驻点服务、系统对接、主动客服、物流信息查询等服务。

"极速鲜"是EMS打造的生鲜类特快专递产品，致力于为生鲜行业客户提供高品质、高时效的寄递服务。寄递产品涵盖海鲜、冷鲜肉、茶叶、水果、鲜花等百余种产品，依托邮政自主航空及陆运网络，叠加冷链专线、主动客服、信息提示、优先派送等增值服务，为生鲜类产品搭建"极速送达、鲜美到家"的绿色通道。

港澳台"e特快"业务是中国邮政在内陆与港澳台地区之间推出的一款快速类直发寄递服务，通过更高效地内部处理、转运清关、落地配送、跟踪查询等提高卖家发货效率，应对跨境电商的高端寄递需求。对于发往中国香港与中国台湾地区的物品，要求限重30千克且任何一边的尺寸都不得超过1.5米、长度和长度以外的最大横周合计不得超过3米；对于发往中国澳门地区的物品，要求限重31.5千克、任何一边的尺寸都不得超过1.05米、长度和长度以外的最大横周合计不得超过2.5米。

香港"e邮宝"是一项针对电商客户开发的寄递服务，主要针对从中国内地寄往香港地区的重量为2千克以下的物品，提供在线打单、全程跟踪信息等服务，在运输、清关、派送等方面具有优势。

港澳台小包是针对港澳台地区、2千克以下小件物品推出的直发寄递服务。目前只在邮政营业网点提供收寄。港澳台小包可以根据客户的需求提供挂号、保价服务。

2. 国际邮政速递类业务

国际邮政速递类业务按照时效特征可将其分为优先类业务、标准类业务、经济类业务3类。

（1）优先类业务

优先类业务是时效最快的寄递服务，邮政内部优先处理，使用最快的运输工具运递，境外使用快递类网络优先处理和投递，全程节点轨迹可视，包括国际（地区）特快专递、中速快件、"e特快"等产品。

国际（地区）特快专递（简称"国际EMS"），是中国邮政与各国（地区）邮政合作开办的中国与其他国家和地区寄递特快专递邮件的快速类直发寄递服务，可为用户快速传递各类文件资料和物品，同时提供多种形式的邮件跟踪查询服务。该业务与各国（地区）邮政、海关、航空等部门合作紧密，打通绿色便利邮寄通道。此外，中国邮政还提供保价、代客包装、代客报关等一系列综合性延伸服务。

中速快件是中国速递国际快件的简称，是指中国邮政速递物流股份有限公司与非邮政商业公司合作办理的国际快件业务，在收寄规格、业务处理、通关方式及运递渠道等方面与国际（地区）特快专递有所不同。中速快件通达全球220多个国家和地区。中速快件提供从文件、货样到50千克及以上高重量段物品的门到门或门到港服务，满足客户多样性寄递的需求。

"e特快"业务是中国邮政为适应跨境电商高端寄递需求而设计的一款快速类直发寄递服务，在内部处理、转运清关、落地配送、跟踪查询、尺寸规格标准等各方面均有更高的要求，是提高跨境卖家发货效率，提升客户体验，协助店铺增加好评、提升店铺流量的重要服务品牌。

（2）标准类业务

标准类业务是时效较稳定的寄递服务，邮政内部快速处理，使用性价比较高的运输工具运递，境外使用标准类网络处理和投递，主要节点轨迹可视，包括e邮宝、国际挂号小包、国际跟踪小包、e速宝专递等产品。

e邮宝业务是中国邮政为适应跨境轻小件物品寄递需要开办的标准类直发寄递业务。该业务依托邮政网络资源优势，优先处理境外邮政合作伙伴的寄递，为客户提供价格优惠、时效稳定的跨境轻小件物品寄递服务。暂不受理延误、丢失、破损、查验等附加服务。

国际挂号小包业务是中国邮政基于万国邮联网络，针对2千克以下重量的轻小件物品推出的标准类直发寄递服务，通达全球200多个国家和地区。可通过线上与线下两种渠道进行发货，为中国客户提供全程可控、清关便利的轻小件物品寄递服务。

国际跟踪小包业务是中国邮政与重点国家（地区）邮政针对轻小件物品寄递需要合作开办的标准类直发寄递服务。可通过线上与线下两种渠道进行发货，为中国客户提供全程跟踪、价格优惠的轻小件物品寄递服务。

国际包裹业务是中国邮政基于万国邮联网络推出的标准类直发物品寄递服务，可以通达全球200多个国家和地区。在使用国际包裹业务时，客户可以自主选择航空、陆运或者空运水陆路3种运输方式（部分路向只接受特定运输方式的包裹服务）。

e速宝专递是中国邮政总部通过整合境内外渠道优质资源，专门针对不同国家和地区的特点，设计的跨境电商商业渠道物流解决方案。该服务采用商业清关模式，末端选择标准类投递网络，提供妥投信息，可以寄递带电产品，最高限重30千克。

（3）经济类业务

经济类业务是时效相对较长、价格较有竞争力的寄递服务，使用成本相对较低的运输工具运递，境外使用非优先网络处理和投递，部分节点轨迹可视，包括国际平常小包和e速宝小包。

国际平常小包是中国邮政基于万国邮联网络，针对2千克以下重量的轻小件物品推出的经济类直发寄递服务，通达全球200多个国家和地区。可通过线上与线下两种渠道进行发货，为客户提供经济实惠、清关便捷的轻小件物品寄递服务。

e速宝小包是中国邮政总部通过整合境内外渠道优质资源，专门针对不同国家和地区的特点，设计的跨境电商商业渠道物流解决方案。该服务采用商业清关模式，末端选择经济类投递网络，提供出门投递信息，可以寄递带电产品，限重2千克。

3. 邮政速递增值业务

邮政速递增值业务主要包括代收货款业务、收件人付费业务、速递同城拓展业务等业务。

（1）代收货款业务

国内特快专递代收货款业务，是中国邮政速递物流股份有限公司利用邮政速递现有的条件和优势，为适应市场需要而推出的一项速递延伸服务，为各类邮购公司、电子商务公司、电视直销企业、商贸企业、金融机构等单位提供快速传递实物、代收货款或其他款项并代为统一结算的综合服务。

代收货款业务将消费者和销售企业的购销风险降到最低点，让消费者足不出户就可放心订购到本地、异地的商品。凡与中国邮政速递物流股份有限公司或其各省分公司签署协议，经批准同意加入国内特快专递代收货款业务体系的企业被称为入网企业。入网企业可通过国内特快专递代收货款业务，在全国范围内打开销售渠道并及时收回相关款项。代收货款邮件在投递时，将按照邮件详情单上标注的收件人应付款金额收款并与入网企业进行结算。入网企业对所销售的商品负全面责任，并向消费者承诺，有商品质量、规格等方面问题，保证无条件退换。中国邮政速递物流股份有限公司对入网企业销售的商品承担全过程传递和代收货款服务，同时履行对特快专递邮件的各项责任和义务。

（2）收件人付费业务

收件人付费业务是邮政速递业务增值服务中的新兴业务种类之一，中国邮政速递物流股份有限公司按照服务区域对其进行划分，目前主要开办的有国内收件人付费业务与国际收件人付费业务。

国内收件人付费业务是指在寄递国内特快专递邮件时，寄件人无须缴纳邮费，而由收件人支付相关费用的一种特殊服务，包括分散交寄分散付费、分散交寄集中付费、分散交寄第三方付费、集中交寄分散付费等4种。目前邮政速递仅办理国内特快专递收件人分散交寄集中付费业务、国内特快专递分散交寄第三方付费业务两种。国内特快专递收件人分散交寄集中付费业务是为分散交寄、集中纳费的大客户提供的一种特殊服务。许多大企业、厂商在全国很多城市设有分公司、维修点等机构，由于客户分散，其产品保修、返修、零配件等售后服务的邮费结算手续繁杂，给他们造成了较大负担，直接影响到产品的销售和售后服务质量，EMS推出的这项业务满足了这部分客户的需求。国内特快专递分散交寄第三方付费业务是为分散交寄、第三方集中纳费的大客户提供的一种特殊服务，即寄递国内特快专递邮件的邮费由寄件人、收件人之外的第三方集中缴纳。

国际特快专递收件人付费业务简称"国际特快到付业务"，其特点是在传递国际特快专递邮件时所需要的各种费用（如邮资、清关费等）由收件人支付，而非由寄件人直接支付。寄件人在交寄邮件时须填写一份"信用保证单"，承诺在遇到收件人拒收邮件或拒付费用等情况时，寄件人承担全部邮寄费用及所产生的一切相关费用。国际特快专递收件人付费业务的收费标准与国际特快专递邮件的收费标准相同。

（3）速递同城拓展业务

速递同城拓展业务是在原有同城业务的基础上，各省（自治区、直辖市）

邮政速递部门大力开拓了单证照类、重点行业类同城速递业务市场，如法院专递业务、二代身份证业务、高考录取通知书业务等。

（4）电子返单业务

电子返单业务是利用图像扫描技术，将收件人签名的签收单扫描成电子图片后发送给客户的一项增值服务。

（5）集中整付业务

集中整付业务是指中国邮政向协议客户投递收件人付费邮件时，不在投递现场收款，而是按双方协议约定，定期对账、收款，并集中缴款的增值服务。

（6）密码投递业务

密码投递业务旨在提升邮件安全性。中国邮政在邮件投递前向预留的收件人手机发送短信密码，收件人在签收邮件时将收到的短信密码出示给投递员，投递员校验密码成功后，方可将邮件投递给收件人。

（7）保价服务

保价服务是指寄件人可对托寄物内容声明价值，即保价金额，并缴纳相应费用。当货物在运输过程中发生丢失、短少、损毁时，中国邮政速递物流股份有限公司会按照寄件人的声明价值赔偿一定的损失。

除上述增值业务外，中国邮政速递物流股份有限公司还推出了新型国际EMS文件类速递产品"EMS留学速递"，主要为有意愿出国留学的人员、留学中介机构、留学培训机构、高校国际交流中心等向境外院校寄递留学申请材料而提供的EMS速递服务。同时，中速国际快件业务亦为客户提供代垫关税等增值服务。

4. 礼仪礼品业务

国内特快专递礼仪业务是中国邮政速递物流股份有限公司为满足广大人民群众日益增长的礼仪文化需求，将特快专递业务网络和现代礼仪服务有机结合，以专人、专车的方式，提供鲜花、礼品等礼仪专递服务及为会议、庆典、婚庆、生日等提供策划、创意等系列礼仪服务。客户不仅可以办理同城特快专递礼仪业务，也可办理异地特快专递礼仪业务。目前邮政速递礼仪业务主要包括"思乡月""五节联送"等。

"思乡月"是中国邮政速递物流股份有限公司在中秋佳节推出的以"百年邮政，与您共贺中秋"为主题，以"明月寄相思，千里递真情"为主旨，为广大客户提供多种国内知名品牌的月饼选购、寄递"一站式"速递配送服务。该业务是邮政速递礼仪业务的重要组成部分，是邮政速递运作较成熟、业务开展较成功的专项营销礼仪业务。

"五节联送"是指在圣诞节、元旦、春节、情人节及元宵节等在中西文化中重要且隆重的5个节日，凡在中国邮政此业务开办范围内，订购礼仪产品的用户均享受市内免费投送，10元寄达全国各省、市、自治区的服务，为人民群众在节庆之日传递祝福信息、寄递礼品提供最贴心的服务。

3.1.4　邮政物流类业务

除了邮政速递业务外，中国邮政速递物流股份有限公司的第二大主营业务是邮政物流类业务，主要包括仓储服务、运输配送、全流程一体化综合物流服务、物流金融业务、供应链咨询业务、信息化服务、中邮海外购、商业渠道进口业务等。

1. 仓储服务

中国邮政作为领先的仓储服务供应商，具有15年仓储运营经验，仓储面积约400万平方米，运营近千个仓储项目，汇聚国内供应链管理、仓储规划、物流自动化等领域的专业人才7000余人，为客户的供应链物流量身定制高标准、现代化、专业化的仓储解决方案。在高科技、汽车、快消品、鞋服、医药等多个行业，具备供应链入厂供应商管理库存仓储、成品总分仓、智能仓、温控仓、保税仓、云仓、前置仓等服务经验。

2. 运输配送

运输配送业务是中国邮政利用自有车辆资源辅以社会资源，为客户提供端到端寄递的无缝衔接运输服务，具体包括公路运输、航空运输及铁路货运。其中，公路运输可为客户设计整车运输方案、拼车运输方案；航空运输可为各种类型的货物提供航空运输服务及端到端的寄递服务，包括高价值货品、温控货品、非标准尺寸货品等；铁路货运可提供整箱货及拼箱货等铁路多式联运服务和定制的端到端多式联运服务。

3. 全流程一体化综合物流服务

中国邮政凭借丰富的项目管理经验和可靠的资源管控能力，从物流体系设计、产品营销、流程控制、项目执行4个层面提高物流体系的运行效率，为高科技、汽车、服装、医药、快消、平台等行业的国内外领先品牌企业提供满足供应链个性化需求的仓储、运输、配送、供应链规划等全流程一体化综合物流服务，保障供应链的稳定性，主要包括入厂与生产物流、销售与售后服务两大部分业务。

4. 物流金融业务

物流金融业务是中国邮政集团有限公司借助其资金与物流优势，与邮政储蓄银行、菜鸟金融、京东金融等金融机构合作，为客户及供应商提供存货质押、订单融资、保理融资等多种供应链金融解决方案。

5. 供应链咨询业务

供应链咨询业务是以大数据分析为基础，以专业规划模型为工具，提供覆盖企业战略、战术和执行层的定制化供应链解决方案，旨在协助企业提高供应链管理水平，实现供应链运营成本降低、效率提升的经营目标。

6. 信息化服务

中国邮政物流面向重要客户提供物流业务综合信息化解决方案，其核心包括云仓管理平台、仓储管理系统、运输管理系统、数据控制塔等子系统，并围绕业务发展方向，提供持续的系统研发与建设创新。

7. 中邮海外购

中邮海外购是中国邮政集团有限公司致力于满足跨境电子商务进口物流服务需要，通过提供在线系统制单、海关电子申报、在线关税缴纳、全程状态跟踪等服务，为跨境电子商务市场提供高效、正规、合法的国际个人快件包裹入境申报的配送服务。中邮海外购涵盖的增值服务包括对包裹外包装进行简单的基础加固；针对包裹内件的奢侈品、高值货品和易碎品等商品进行的特殊安全加固服务；根据客户要求对签收包裹进行开箱清点以核对货物信息；网站会员免仓租期时限内的包裹存放；将个人购物小票从货件中取出；根据客户要求更换外箱或对包装不合格的外箱进行更换；根据包裹实际尺寸，智能地给包裹换合适的外箱；以及保价服务、分箱或合箱服务、退货操作和退运处理等其他增值服务。

8. 商业渠道进口业务

商业渠道进口业务是为中国日益增长的跨境电子商务进口市场提供高效、正规合法且时限稳定的进口个人包裹入境快件申报及配送服务。该项业务服务于国内个人消费者、境内外垂直电商及电商平台，产品包括进口商业快件业务、跨境直购业务、保税进口业务等。

3.2 快递业务

快递也称速递。快递业务一般指快递企业向社会提供的快递服务。世界贸易组织在《服务贸易总协定》中将快递服务定义为："除国家邮政当局提供的服务以外，由非邮政快递公司利用一种或多种运输方式提供的服务，包括提取、运输和递送信函及大小包裹的服务，无论目的地在国内还是国外。这些服务可利用自由或者公共运输工具来提供。"

快递业务依据不同标准可分为不同类别。按快件内件性质，可划分为信件类和物品类业务。按赔偿责任，可划分为普通快件、保价快件、保险快件等业务。按结算方式，可划分为现结快件和记账快件业务等。按运输方式，可划分为铁路快运、公路快运、水路快运、航空快运等。按付费方式，可划分为寄件人付费、收件人付费、第三方付费等业务。按快递业务方式，可划分为基本业务和增值业务。

快递基本业务也是快递企业的核心业务，是收寄、分拣封发、运输单独封装的、具有名址的信件、包裹和不需要储存的其他物品，并按照承诺时限将其送达收件人的"门到门"服务。快递增值业务是指快递企业利用自身优势，在提供基础业务的同时，为更好地满足客户特殊需求而提供的延伸服务。

本节所述快递业务特指除中国邮政速递物流股份有限公司之外的国内私营快递企业（如顺丰速运、中通快递、申通快递、圆通速递、韵达快递等）所提供的快递服务。此处的快递业务与本章3.1.3节邮政速递类业务处于同一市场竞争群体，经营主体不同，业务内容类似。

此外，因提供快递业务的快递企业较多，无法一一列出各企业的所有业务，本书只选取部分代表企业作为示例对快递基本业务与增值业务的主要内容进行介绍。

3.2.1 快递基本业务

按寄递范围，可将快递基本业务分为国内快递业务与国际快递业务。其中，又可将国内快递业务分为同城快递业务和国内（异地）快递业务。

1. 国内快递业务

国内快递业务主要有时效件业务和物流普运业务两种。时效件业务是对所寄递信件与物品等快件的时效进行精准管理，从单一标准化服务向定制化服务升级，打造综合物流服务能力，为客户提供精准定制化产品服务。物流普运业务是为满足客户发运大件或较重物品需求而推出的经济型物流服务，适用于寄递家电等大件物品。

目前国内知名快递公司如圆通速递、申通快递、中通快递等均将时效件业务作为其核心业务，各自运营不同时效产品。其中，圆通速递的时效产品包含即日达、次日达、隔日达、三日达4种。申通快递的时效产品包含同城当天件、次日达、隔日达、72小时件4种。中通快递的时效产品包含当天件、次晨达、次日达、隔日达4种。

通常情况下，即日达与当天件（8小时件）是快递企业当日取件、当日送达的快递服务，主要适用于同城件。次晨达指在当日规定的电话截件时间前向客户确认的取件，在下一个工作日12:00前抵达，主要适用于同城及部分省内区域件。次日达（24小时件）指在当日规定的电话截件时间前向客户确认的取件，在下一个工作日18:00前抵达，主要适用于同省件、区域件。隔日达（48小时件）指在当日规定的电话截件时间前向客户确认的取件，在第3个工作日12:00前抵达，主要适用于跨省件。3日达（72小时件）指快递企业在指定服务范围和寄递时间内收寄，承诺在快件揽收时起加3天后的24:00前送达，主要适用于偏远地区、超区件。

2. 国际快递业务

国际快递业务是快递公司通过与国外代理公司合作，与国外建立快件业务往来，通过整合国外物流资源，为客户提供完善的国际快递服务。国际快递业务根据不同快递公司的业务拓展范围在服务区域上有所不同。

以国际业务产品收派件涵盖范围较广的顺丰速运、申通快递等公司为例，其国际快递业务的主要内容示例分别如表3-8和表3-9所示。

表3-8　顺丰速运国际快递业务

	分类依据	产品类型	服务内容	收件范围	派件范围
顺丰速运国际快递业务	寄达速度	国际标快	为满足客户紧急物品寄递需求，以最快速度进行发运、中转和派送的高品质"门对门"国际快件服务	国内各地、俄罗斯、美国、新加坡、马来西亚、日本、韩国、蒙古、越南、泰国等	俄罗斯、新加坡、韩国、马来西亚、日本、美国、澳大利亚、加拿大等19个国家
		国际特惠	为满足客户非紧急物品寄递需求而推出的经济型国际快件服务	国内各地、新加坡、马来西亚、日本、韩国、美国等	新加坡、马来西亚、日本、韩国、美国、巴西、俄罗斯及欧洲26个国家等50多个国家和地区
	寄件重量	国际小包	为跨境电商B2C卖家发送2千克以下包裹而推出的一款高品质小包类服务	中国内地及香港地区	全球200多个国家和地区
		国际重货	为满足中国客户寄递大重量物品至海外国家的需求而推出的时效稳定、具有较高性价比的国际重货服务	上海、江苏、浙江、广东	美国、日本、马来西亚、韩国、新加坡等国家

表 3-9　申通快递国际快递业务

产品名称	业务内容	寄送范围
欧洲30国专线产品	整合首千米揽收、国际空运、海外清关及欧洲30国本土派送资源，将货物在国内集中分拣，空运海外清关，由申通欧洲分拨中心中转完成欧洲30国的本地派送	欧洲30国（奥地利、比利时、保加利亚、克罗地亚、塞浦路斯、捷克、丹麦、爱沙尼亚、芬兰、法国、德国、希腊、匈牙利、冰岛、爱尔兰、意大利、拉脱维亚、立陶宛、卢森堡、马耳他岛、荷兰、挪威、波兰、葡萄牙、罗马尼亚、斯洛伐克、斯洛文尼亚、西班牙、瑞士、英国）
北欧专线产品	主要分为瑞典DDP专线和北欧3国专线，旨在价格和时效上挑战新高度，提供中国至北欧的专线服务	北欧4国（芬兰、丹麦、挪威、瑞典）
中美专线	中国至美国"门到门"专线产品	美国全境（本土外小岛屿、阿拉斯加州除外）
日本专线	为中国至日本的快件提供寄送、仓储物流等服务	日本全境派送（冲绳县、鹿儿岛县除外）
小包平邮	针对跨境电商卖家直发2千克以内的轻小件物品而设计的一款邮政小包平邮产品	通达全球220多个国家
优先快递	专为高价值、对时效有更高要求的物品提供的寄递服务	服务范围覆盖200多个国家和地区
海外仓	全球主要跨境电商贸易对象国的当地集货、配送、库存管控和订单处理，与全球主流平台的系统对接，实现多销售平台的多账号订单信息自动抓取、处理和反馈	美国仓、德国仓、澳大利亚仓等

3.2.2　快递增值业务

快递增值业务主要包括：代收货款业务、收件人付费和第三方付费业务、代取件业务、签单返还业务、限时快递业务、仓配一体化业务、冷链服务、供应链金融、保价服务、电子商务业务等。

1. 代收货款业务

代收货款业务是指快递服务组织接受委托，在收件人投递快件的同时，向收件人收取货款的业务。代收货款业务是随着网购和电子商务的兴起而快速发展起来的。快递业务员在派送客户订购的商品快件时，按快件详情单上标注的应付款金额，代邮购和电子商务业务公司向收件人收款，并代为统一结算。

由于网络购物的买卖双方互不见面，彼此缺乏信任感，买方希望网上购物仍能按传统交易方式，即在收到购买商品时再付款，而卖方则希望先收到货款后再送货。在这种情况下，代收货款服务变成了买卖双方都愿意选择的一种最佳方案。随着电子商务的迅猛发展，由快递企业代收货款的业务量也在日益增大。代收货款已成为快递企业最普遍的一种增值服务。

2. 收件人付费和第三方付费业务

收件人付费业务也被称为到付件业务，是指寄件人与收件人商定，由收件人在收到快件时支付快递资费的服务。该业务适用于所有有到付需求的客户，为客户提供了更灵活、更全面的快递服务。

第三方付费业务是指寄件人、收件人、快递企业三方商定，在收件人收到快件时，由寄件人、收件人之外的第三方支付快递资费的一种服务。

3. 代取件业务

代取件业务是指快递企业按照寄件方的指令到指定地点收取快件，并送达指定目的地的服务。该业务可为客户提供更灵活的快递服务，是快递企业完全按照指令内容（取件时间、地点、物品清单等）去收取快件、为客户提供全面解决方案的一种服务业务。该业务主要适用于在电子商务的交易过程中有退件、返修等方面快递需求的客户。

4. 签单返还业务

签单返还业务是指快递服务组织按照寄件方的要求，在投递快件后，将收件人签收或盖章后的回单在规定时间内返回寄件人处的业务。该业务主要适用于有企业商务文件往来的客户、在电子商务的交易过程中在签收回单返回等方面有需求的客户。签单返还服务主要有3类：传真给客户的货物送达签收证明；

返还收件人签字或盖章确认后的货物托运单；返还收件人签字或盖章确认后的客户文件原件。

5. 限时快递业务

限时快递业务是指快递企业在限定的时间内将快件送达用户处的快递服务。限时快递服务主要针对需要在固定时间或者标准转运时间工作日结束前，"门到门"派送的国内快件。限时快件操作包括服务先行、加急服务、专差快递等3种形式。服务先行是在客户对快件送达的限时要求符合快递网络正常规定的配送时效的前提下，支持对派送站点或派送人提出服务先行的要求。加急服务是客户提出快件送达的限时要求，超出网络正常派送时效的规定，是一种附加特殊需求，称之为加急件的要求。专差快递是指快递企业指派专人以随身行李的方式寄递快件的快递业务。

6. 仓配一体化业务

仓配一体化业务是指快递企业提供商品存储、打单、打包、发货、配送一体化的安全快速服务，即为客户提供一站式仓储配送服务。作为电子商务后端的服务，仓储与配送主要是解决卖家货物配备（集货、加工、分货、拣选、配货、包装）和组织对客户的送货问题。如圆通速递、申通快递等快递企业，从本身擅长的配送业务，逐渐开始注重仓储和配送的一体化服务。

7. 冷链服务

冷链服务是为了保障生鲜类快件的配送时效和商品品质，快递公司为生鲜行业客户提供优先配载、优先派送的专属快递服务。如顺丰冷链服务提供生鲜速配、冷运到家、冷运专车、冷运仓储。申通冷链服务专注于第三方冷链仓储加配送服务，帮助生鲜行业客户解决供应链环节出现的需求问题。

8. 供应链金融

供应链金融是指银行向客户或核心企业提供融资和其他结算、理财服务，同时向这些客户的供应商提供贷款及时收达的便利，或者向其分销商提供预付款代付及存货融资服务。简单地说，就是将核心企业和上下游企业联系在一起，提供灵活运用金融产品和服务的一种融资模式。目前，顺丰速运的供应链金融已基本形成，包括基于货权的仓储融资、基于应收账款的保理融资、基于客户经营条件与合约的订单融资和基于客户信用的顺小贷；这4个产品基本涵盖了与快递物流有关的金融服务。中通金融融资租赁业务为物流企业、网点等的车辆或设备提供优质高效的资产融资服务，有效地缓解了重资产企业的经营资金压力；应收账款保理业务为物流企业、网点等提供基于应收账款的综合性金融服务，至少包括贸易融资、账款收取和坏账担保等项目中的一种。

9. 保价服务

保价服务是指客户在寄递快件时，向快递企业声明其价值并支付相应的费用（单件货物声明价值最高不超过限定/规定金额），当快件在运输过程中发生丢损的情况时，快递企业按照核定的损失对客户进行赔付的一种增值服务。

10. 电子商务业务

近年来，随着电子商务与快递物流协同发展的不断深化，快递企业纷纷将眼光投向线上市场，以自身强大的物流网络为优势，开展自己的电子商务业务，如推出顺丰优选、圆通妈妈商城等快递电商平台业务。这些业务的主要内容将在本书第8章中予以详细介绍。

小故事

小故事1：把生肖邮票印上保单

"你瞧，这一柜子邮册都是我积攒的！"2019年5月底，任职于中邮保险河北分公司市场部的田锐向记者展示他收藏的邮票。小学四年级的时候，他便对花花绿绿的邮票产生了浓厚的兴趣，并将集邮这个怡心益智的爱好坚持下来，在大学期间还曾经担任学校集邮协会会长。

1999年，大学毕业后的田锐来到当时的河北省邮资票品局工作，主要负责集邮业务经营分析、集邮信息、监督检查、新邮预订、邮票个性化服务业务、主题营销活动策划筹办及组织实施等多项工作，一干就是十多年。"集邮于我而言，是一种寄托、一种期许，更是一种情怀。"田锐的这句话，也是千千万万集邮爱好者的心声。

因工作需要，田锐2016年进入中邮保险河北分公司筹建办，经历了中邮保险在河北逐渐壮大的过程，田锐希望能够将邮票元素融入其中。他充分利用邮政资源，在合规和产品精算的基础上，加大中邮保险系列保险产品的文化创意力度。经报批后，在中邮保险长期寿险产品的重控保单上仿印新发行的生肖邮票。在中国邮政集团公司的"金点子"评选活动中，田锐提出的"邮票作为邮政核心要素在中邮保险上的应用"获评"金点子"。

💬 **讨论与思考：**

从田锐的集邮故事中，你能联想到邮政的哪些基本业务？田锐提出了把生肖邮票印上保单的"金点子"，他的想法是否反映出邮政不同业务间的协同创新发展理念？请你结合该故事内容，查阅相关资料，深入思考以上问题。

小故事2：蟹闯天下，顺丰领鲜

阳澄湖大闸蟹肉质细嫩、味道鲜美，一年一度的开捕节也备受瞩目，蟹船蓄势待发，游客络绎不绝，争相尝鲜。2018年9月21日，中国苏州阳澄湖大闸蟹开捕节在苏州昆山巴城托普信息技术学院田径场正式开幕。顺丰速运作为首席物流赞助商获赠第一篓阳澄湖大闸蟹，与来宾一起品尝阳澄湖大闸蟹"第一口鲜"。

顺丰速运和阳澄湖大闸蟹缘起2008年。据了解，为了更好地满足阳澄湖大闸蟹的寄递需求，确保源产地新鲜直达，在阳澄湖大闸蟹寄递上经验丰富的顺丰速运在"中转派"环节加大了资源投入。在收件端，顺丰速运在沿阳澄湖范围增设了35个临时揽收网点，保障用户及时收寄阳澄湖大闸蟹。在中转运营端，为了应对中秋节和国庆节两大节日带来的寄递高峰，顺丰速运设置阳澄湖大闸蟹专属中转场，投入13架全货机及众多散航资源。目前，顺丰速运已与中铁快运、苏汽集团达成战略合作，将通过充分利用专机、散航、大巴、高铁等资源，为消费者争抢每一秒新鲜美味时间。在派送上，顺丰速运为阳澄湖大闸蟹寄递项目开通了200多条专属流向。其中，国内流向西至新疆维吾尔自治区，南至广东省，北至黑龙江省。不仅如此，顺丰速运还开通了日本、迪拜、马来西亚等国际流向，为阳澄湖大闸蟹品牌全球化发力。

💬 **讨论与思考：**

　　请结合以上叙述，谈谈你对顺丰冷链服务的认识，并列举其他快递公司冷链服务中的案例；查阅相关资料，思考与讨论快递企业在拓展增值类产品服务业务时关注的主要因素。

复习思考题

1. 简述邮政业务类型。

2. 中国邮政储蓄银行与其他纯商业银行的区别？

3. 简述邮政速递的业务内容。

4. 简述快递基本业务分类及内容。

5. 简述邮政业务与快递业务的区别与联系。

6. 解释快递签单返还业务的具体内容。

第 4 章

邮政快递网络

学习目标

1. 掌握邮政网的组成要素；

2. 理解邮政网的组织；

3. 理解快递网络的概念；

4. 明确快递网络的特征；

5. 掌握快递网络的结构模式。

导入案例

中国邮路守望者

中国邮路有多长？1187.4万千米长的邮路，4091.4万千米长的快递服务网络。有雪山邮路、水上邮路、马班邮路、步班邮路等。其美多吉是中国邮政集团有限公司四川甘孜县分公司邮运驾驶组组长。33年来，在号称"穿行川藏第一险"的雪域高原邮路上，其美多吉驾驶的邮车从未发生一次责任事故，圆满地完成了每一趟邮运任务。他以认真负责的工作态度、精益求精的自我追求、精湛的驾驶技术和丰富的出车经验，用生命与鲜血、青春与忠诚，诠释着顽强拼搏、坚韧不拔的雪线邮路精神。

"双11"来了，快递网络是如何运行的

每年的"双11"，都会爆出数量惊人的包裹，例如，2021年"双11"期间（11月1日—16日），全国邮政、快递企业共揽收快递包裹68亿件。那么，这些快递包裹是怎样被顺利投递的呢？一般情况下快递员揽收快递包裹，送到区域

网点，网点送往市级分拨中心，如果是将快递包裹发往省外，通常还要将其发往省级分拨中心。在省级分拨中心，会根据目的地对上百万个包裹进行分类，发往不同省，抵达目的省的省级分拨中心之后，再次按照目的城市细分，装车发往市级分拨中心，再从市级分拨中心发往配送点，最后由快递员送到客户手中。当然，这只是一个标准化的投递模型，很多业务量大的市级分拨中心会直接跨省连接其他分拨中心，更加高效。

💬 **讨论与思考：**

请大家想想，我们在日常生活中了解过哪些耳熟能详的邮路上的感人事迹？邮路给广大人民生活带来了哪些变化？此外，思考快递网络是如何运转的？利用快递网络运转知识解释快递是如何做到又快又便宜的？

4.1 邮政网

4.1.1 邮政网概述

1. 邮政网的概念

邮政网是邮政企业赖以传递邮件、实现实物空间转移的物质技术基础，是由邮政营业、投递局所及设施、邮件处理中心，通过邮路（含邮运工具）按照一定的原则和方式组织起来的，遵循一定的运行规则完成邮件传递的网路系统构建。

2. 邮政网的组成要素

邮政网由收寄端、邮件处理中心、邮路和投递端组成。

（1）收寄端

收寄端是邮政网的始端，是各类邮件进网的入口。收寄端是指分布在全国各地经办邮政业务的邮政营业局所，包括邮政局、邮政支局、邮政所、邮政代办所、临时性邮政局所、流动服务点和信箱信筒等。

（2）邮件处理中心

邮件处理中心是邮政网的节点与邮路的汇接处，是邮件的集散和经转枢纽。它担负着邮件分拣封发的任务，不同级别的邮件处理中心承担着不同范围的进、出、转口邮件的处理任务。

（3）邮路

邮路是利用运邮工具或人力，按规定途径、班期运输邮件的路线。在各种邮路和邮路上运行的邮运工具连接着各收寄端、邮件处理中心、投递端及车站、机场、码头，担负着运输邮件的任务。

（4）投递端

投递端是邮政网的末端，是指各投递局所通过投递人员到达的各类邮件接收点，包括个人住户、单位收发室、邮政专用信箱、用户信报箱、信报箱群等。邮政网通过投递端联系收件人，最终完成邮件的传递任务。

4.1.2 邮政网体制

1. 邮政网体制的概念

邮政网体制是指邮政网的组织体系和制度，是规范邮政网的一种机制。

邮政营投局、所及设施，邮件处理中心与邮路有机联系、相互配合形成了覆盖全国的邮政网，为邮政通信活动提供了物质技术基础。但是，想要保证能在邮政网上有序地传递分散在全国各作业点上的邮件能在邮政网上有序传递，就必须有科学、有效的组织体系和制度来协调它们之间的活动，使邮件能在邮政网上迅速、准确、安全、高效地传递。这种科学严密的邮政网组织体系和制度就是邮政网体制。

邮政网体制具有相关性、目的性、环境适应性与总体性等属性。

（1）相关性。相关性包含两层意思：一是邮政体制和邮政网的物质技术基础之间联系紧密。没有科学严密的邮政网体制，邮政网的物质技术基础就无法发挥其效用，而邮政网体制又是以一定的物质技术体系为基础的，两者必须有机配合才能充分发挥效用；二是邮政网体制与其外部环境之间的相关性，特别是与交通运输业、社会环境等密切相关。

（2）目的性。邮政网体制具有人们明确赋予的预期目标。如我国正在推行的邮区中心局体制，其目的是为了提高邮件传递速度，减少经转层次，提高邮政网作业效率，降低作业成本。

（3）环境适应性。邮政通信为国民经济各部门和广大人民群众提供广泛的、普及性强的通信手段和渠道。因此，邮政网体制与其外部环境必须相适应，才能发挥规范邮政网运行的作用。邮政网依据外界环境的变化对自身进行相应的调整与改革，才能保证满足邮政通信的要求。

（4）总体性。邮政网体制的组织体系和制度之间的功能相互配合，形成一个整体，共同实现邮政网体制的总体功能。

2. 邮区中心局体制

邮区中心局体制是以邮区中心局为封发单元和网络组织的基本节点，在此基础上组成分层次的邮政网，用以传递邮件的一种邮政通信制度和方式。其主要概念和内容如下。

（1）邮区

邮区是指邮区中心局集散邮件的范围，邮区划分是指确定邮区的数目和划定邮区的地域范围。通过认真分析影响邮区划分的客观因素，可以科学、合理地确定邮区的数目，并且恰当地确定邮区的范围。国土面积、地理环境、人口密度、交通条件、邮件运动规律与行政区划是影响邮区划分的6个主要因素。

（2）邮区中心局的概念和功能

① 邮区中心局的概念

邮区中心局是负责邮件、报刊的进口、出口、转口处理和转运任务的邮政生产单位。实行邮区中心局体制后，原来由县局分散进行的邮件内部处理工作相对集中到邮区中心局来承担，使邮区中心局成为邮区内的邮件处理中心。对邮政网而言，邮区中心局既是基本封发单元，又是邮件处理中心和运输中心。

② 邮区中心局的基本功能

邮区中心局负责分拣封发和经转邮区内各局集中到邮区中心局的进口、出口邮件；负责其他邮区中心局发来邮件的处理和经转；负责检查邮区内各邮政局所出口邮件的规格和质量；负责组织和管理连通邮区中心局与邮区内各邮政局所的邮路，并承担邮区内的邮件运输任务。

③ 邮区中心局的业务功能

邮区中心局的业务功能主要有以下6个：特快专递邮件的进口、出口、转口分拣封发；普通邮件的进口、出口、转口分拣封发（包括同城互寄邮件的分拣封发）；报刊的进口、出口分拣封发；国际邮件的进口、出口、转口分拣封发；各类总包邮件的转运、运输、押运；本局各邮件处理中心，火车、汽车、航空邮件转运站，邮袋（信盒、集装箱）及业务档案的使用和管理。

（3）邮区中心局的分级

依据邮区中心局在邮政网中的地位和作用、邮件集散与转口量的大小及交通运输条件这3个要素，将邮区中心局分为以下3个级别。

① 一级邮区中心局：位于全国干线邮路的节点上，除完成本邮区邮件集散任务外，主要担负省（市、区）间的邮件分拣封发、经转和邮运转口任务，在邮政网路结构中处于省（市、区）间的中心地位。其组成基础是处在交通枢纽地位的大转口局，一般是日处理信函量在70万件以上的大型邮件处理中心和发运中心。我国现有7个一级邮区中心局，它们分别是北京、沈阳、上海、西安、武汉、广州和成都。

② 二级邮区中心局：位于全国干线邮路和省内干线邮路的汇接点上，除完成本邮区邮件集散任务外，主要担负省内和邻省的邮件分拣封发交换和转口任务，在邮政网结构中处于省中心的地位。其组成基础是省会市局或地处省内交通枢纽的省转口局，一般是日处理信函量在40万件以上的中型邮件处理中心和发运中心。全国共有70个二级邮区中心局。

③ 三级邮区中心局：位于省内干线邮路和邮区支线邮路的连接点上，主要担负本邮区内邮件集散和邻区邮件的分拣封发交换和转口任务。在邮政网路结构中属于某个邮区的中心，是处理各类进口、出口、转口邮件的小型邮件处理中心和发运中心，组成基础为一般地市局。全国共有124个三级邮区中心局。

一级、二级邮区中心局由中国邮政集团有限公司确定，三级邮区中心局原则上由各省公司提出，报中国邮政集团有限公司审批。

4.1.3 邮路的划分

1. 按管理权限划分

按照管理权限可将邮路分为全国干线邮路、省内干线邮路、邮区内邮路。

（1）全国干线邮路

全国干线邮路是由中国邮政集团有限公司负责管理的一级邮区中心局到二级邮区中心局及它们各自之间的省际邮路，省会一、二级邮区中心局或主要国际邮件互换局到相应主要国际邮件交换站之间的邮路及中国邮政集团有限公司指定的邮路。

（2）省内干线邮路

省内干线邮路是由省（自治区、直辖市）邮政公司管理的省内各级邮区中心局之间、中国邮政集团有限公司指定的相邻省际二级、二级邮区中心局之间的邮路，以及省邮政公司指定的跨地市的邮路。

（3）邮区内邮路

邮区内邮路是邮区中心局负责管理的邮区中心局至邮区内各县（市）局和各收投点之间运递邮件的邮路。市内邮路和县内邮路是邮区内邮路的重要组成部分。市内邮路是指市局与其分支机构或与车站、码头、机场等地的转运部门和报刊社之间的邮路。县内邮路是指县局与其所属的农村支局、农村支局之间及农村支局到村委会代投点之间的邮路。

2. 按邮路的结构形式划分

按照结构形式可将邮路分为辐射形邮路、环形邮路和混合形邮路3种。

（1）辐射形邮路

辐射形邮路是指从某起点邮区中心局出发，走直线或曲折线的邮路，其特点是不论用一种或几种运输工具联运，从起点到终点后，仍按照原路线返回出发地点。

（2）环形邮路

环形邮路是指邮政运输工具走环形路线的邮路，即运输工具从起点出发单向行驶，绕行一周，经过中途各站，回到出发地点。

（3）混合形邮路

混合形邮路是指包含辐射形邮路和环形邮路两种结构形式的邮路。

3. 按经营性质划分

按照经营性质可将邮路分为自办邮路和委办邮路。

（1）自办邮路

邮政企业自备或租用运输工具，由邮政企业自行办理邮政运输业务所形成的运输邮件、报刊的路线。

（2）委办邮路

邮政企业与其他部门或个人签订合同并使用他们的运输工具，且委托其将邮件运至某地邮局的邮路。

4. 按运输工具划分

按照运输工具可将邮路分为航空邮路、铁道邮路、汽车邮路、水运邮路、摩托车及其他机动车邮路、非机动运输工具和早班邮路。

（1）航空邮路

航空邮路是指利用飞机运输邮件的路线。

（2）铁道邮路

铁道邮路是指利用火车运输邮件的路线。

（3）汽车邮路

汽车邮路是指利用汽车运输邮件的路线。

（4）水运邮路

水运邮路是指利用机动船或非机动水上运输工具运输邮件的路线。

（5）摩托车及其他机动车邮路

摩托车及其他机动车邮路是指利用摩托车或机动脚踏两用车及其他机动工具运输邮件的邮路。

（6）非机动运输工具和旱班邮路

非机动运输工具和旱班邮路是指利用自行车、人力及各种人力推拉车运输邮件的路线。

截至2021年年底，全国邮政邮路共有4.6万条。邮路总长度（单程）为1192.7万千米。全国邮政农村投递路线共有10.5万条；农村投递路线长度（单程）为415.5万千米。全国邮政城市投递路线共有11.5万条；城市投递路线长度（单程）为233.8万千米。全国快递服务网路共有20.0万条；快递服务网路长度（单程）为4305.6万千米。

4.1.4　邮政网的组织

在邮区中心局体制下，将邮政网组织分为全国干线邮政网组织、省邮政网组织与邮区邮政网组织。

1. 全国干线邮政网组织

（1）全国干线邮政网概述

全国干线邮政网是以一级邮区中心局为核心，由全国干线邮路连接一级、二级邮区中心局所组成的邮政网路体系。全国干线邮政网是我国邮政网的最高层次，在邮政网中处于统领地位，发挥着关键作用，且对保证邮政网畅通运行起着决定作用。同时，全国干线邮政网还是连接我国邮政与世界各国邮政之间的桥梁和纽带，在国际邮政通信中发挥着重要的作用。全国干线邮政网的组织与管理由中国邮政集团有限公司负责。

（2）全国干线邮政网任务

全国干线邮政网是连接各省的全国性邮政网路，是连接我国邮政网与世界各国邮政网的纽带。因此，全国干线邮政网的任务有两个：负责国内跨省邮件的传递；负责我国邮政与各国邮政间国际邮件的交换。

（3）全国干线邮政网组织的原则

① 保护网路的统一性、完整性

全国干线邮政网是邮政提供社会普遍服务和参与市场竞争的优势所在。全国干线邮政网的统一性和完整性是实现邮政网畅通的基础，是全国干线邮政网组织的基本原则。

② 保障业务发展

为增强市场竞争力和促进业务发展，应合理调整和优化网路结构，为邮政经营提供网路支撑和保障。

③ 确保邮件传递时限

应根据各类邮件时限和频次的规定，结合各地交通实际情况，充分选择各种运输方式和综合利用各种运输工具，确保邮件传递时限。

④ 实行计划发运邮件

根据邮路行驶路线、班期及运输工具的最大装载能力，制订合理的邮件发运计划，实行计划发运。

⑤ 运行高效

在满足邮件传递时限的前提下，根据邮件流量流向变化，对各种运输方式成本进行综合比较分析，采取有效措施，提高邮政网运行效益。

2. 省邮政网组织

（1）省邮政网概述

省邮政网是以省（自治区、直辖市）邮区中心局（一级或二级邮区中心局）为中心，由省内干线邮路联结省内各级邮区中心局所组成的邮政网路体系。每个省都有一个相对独立的省邮政网，以本省的辖境为其联系范围。省邮政网的生产人员、技术设备、生产用房及科学的组织管理是构成省邮政网通信能力的4个主要因素。它是全国邮政网的重要组成部分，上连全国干线邮政网，下连本省辖境内的邮区邮政网，在整个邮政网中起着承上启下的作用。省邮政网由省邮政公司负责管理，负责省内干线邮路的组划、增撤和运行管理，负责省内各类邮件分拣封发的调整及省内邮件封发计划和发运计划的制订。

（2）省邮政网任务

① 尽可能满足省（自治区、直辖市）内党政机关、企事业单位、教育科研单位、社会团体和广大人民群众对邮政通信日益增长的需求。

② 当好先行官，发挥社会基础设施的作用，促进本省（自治区、直辖市）社会、政治、经济、文化、教育、科技事业的发展。充分发挥邮政信息流、实物流、资金流"三流合一"的独特优势，为党政机关及企事业单位提供优质服务，从而助力地方经济发展。

③ 有效连接全国干线邮政网与邮区邮政网，使全国干线邮政网、省邮政网、邮区邮政网结合成有机整体，保证邮件迅速、准确、安全地到达目的地。

（3）省邮政网的特点

① 省邮政网覆盖区域差别大

省邮政网以本省的行政区域为其联系范围，全国各个省（自治区、直辖市）的面积不同，省邮政网覆盖区域差别很大。

② 省邮政网面临的外部环境不同

对省邮政网影响较大的外部环境包括交通运输和经济发展水平。邮政运输对交通运输有很强的依赖性。各省的地理位置不同，省邮政网覆盖区域的面积差别大，使得各省的交通运输条件也不尽相同。经济发展水平对省邮政网的影响表现在：经济发展水平越高，邮政业务量越大，对邮政网的组织能力和要求越高。

③ 省邮政网的结构不同

由于各省的地理位置、地形地貌等自然环境不同，各省邮政网的结构及其组织形式差别很大，呈现多种多样的特点。

④省邮政网邮件传递能力差别大

各省经济发展水平差异造成各省邮政业务量大不相同，经济发展水平较高的省，邮政业务量较大，省邮政网的技术装备也较好，网路的组织管理水平和人员素质相对较高，邮政网的传递能力也强。经济条件较差的省，邮政业务量较小，邮政网的技术装备水平、管理水平等相对较差，传递能力也较弱。

（4）省邮政网优化组织内容

省邮政网优化组织包括调查现状→分析存在问题→确定优化目标→划分邮区、确定邮区中心局→调整封发关系等5个步骤，具体内容如表4-1所示。

表4-1　省邮政网优化组织内容

调查现状	分析存在问题	确定优化目标	划分邮区、确定邮区中心局	调整封发关系
地理环境； 交通条件； 邮件流量流向特点和最新统计资料； 邮路现状； 邮政局所分布状况； 邮件处理中心的邮件处理能力和设备利用情况； 分拣封发关系	省邮政网优化组织主要分析目前省邮政网在分拣封发关系、邮政运输能力、时限水平等方面存在的主要问题	时限目标； 能力目标； 效益目标	根据邮件流量流向的特点及对邮件传递时限要求，综合分析本省地理、交通、经济及业务量的分布等多种因素，采用定性与定量相结合的方法，将全省划分为若干邮区，在每个邮区内选择一个邮区中心局	在省内各邮区中心局之间建立直封关系； 逐步取消县（市）局封发功能，在邮区中心局与收投支局之间建立直封关系； 调整邮路结构； 逐步取消省内干线邮路上县（市）局接发功能； 逐步建立省内直达干线邮路； 紧密衔接全国干线邮路

3. 邮区邮政网组织

（1）邮区邮政网概念

邮区邮政网是以地市邮区中心局（二级或三级邮区中心局）为中心，以邮区内支线邮路连接邮区内市（县）局和收投支局所组成的邮政网路体系，以本邮区为联系范围。邮区邮政网组织的总体要求是在满足邮件传递时限和频次指标的前提下，以最低运营成本为目标，合理规划邮区范围，恰当选定邮区中心局和服务网点的位置及邮路的组织方式，构成与业务量发展和邮件流量流向分布相适应的网路体制，实现邮区邮政网整个系统的优化。邮区邮政网是邮政网的第3个层次，将市（县）网统一纳入邮区邮政网的管理之下，具体事务由邮区中心局所在的市局负责。

（2）邮区邮政网组织程序

①划分邮区确定各部区范围

邮区划分主要受交通条件、地理条件、邮件流向流量规律、业务量发展目标和服务水平的影响。

②确定邮区中心局

确定邮区中心局是在邮区范围内选择邮政生产单位作为邮区内邮件的集散中心，确定邮区中心局的要求是尽可能将邮区中心局局址选在交通条件好、地理位置适中的地点，便于邮区内邮件的集散。

③设置邮政服务网点和组织邮路

由于邮区网中的市（县）局和收投支局是邮件进入邮政网的出入口，是邮件传递的源点和终点。邮区网应考虑邮区内各县、市人口密度、地域面积大小，同时兼顾邮政服务点的业务量和业务收入，科学合理地确定邮政服务网点。邮区内邮路组织的基本原则是满足各类邮件的传递时限和频次的要求，恰当选择邮路的结构和邮运方式，确保迅速、准确、安全地传递邮件。

④建立作业技术体系和组织管理体系

根据邮区中心局和邮政服务网点的分布及邮路结构，建立有效的作业技术体系和组织管理体系。

（3）邮区邮政网的划分

市邮政网和县邮政网是邮区邮政网的基础，下面分别详细阐述市邮政网组织与县邮政网组织。

①市邮政网组织

a.市邮政网概述

市邮政网（简称城市网）是由城市（不含市管县）范围内的邮政营投局所及设施、邮件处理中心和市内邮路，按照一定的原则和方式组织起来的从事邮政通信活动的网路体系。市邮政网是市邮政公司组织内部生产的物质技术基础。只有市邮政网有效运转，邮政公司才能完成各个生产环节，为城市提供更好的邮政服务。同时，市邮政网的营业和投递又会直接接触社会公众，是整个市邮政网的起点和归宿。因此，市邮政网是连接邮政内部生产与社会公众的纽带。

b.城市营业局所的设置

为确保邮政网和城市邮政服务水平足够并获得一定的经济效益，邮政主管部门应规定城市营业局所的设置标准，作为市邮政网设置城市营业局所的依据。城市营业局所平均服务人口和城市营业局所平均服务面积（或半径）是反映公众用邮方便程度和社会效益的指标。城市营业局所业务量或业务收入指标是用来衡量局所设置是否符合经济合理的要求，是考虑邮政部门经济效益的指标。

目前，城市营业局所的局址选择和确定尚无定量标准，一般采用定性方法。定性方法的基础是深入分析影响城市营业局址选择的因素和确定局所位置应遵循的原则，如表4-2所示。

表 4-2　局址选择的影响因素与原则

影响城市营业局所的局址选择的因素	城市营业局所选址的原则
城市地域面积的大小和地域条件； 城市经济发展水平和经济结构； 城市产业布局； 城市交通运输网的布局； 社会和政治机构、管理体制的特点； 城市文化及日常生活特点； 城市邮政需求量和邮政服务水平	适合城市的性质、特点和发展方向； 最大限度地接近用户； 尽可能地满足用户的用邮需求； 便于合理组织市内邮运； 取得期望的经济效益

c. 市内邮运系统的概念和特点

市内邮运系统是指城市范围内在营投局所、邮件处理中心和转运部门之间按照一定的原则和结构组织起来运送邮件的邮路系统。将这个系统的邮路分为两种，一种是接发邮路；另一种是转趟邮路。

接发邮路是指在邮件处理中心与位于车站、机场、码头等地的转运部门及报刊社之间往来运送邮件、报刊的邮路。转趟邮路是指在邮件处理中心与市内各邮政局所之间按固定频次和规定时限往来运送邮件的邮路。

d. 城市邮路的组织原则

城市邮路的组织原则包括时效性、经济性与灵活性三大原则。

时效性：满足各类邮件在市内运输的需要，确保市内邮件运输时限。

经济性：以尽可能低的运输费用保质保量地完成邮件的市内运输任务。

灵活性：在保证满足邮件正常运输需要的同时，还要有一定的应变能力，以应付临时变化。

e. 城市邮路的组织方法

将城市邮路分为接发邮路和转趟邮路，不同邮路的组织方法有所不同。

接发邮路的组织方法简单，其特点是作业量大，作业频次和运量大小主要取决于外界运输工具的到达时间和运输量大小。局站和局所间的运输时限是接发邮路组织的重要内容和依据，各个市局应根据外界运输工具的到达时间、当地报纸的出版时间、分拣封发部门的作业时间确定接发邮路的起始时间、作业频次和作业任务，制订全日运行时间表。接发邮路多采用以邮件处理中心为中心的辐射形邮路。

转趟邮路的组织方法包括确定作业频次和作业时间；确定各作业频次交接局所；组织转趟路线。目前一般采用经验推算法组织市内转趟邮路，邮路结构一般以环形邮路为主，但是对于距离邮件处理中心较远的局所，采用环形邮路会影响时限，应以辐射形邮路为主。

② 县邮政网组织

a. 县邮政网概述

县邮政网简称县内网,是以县邮政局为中心,由农村邮路连接各乡镇邮政支局所、服务点所组成的传递邮件的网路体系。县邮政网是繁荣我国农村经济的基础设施,是全国农村邮政的物质技术基础。县邮政网存在邮政业务发展极不平衡、网内经济效益差、邮政基础薄弱等缺点。

b. 农村局所建设与发展现状

截至2020年年底,全国设置在农村地区的"邮政普遍服务营业场所"共39 916处,占73.8%。99.1%的乡镇政府所在地每周投递频次达到标准规定的每周5次及以上;全国建制村实现了全部直接通邮。西部地区和农村地区邮政基础设施改造工程建设有序推进,2020年完成翻建改造乡镇邮政局所和危旧县局房1025处,购置邮政车辆590辆,进一步改善了西部地区和农村地区邮政基础设施面貌,服务功能更加完善,服务能力进一步增强。

c. 农村投递路线的组织原则和方法

农村投递路线组织主要遵循两大原则:经济原则与"先重点后一般"原则。其中,经济原则为选择最短路线、连接尽可能多的邮政局所;"先重点后一般"原则为优先党政机关、厂矿企业、学校,后考虑行政村和居民点。

4.1.5　邮政网的管理与指挥调度

邮政网是一个动态的网路系统,由于邮件的流量和流向经常处于变化之中,尤其是全国干线邮政网对铁路、航空有较大的依赖性。因此,要特别重视和加强邮政网的管理和指挥调度。

1. 邮政网管理的目标

邮政网管理的主要目标是保证快捷、准确、安全、方便、经济地投递各类邮件,从而提高邮政网的运行效益,确保整个邮政网运行成本最低。邮政网管理有时限目标、能力目标与效益目标三大管理目标,具体如图4-1所示。

时限目标	能力目标	效益目标
根据社会和业务发展需要，科学确定各类邮件的全程运递时限，以时限为中心，使邮政生产的各个作业环节紧密衔接，协调运行，保证各类邮件全程时限	根据邮政业务发展的需要，进行网路规划和网路管理，提高邮政网的能力，支撑邮政业务的发展	科学合理地进行网路资源配置，充分利用邮政网的资源，降低邮政网的运行成本，提高邮政网的运行效益

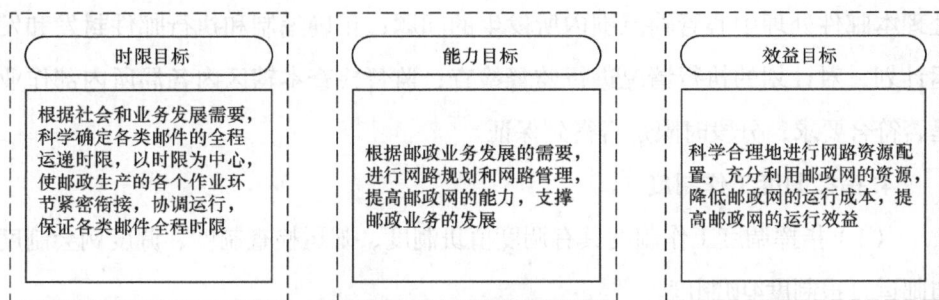

图 4-1　邮政网管理目标

2. 邮政网管理的分类

邮政网由硬件与软件两部分组成。一是邮政网的实体部分，包括营投局所、邮件处理中心、邮路及车辆、设备、邮件、人员等，这是邮政网的硬件部分；二是邮政网的运行机制部分，即规范邮件在网上运行的规章制度及要求，这属于组织管理的范畴，是邮政网的软件部分。

3. 邮政网的指挥调度

邮政网的指挥调度是指结合邮政通信的特点，根据邮政通信的预定目标，按照邮政通信生产作业计划，对邮政网运行的全过程实行集中统一调度，以确保邮政通信生产活动有计划、有秩序、高效率地进行。邮政网的指挥调度工作主要包括邮政企业生产指挥调度和邮件运输指挥调度两大类。

邮政网的指挥调度的基本原则包括以下5个部分：一般情况下不进行越级指挥，在发生突发事故时，上一级调度机构可以进行现场指挥；准确、及时地进行信息反馈和定期指导检查；值班调度人员有紧急处置权，可以先调度后汇报；指挥调度命令具有强制性和权威性，必须执行；指挥调度的权限及责任必须明确到人。

为了使全国邮政网畅通无阻，必须从全邮政网着手，自上而下建立统一的强有力的网路指挥调度系统。指挥调度系统的中心任务有以下5个方面：对本辖区内的邮政局所、邮件处理中心和邮路进行统一规划和指挥调度；贯彻统一的邮政业务规章制度，并对制度执行情况进行督促检查；调查和掌握本辖区内邮政网路上的邮件流向、流量，有效地进行邮件封发和运输指挥调度工作，及时处理本邮件处理中心管辖范围内所发生的问题；正确编制和执行邮件封发和发运计划，对计划的执行情况进行监督检查；监督检查本辖区内各局所内部作业是否符合要求，分段时限是否得到保证。

4. 指挥调度工作制度

（1）指挥调度工作制度具有调度值班制度、邮运检查制度、调度例会制度与邮运日报制度4项制度。

（2）调度值班制度是指各级邮运指挥调度部门实行24小时值班制度，值班人员坚守岗位，随时掌握所属地区的邮运生产动态情况，及时妥善处理出现的问题。当发生邮路阻断、铁路邮车停运、折返或摘挂等邮运重大安全事故和特殊紧急情况时，要在2小时内向上级调度部门报告情况。

（3）邮运检查制度是指各级邮运指挥调度部门需经常派人跟车上线和深入重点局进行不定期检查，重点检查规章制度、邮运调度命令、邮运调度通知、发运计划和邮运生产纪律的执行情况，解决邮运生产中出现的问题。

（4）调度例会制度是指各级指挥调度部门须定期对邮运生产进行分析，研究解决邮运生产中出现的问题，交流邮运生产管理的经验。

（5）邮运日报制度是指各级邮运生产和管理部门，须按照上级调度部门要求，认真完成好各项邮运原始数据的统计和上报工作，为邮政网动态管理提供依据。

4.1.6　邮政信息网

邮政信息网是覆盖全国31个省中心、293个地级市、5.4万个营业支局所和42万个合作邮乐购站点的超大型信息网络，融合了IP数据、语音和图像信息的网络架构，拥有众多先进的信息化设备和完备的技术服务手段，向广大民众提供涵盖邮政业务、邮政金融、速递物流、电子商务等多种业务、全天候的优质服务，有力支撑邮政经营管理和科学决策。在邮政信息网中，控制层通过各级信息中心对实物网进行指挥调度和管理，监控协调网络运行，以确保全网畅通，发挥全网的最大效能。

邮政信息网又称邮政综合计算机网，是现代邮政生产、经营、管理和服务不可缺少的重要基础设施。其运用计算机技术和现代通信技术，使网络具有信息采集、处理、存储、传输，以及多媒体、语音和视频等功能。在邮政信息网上，人们开发了大量的应用软件系统，大体可将其分为服务与生产支撑系统、经营管理系统和决策分析系统，具体包括电子化支局系统、邮政中心局生产作业与邮运指挥调度系统、报刊发行系统、邮政金融应用软件系统、电子汇兑系统、速递跟踪查询系统、邮资票品管理系统、地址信息系统，信息管理系统、代理保险系统、代理开放式基金系统、物流信息系统，以及电视电话会议系统、内部电话系统等多个应用系统。根据业务发展和经营管理的需要，不断开发新的应用系统，并对现有应用系统进行完善、优化及整合。

4.2 快递网络

4.2.1 快递网络概述

1. 快递网络的概念

快递网络是架设在快递企业和客户之间的桥梁，是快递企业实现快递服务的物质基础和重要保障，对快递服务质量和快递服务水平起着决定性作用。其是由若干面向客户服务的呼叫中心、服务网点、负责快件集散的各级分拨中心（中转点），以及连通它们的运输干线，按照一定的原则和方式组织起来，遵循一定运行规则的快件传递网络系统。

2. 快递网络的组成

（1）呼叫中心

呼叫中心又称客户服务中心，是快递企业普遍使用的，旨在提高工作效率的应用系统。它主要通过电话、互联网系统负责处理客户委托、帮助客户查询快件信息、回答客户有关询问、受理客户投诉等工作。现代化的客户服务中心可以随时随地、有效开展客户调查和分析，搜集和整理客户需求信息。

（2）服务网点

服务网点是快递网络的始端和末端，对快件进行收寄和投递。服务网点分布在快递业务覆盖区域内，是最接近客户和直接面向客户的网点，是客户和快递网络联系的主要途径。快递企业采取"门到门"的服务。取件员和取件车辆从服务网点出发上门收取快件，快件由此开始进入快递网络，从而成为整个快递网络的始端，即收寄点。当快件到达目的地服务网点，即派送点后，派件员完成快递上门投递工作，实现快件的最终运输过程。从我国快递企业目前设置的服务网点情况来看，城市的服务网点多于农村的服务网点，东部地区的服务网点多于西部地区的服务网点，经济发达地区的服务网点多于经济欠发达地区的服务网点。

（3）中转点

中转点是快递网络的集散节点，基本功能是对快件进行集散和转运。其主要功能是将从其他网点汇集来的快件进行集中、交换和转运操作，实现快件在快递网络中从分散到集中再到分散的流动。

中转点一般都具有不同程度的机械化、自动化处理能力，以提高运输效率，降低成本。分布在快递网络中最小型的中转点常被称为分部或者分公司，负责当地快件的集散，进行快件的分拣并封发到对应的上级中转点，对进口快件进行分拣并封发到取送点，再通过派件员派送到客户手里。大型中转点常被称为分拨中心（或中转中心、中转场），主要负责一个片区或快递网快件的集散处理。分拨中心将下属各中转点的快件集中后再统一进行处理，通过汽车或飞机等运输方式发往其他分拨中心，或者发送至相应的下属中转点。其他中转点则介于最大型中转点和最小型中转点之间，各自覆盖相应的区域，构成整个快递网络中的节点。相对于取送点，中转点的数量要少得多。图4-2为中通快递南充分拨中心。

图4-2　中通快递南充分拨中心

（4）快递运输路线

快递运输路线是指在服务网点、中转点之间的快递运输路线，承担运送快件的任务。一般按规定路线和班期运行运输工具，形成无形的连线，将快递网络的所有服务网点和中转点连接起来，构成一个整体的网络。快件通过快递运输路线从分散到集中，再从集中到分散，进行有规律地流动。

由于快递网络中节点数量众多，各节点的功能和地位不同，各节点间流量流向的疏密程度不同，各节点间运输路线的地位也有所不同。根据不同层次和节点间每一条运输路线的功能和在全网中地位的不同，使用不同的运输工具，以适应不同传递速度要求和快件在流量流向上近密远疏的特点。

运输路线按照运输距离、货量及在快递网络中的重要程度，可以将运输路线分为干线和支线。跨省或跨区域连接中心中转场的线路一般被称为一级干线，多使用飞机或大型汽车工具进行运输。省内或区域内下级各地区之间的线路一般被称为二级干线或一级支线。省级以下地区内的线路一般被称为支线，也可进一步将其分为各级支线。城市内的线路一般被称为市内支线，支线运输多使用汽车进行运输。

3.快递网络的特征

（1）整体性

快递网络的节点和运输路线相互依赖，共同构成一个有机整体，从而实现快递服务的综合功能。快递网络不是节点和运输路线的简单连接。对于节点和运输路线的连接有一定的要求，不仅与节点的规模有关，还与节点之间的业务关系有关。上述连接的目的是为了实现快递网络的整体效应。

（2）层次性

组成快递网络的节点和运输路线在规模、地理区位和功能等方面都不同，使得快递网络对外呈现一定的层次性，如大区或省际网络、区域或省内网络及同城或市内网络等。

（3）适应性

快递网络的节点规模和运输路线规模等随着区域经济、交通、区位环境的变化而变化。因此，快递网络不是一成不变的，而是具有非常强的适应性。

（4）复杂性

快递网络的复杂性体现在组成快递网络的节点及运输路线的复杂性上。

4.2.2　快递网络的层次划分

快递网络是企业按照快递业务流程及快递业务实际运营需要设立的，各企业的快递网络是一个有机的整体。一般而言，全国性企业的快递网络可被分为3个层次，即大区或省际网、区域或省内网，以及同城或市内网。

1.大区或省际网

大区或省际网主要承担省级的快递任务。它连接各大区或省级处理中心（包括国际快件处理中心），通过陆路和航空运输组成一个复合型的高效快递运输干线网络。由于大区或省际网是整个快递网络的关键环节，又容易出现堵塞和其他问题，必须建立统一有序的指挥调度系统，及时进行信息反馈，以确保网络畅通无阻。

2.区域或省内网

区域或省内网是大区或省际网的延伸，与同城或市内网联系密切，在快递网络中起着承上启下的作用。区域或省内网以区域或省内邮件处理中心为依托，通过以汽车、火车、高铁运输为主的运输路线与和其有直接关系的上级、同级及下级邮件处理中心相连接而成。区域或省内网按快递运输方式，划分为以公路运输为主的公路网络、以铁路运输为主的铁路网络及多种运输方式相结合的综合网络。

3.同城或市内网

同城或市内网由同城或市内邮件处理中心与若干收派服务网点组成，除负责快递的收取和派送外，还负责快递的分拣封发等工作。

4.2.3　快递网络的结构模式

在构建快递网络时，根据运输量、时限要求、网络节点数量、网络衔接方式等，主要将快递网络分为3种网络结构模式：点点直达模式、单一辐射模式和混合轴辐模式。

1. 点点直达模式

点点直达模式是在每一个运输节点之间建立运输投递路线，如图4-3所示。点点直达模式能够带来各节点间较快的传递速度，是时限最快的一种网络结构模式。在运输节点数量相对较少，且每个节点之间运输量达到一定规模的情况下，点点直达模式可以减少换装次数，降低中转货损，节省装卸费用，提高运输速度，产生比较好的运输效率和效益。但是，如果运输节点过多，或者各节点之间的运输量规模较小或运输量不平衡，采用点点直达模式会带来较大的成本支出。

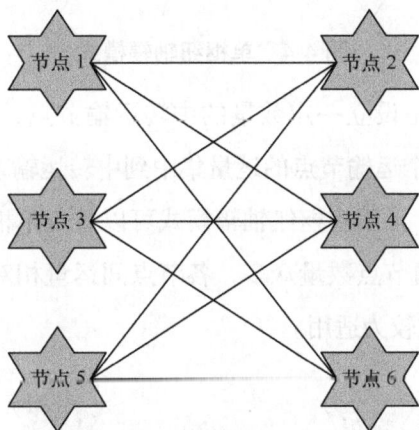

图 4-3　点点直达模式

2. 单一辐射模式

根据网络中心节点（Hub）和是否与其他节点之间存在直线连接，将轴辐模式分为单一轴辐模式和混合轴辐模式。单一轴辐模式因中心节点数量不同又被分为单枢纽轴辐模式和多枢纽轴辐模式。

单枢纽轴辐模式是将所有运输量集中到一个中心节点，如图4-4中的Hub 1所示，然后再向各节点发运的网络结构模式。这种网络结构模式可以实现最大限度的运量合并，发挥中心节点的处理功能，产生网络规模经济，但同时会出现不同程度的逆向运输和对流运输等情况，并带来一定的时间延长。单枢纽轴辐式网络一般在网络规模不大、服务范围较小的情况下采用。

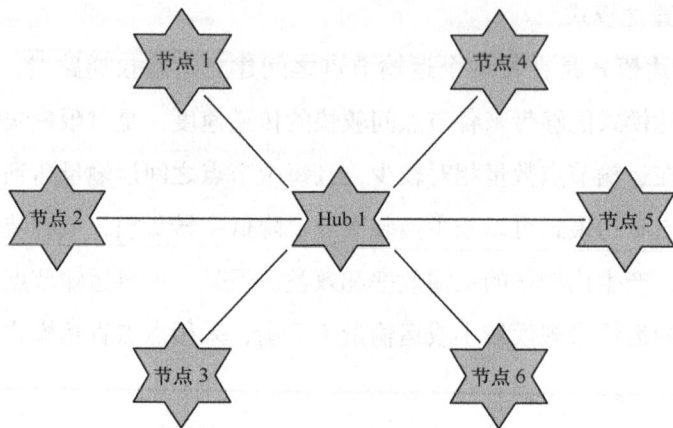

图 4-4　单枢纽轴辐模式

多枢纽轴辐模式是设立一定数量的中转运输节点，如图 4-5 中的 Hub 1 和 Hub 2 所示，将周围多个运输节点的运量集中到中转运输节点进行运量合并后再进行运输的网络模式。采用多枢纽轴辐模式可以避免单枢纽轴辐模式中枢纽流量拥挤的情况。在运输节点数量众多，各节点间运量相对较低或不平衡的情况下，这种网络结构模式较为适用。

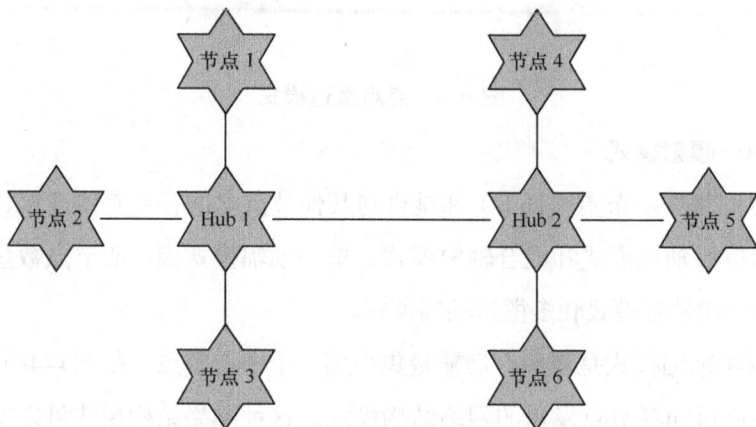

图 4-5　多枢纽轴辐模式

3. 混合轴辐模式

单一轴辐模式中所有节点上的流量都要通过中心节点进行中转，不同节点之间不存在直接连接。混合轴辐模式中的连接除了节点和中心节点之间的连接外，还允许其他节点之间的直接连接，这些直接连接只往返于各个节点之间，但是这种连接只占全部连接的少数，网络的整体结构还是表现为轴辐模式。

4.2.4 快递信息网络

1. 快递信息网络的概念

在快件传递的过程中，始终伴随着快递相关信息的传输，这些信息包括单个快递运单、快递总包、总包路由的信息，以及快递传递过程中每个节点产生的信息等。快递信息网络由物理系统和软件系统两部分组成。物理系统主要包括信息采集和处理设备、信息传输路线及信息交换、控制与储存设备。软件系统包括操作系统、数据库管理系统和网络管理系统。

2. 快递信息网络的作用

快递信息网络主要有以下5个作用：一是实现了对快递、总包等信息的实时传递；二是实现了对企业快递信息资源最大限度的综合利用与共享；三是便于快递企业运营管理，提高工作效率，规范操作程序，减少人为差错；四是便于快递企业为客户提供更优质的服务；五是有利于增强快递企业竞争能力，促进快递企业的可持续发展。

对于快递企业的大批量复杂信息需要通过不同层次和级别的网络及硬件设备连接和管理。因此，快递企业会开发最适合自身的信息管理系统，以辅助实物网的正常运行。快递信息网络的建设是一项庞大而复杂的系统工程，耗资巨大。快递企业应根据自身业务的发展情况，实施分阶段建设的策略，逐步予以完善。在进行硬件建设的同时，应特别注意软件系统的基础建设和技术更新。

快递行业信息化具有业务动态性、地域分布性、数据的动态监控等特点。

（1）业务的动态性

每一份运单的状态是实时变化的，从收件开始经历了多次中转、报关、派件、回单、收款等过程。

（2）地域的分布性

用户的分布地域具有不确定性以及快递企业本身的网络架构具有分布式的特点。

（3）数据的动态监控

快递的任何状态都需要及时反馈到总部，客户才能及时查询快递到了什么地方，总部也可以实时动态地监控快递的运输状态。

3.快递行业综合信息系统建设

当前，我国正在建设快递行业综合信息系统，其在车辆管理、人员培训、客户管理及数据统计等方面为快递业的发展起到了很好的促进作用，便于政府及相关管理部门及时掌握实际情况。下面简要介绍快递行业综合信息系统方面的部分研究成果。

（1）车辆管理

河南邮政市内运营车辆管理系统通过对车辆装载率、空驶率等数据指标进行有效监测，实现了邮路优化和对运费成本支出的有效管控。同时与签约外包公司业务系统对接，提供了合作双方业务人员可通过微信进行便捷沟通等功能，提升了生产处理效率和投递能力。该系统作为集团车辆管理系统的延伸，实现了对市内运营车辆的管理，通过对接新一代寄递平台获取邮件量，对市内运营车辆进行闭环管理，实现了对车辆使用情况及时预测、调配、监控、改进的闭环流程，实现了基于实际邮件量和当前运能的动态调度，系统存储了海量社会车辆运能信息，可累积大量精准、高价值的邮件运输行业静态和动态数据。

邮件处理中心场院车辆调度管理系统通过微机员扫描派车单可实现一次性录入信息，全程共享，并减免了手工单据的成本支出。通过互联网技术，调度员手持平板计算机通过4G网络即可同步查询并处理计算机端的车辆信息，完成车辆调度信息的实时共享，运用数据分析和信息引导的手段，为调车员提供智能化的调度信息。调度员通过手持平板计算机，根据共享信息，可与驾驶员一键电联，实现了已进垛口未解车的信息看板提醒及语音提示，同时还实现了多维度的统计分析功能，提高了处理中心管理效率。

（2）人员培训

警邮业务培训考试平台完全复制"警邮超市"真实办理场景，方便服务人员能随时进行各项业务的学习，并可查看自己的学习成果，同时业务主管部门通过该系统制订考试计划，有针对性地对服务人员进行考核。

基于混合云的中邮网院智能学习网关项目在分析中邮网院业务类型和现有系统架构的基础上，对私有云、公有云及混合云的特点和应用进行研究，构建基于混合云的中邮网院智能学习网关。邮政企业广大员工在中邮网院学习课程时将更加流畅，改善了学员的学习体验。

（3）客户管理方面的快递行业综合信息系统建设

河南邮政外拓客户管理系统运用移动互联网、图像识别、数字语音通话、智能报表等技术，实现了外拓走访及信息采集、客户管户及保育提升、过程管控及绩效驱动等外拓客户管理功能。该系统为基层网点开展外拓走访和后续精准营销提供了高效便捷的辅助工具，填补了客户经理外拓收集客户资料的信息化空白。进一步优化了客户体验和邮政服务形象，实现了河南邮政经济效益和社会效益的双提升。

基于机器学习算法的包裹快递大客户主动客服系统创新性地使用了机器学习算法训练并智能获取邮件状态、轨迹信息，使用轨迹节点分析算法对邮件轨迹信息进行提取、清洗、加工、存储，预测分析异常邮件信息、记录工单、提供邮件分析报告，及时提醒客服人员提前处理、提前干预邮件异常环节，保障邮件及时送达。

（4）数据统计方面的快递行业综合信息系统建设

基于大数据分析技术的跨境包裹时限预警系统运用大数据技术，在跨系统整合海量邮件数据的基础上，基于全量时限数据，自主研发建立了时限预警模型，包括时限分析、时限影响因素分析和阈值生成3个模块。该模型实现了对不同路向、不同环节、不同时间段的异常邮件进行自动识别的功能；通过人工智能技术实时计算各环节时限的动态阈值，能及时对问题邮件进行预警管控，变事后判责为事中监控和事前预警。

辽宁邮政农村客户大数据平台结合邮政农村客户众多和营销手段匮乏的实际情况，以村组为框架构建农村客户营销维护体系，重点推进农村客户金融市场开发与营销体系建设；在不断收集客户信息的基础上，实现农村客户信息整村批量建档和批量导入，实现各类特色客群分类与客户精准营销。系统实现了分户到人功能，每个客户都有归属的客户经理进行管理，依托平台外拓走访、电话回访等模块，增强对农村客户的有序化沟通和流程化管理，为组织开展营销活动及评估提供抓手，达到对农村客户进行有重点、有层次、有计划、有目标的维护营销的目标。

小 故 事

小故事1：打造"集士驿站+公交邮路"服务模式

近年来，浙江省宁海县持续推进城乡客运、农村货运、邮政快递融合发展，创新"集士驿站+公交邮路"服务模式。该模式围绕打造双循环枢纽目标，梳理快递进村"一件事"，以"城乡客货邮联运"为核心，利用城乡公交专线"村村必达"的优势，以"互联网+数字化"手段，实现了对快递进村节点网络资源、综合运力资源和农产品生产销售资源等的全链条数据实时共享，推动实现快递进村、山货进城、就业富民的目标。

越溪乡南庄村是宁海县第一个集士驿站的诞生地。"每天有110多件快件需要派送，寄出件也不少。"南庄村集士驿站负责人介绍道，驿站里有网购机、政务一体机，村民不出村就能享受各种便利服务。和南庄村一样，还有不少乡村正在享受集士驿站带来的便利。例如，胡陈乡的水蜜桃上市后，在集士驿站在线商城上架2天内，订单量高达1400余单。

宁海县基于"集士驿站+公交邮路"服务模式，完善布局普惠民生，建成县域快递末端共配中心，日均处理快件达21万件，实现了"坐在家里收快递"，包裹送达村户时间平均缩短0.5天；建成县域物流分拨中心和客货邮综合服务站，日均转运快递包裹超过9000件；完成30个集士驿站网点标准化建设并陆续投入运行。

除此之外，宁海县利用"集士驿站+公交邮路"服务模式，整合资源提质增效。推动宁海县公共交通有限公司成为全国首个拥有快递经营许可证的公交企业，建立城乡公交客货联运服务平台，上线城乡公交速递服务，全县42条公交线路、63辆城乡客货邮公交车参与"公交邮路"农村物流运输。定制配备全国首批城乡客货邮公交车，实现了乘客、货物、邮政快件之间的物理隔离。全县客货联运物流配送能力提至每年109.5万件，每月为宁海公交公司创收6万余元，降低农村物流整体成本20%以上。

💬 **讨论与思考：**

通过学习宁海县"集士驿站+公交邮路"服务模式，请你认真思考邮路、运输方式在快递进村中发挥的作用，仔细查阅相关资料，谈谈上述服务模式是如何实现普惠民生与提质增效的。

小故事2：探访山城的末端物流资源共享之路

快递行业价格战是加速行业分化的一个手段，能够让行业快速从龙头竞争迈向寡头竞争。快递行业价格战与经营成本上升的双重压力，加剧了末端网点的生存压力。面临愈演愈烈的市场竞争，同一区域内的多家品牌快递公司，从原先的竞争对手变成合作伙伴，"共仓、共运、共转、共配"正逐步成为趋势。

2020年8月17日至2020年8月19日，国家重点研发计划——快件物流资源共享服务应用示范项目组前往重庆合川网点、重庆大学城网点进行实地调研，详细了解两家基层网点开展末端快件物流资源共享的情况。项目组调研的第一站是重庆合川网点。合川网点的负责人指出，合川网点基本实现了圆通速递和百世快递的全区域共配。两家公司对各自派送路段全部进行了区域划分，使派送区域实现重合。目前，合川地区快件以派送业务为主，每天业务量在1.2万票左右，而揽收业务仅几百票。所以，如何控制配送成本成为网点经营的关键点。通过末端共配，两个网点的派费支出明显下降。

合川网点下属的百世网点负责人非常认同共配。他指出，在共配前，由于总部持续下调派费，网点利润微薄，人员频繁流动。而在共配后，由于两家网点间实现了末端资源共享，派费支出大幅下降。然而，其他快递流转环节的物流资源共享受制于各种客观情况。比如，两家短驳快递的车辆无法进入对方中转场地，且每天一频次凌晨件较多，车辆几乎处于满载状态，缺少运力共享的空间。

项目组调研的第二站是重庆大学城网点。重庆大学城网点的负责人详细分析了快递物流资源共享后的诸多变化。从经营者的角度来看，网点派费通过"道段快递共同分拣-车辆窜点短驳共运-驿站终端共同派送"的模式将派费下降了20%以上；网点通过"车辆承包、共享运力"将车辆油费支出由之前每月2500元降低到每月2000元左右；通过一次性投入价值500万元的自动分拣设备，人工成本得到有效控制。从收派员的角度来看，虽然派费降低，但派件效率提升，收派员的收入基本可以达到6000元；收派员劳动强度大大降低，网点所辖区域内92%的快递通过驿站完成"最后一公里"派送，只有8%的快递需要收派员上门派送。

💬 **讨论与思考：**

请你思考下"山城的末端物流资源共享之路"成功的秘诀，并讨论当前社会推行快递"最后一公里"的痛点和难点是什么？请你简要谈一下快递末端配送服务体系存在的问题及对策。

复习思考题

1. 邮政网的组成要素包括哪些?

2. 邮路是如何进行划分的?

3. 邮政网的组织主要由哪几部分组成?

4. 什么是快递网络?

5. 快递网络的特征包括哪几个?

6. 请阐述快递网络的网络结构模式。

第5章 邮政快递寄递作业组织

📖 **学习目标**

1. 掌握邮政快递寄递作业的基本流程；

2. 掌握收寄、分拣封发、运输、投递各环节的主要作业内容；

3. 了解邮政快递企业中使用的新型分拣装备、运输模式和投递设备等。

📖 **导入案例**

高速发展的邮政快递寄递业务

从古代的"日行五百里"，到现代的"国内次日达"，从历史上的"健步"，到现今的"快递员"，他们传递的是我们生活离不开的物品，也传递着人们的祝福和爱。从城市到农村、从草原到高原、从边疆到海岛，收发快递已经成为人们日常生活的一部分，拆快递更是一种乐趣。高速、高效的寄递业务的背后是一个庞大复杂的运作系统，从寄件人交寄到收件人收件，每个包裹都要经历收寄、分拣封发、运输、投递等环节。因此，科学高效地对寄递作业各环节进行组织管理，是实现邮政快递寄递业务高质量服务的关键。

"交邮合作"让寄递服务"零距离"

浙江省金华市磐安县是典型的"九山半水半分田"山区县，农村快递物流服务覆盖率低、成本高、效率低。自2021年以来，中国邮政集团有限公司磐安县分公司联合县交通运输局上线"城乡客货邮融合BRT"服务功能，通过整合城乡综合运输资源，以客车带货的方式，实现客运、邮政、快递物流企业三方配送网络和运力资源共享。依托"邮快合作"模式，彻底解决了偏远山区农产品进城和农村物流"最后一公里"问题，让快递物流成为全县城乡居民共享的优质公共服务，实现了"农产品进城"和"工业品下乡"双向贯通，为山区群众带去了更多的便利。

> 💬 **讨论与思考：**
>
> 请你查询资料并思考，邮快件从发件人交寄开始，将经过哪些实体场所，进行哪些作业环节，才能最终到达收件人手中？

5.1 邮政快递寄递作业概述

5.1.1 寄递作业的概念

寄递作业是指从寄件人交寄邮件或快件起，至将邮件或快件交给特定的收件人的作业过程。全寄递过程必须统一调度、上下衔接、协作配合，才能完成邮件或快件由收寄地到投递地的有序流动，最终到达收件人手中。由于邮件和快件的寄递作业环节基本相同，下面在讲述寄递作业内容时将邮件和快件统称为"邮快件"，对其共性内容进行统一介绍。

邮快件寄递作业由收寄、分拣封发、运输、投递4个环节组成。其中，收寄作业是指揽投员从寄件人手中交接邮快件的过程，又分为揽收和后台处理环节；分拣封发作业是将邮快件按寄达地点分类，然后将分拣好的邮快件分别封成总包并发运的过程；运输作业是指人们借助运输工具，实现运输对象空间位置变化的有目的的活动，邮快件的揽收、中转和派送都需要依靠运输来实现；投递作业是指邮快件经过中转站中转后到达寄达地所属的投递点，在投递点进行到件处理后，由投递员递送至收件人的整个作业过程。

5.1.2 寄递作业的流程

邮政网络和快递网络是完成寄递作业的实体基础。邮快件通过不同运输方式依次经过始发网点、各级邮件处理中心或快件分拨中心、目的网点等场所后，才能最终投递至客户手中。在实际业务组织运营中，邮快件的寄递作业流程十分复杂，情形多样。根据各寄递作业环节与邮政网络和快递网络的关系，可总结形成简要的寄递作业流程，如图5-1所示。

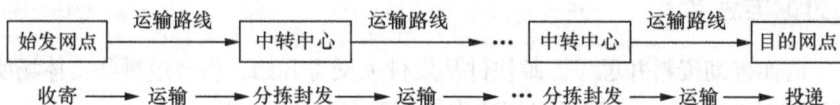

图 5-1 寄递作业流程

5.2 邮政快递收寄作业组织

收寄作业是寄递业务的首要环节，直接关系到之后各个生产环节是否能够顺利进行，同时也直接影响到广大用户的用户体验。收寄作业通常包含两个环节：揽收环节和后台处理环节。

5.2.1 揽收环节

邮快件的揽收方式有上门揽收和窗口（网点）揽收两种方式。上门揽收的业务受理方式包括电话下单和网上下单。EMS的网上下单页面如图5-2所示。

揽收作业包含如下主要环节。

1. 验视内件

验视内件是否夹带禁寄、限寄物品。无法确定内装物品是否符合禁寄、限寄规定的，应请寄件人提供相关证明材料，存局备查。

2. 填写详情单

请寄件人按规定填写详情单，并提醒寄件

图 5-2 EMS 的网上下单页面

人认真阅读详情单背面的使用须知。

3. 复核

检查详情单的书写是否符合规定；邮快件内件的性质、数量与详情单填写的内容是否一致，寄件人是否在详情单上签名；邮快件的重量、尺寸、封装是否符合规定；寄达地点是否属于通达范围。

4. 封装

根据寄件人所寄邮快件的性质、数量，选配大小适宜的包装材料及衬垫物，按照封装要求对邮快件进行封装处理，确保所寄内件的安全。

5. 称重计费

对邮快件进行称重计费，称重以千克为单位（精确至小数点后3位），根据整体重量计算资费（对于体积重量大于实际重量的邮快件，按体积重量计收资费）；资费以元为单位，将实收金额批注在详情单指定位置。若寄件人选择保价，则按规定计算保价费。

6. 交接

收寄人员核点件数，与寄件人交接。双方都在详情单的相应位置签名后，抽出"寄件人存联"，交由寄件人保管。利用手持终端实施收寄作业的网点，在接收邮快件后，要依次录入客户代码、类别、邮快件号、寄达地、重量、资费等基础收寄信息。

5.2.2 后台处理环节

邮快件发往邮件处理中心或快件分拨中心进行中转前，要经过一系列后台处理操作，通常包括以下环节。

1. 邮快件交接

揽投员和收寄人员对邮快件进行数量核对，然后与内勤人员办理交接手续，内勤人员须查验详情单是否填写规范；邮快件封装是否完好；是否符合收寄标准。查验无误后，打印清单并由双方签名归档。揽投员所收取的邮快件和现金要与指定收寄人员和收款员交接，并打印清单。

2. 现金交接

揽投员所收取的现金要一并准确交给指定的收款员，并签收确认，双方各保管一份缴款单。接下来由内勤人员进行内部处理。

3. 扫描信息

工作人员会将邮快件的各项信息录入系统，并再次扫描邮快件，打印清单并签名盖戳。完成以上操作后，邮快件便进入封发环节。

4. 邮快件发出

运输车辆到达后，揽投部交接人员与车辆司押员对邮快件进行核查，核实无误后才能发车。

5.3 邮政快递分拣封发作业组织

当邮快件到达各级邮件处理中心或快件分拨中心后，首先要进行接收和开拆作业，然后进行分拣和封发作业，将邮快件送往下一目的地。下面着重介绍分拣和封发作业环节。

5.3.1 分拣

一般情况下，将分拣作业分为初分和细分两个环节。

1. 初分

当处理的业务量较大时，需要先对邮快件进行初分，即进行宽范围的分拣。把已开拆的邮快件分入初拣格口，为后续的细分作业尽可能地提供便利。

2. 细分

对已经初分的邮快件按寄达地或派送路段进行再次分拣，将邮快件放置到目的地所属的分拣栏或架内。

通常可将分拣方式分为手工分拣、半自动化分拣和自动化分拣。

（1）手工分拣

在进行手工分拣时，分拣员要看清货物地址或编码，准确分拣，如果出现分拣错误的情况，应将货物放入流水线，重新回流。

（2）半自动化分拣

在进行半自动化分拣时，操作人员须把邮快件贴有条码的一面朝上摆放，然后放到分拣机上，在邮快件通过高速自动条码阅读器时，地址信息被读取，随后邮快件被送到指定的分拣格口，分拣员站在相应的格口取下邮快件即可。

（3）全自动化分拣

在现代化的分拨中心中，大部分的邮快件通过全自动化的设备进行自动分拣。邮快件信息通过条码被系统接收后，全自动化分拣机会自动将邮快件送往指定格口。全自动化分拣设备如图5-3所示。

图 5-3　全自动化分拣设备

5.3.2　封发

为了保证安全，所有邮快件必须进行封发，不得以散件运送。封发员按封发格口扫描散件条码录入封发清单，打印封发清单和总包条码袋牌，装袋封发，系统生成总包信息。封发员依次核对邮快件、清单和袋牌，检查总包封发规格及条码质量，检查现场有无漏封发邮快件。在系统中对开拆散件数和封发散件数进行数量核对，最后扎袋。

为了按时进行作业和对作业的进度进行监督，须制订分拣封发作业时间表，确定各道工序的开始时刻和结束时刻。常见分拣封发作业时间表的格式如表5-1所示。

表 5-1 常见分拣封发作业时间表

时间阶段	到达车次		作业时间				赶发车次		
	车次	到达时间	开拆	初拣	细拣	封发	车次	交运时间	开行时间

5.4 邮政快递运输作业组织

对于邮政快递寄递业务来说，运输是其活动流程中的重要环节，邮快件的揽收、中转、派送都必须依靠运输来实现。

邮政快递常用的运输方式有：公路运输、航空运输和铁路运输。各种运输方式各有优劣势：公路运输灵活性强、成本低，但载重量小，易受自然环境和天气影响，适用于大多数短途的零担货物运输；航空运输速度快，不受地形的限制，主要适用于鲜活物品或载运价值较高、追求时效性的邮快件的运输。航空运输的缺点在于成本较高，运输能力弱，而且受天气因素的影响较大；铁路运输运送量大、速度快、成本低，适合于大宗、沉重货物的长途运输，但需要与其他运输方式配合衔接使用。近些年，随着高铁运网的不断扩增，高铁快运成为一种新型快运物流产品。下面，分别介绍各种运输方式的作业组织流程。

5.4.1 公路运输作业组织流程

邮政和快递企业拥有自己的陆运网络，依靠班车连接各个节点，实现货物的集散运输。

1. 发车出站

工作人员按照装卸流程将货物装车完毕后，确认邮快件无遗漏，调度员封签上锁并对车牌号和车线编号进行扫描，车辆在站内地磅进行称重，然后出站。

2. 货物运送

如图5-4所示，在货物运送的过程中，驾驶员要按照规定的行驶路线行进，同时注意保证行车过程中的行车稳定，并进行行车检查，确保货物完好无损。

图 5-4 EMS 邮车在运送邮件

3. 货物到达

车辆到达目的地后，调度员核对车牌号，检查货物封签是否完好，检查卫星定位系统是否正常。若有问题，及时通知站长。对封签进行扫描，解锁封签并将其回收保存。

4. 卸货

打开车门后，及时对保价物品进行交接，检查总包是否完好，然后按流程完成卸车工作。

5.4.2　航空运输作业组织流程

目前，拥有自主航空公司的邮政快递企业有EMS、顺丰速运、圆通速递、中通快递、申通快递和京东物流，其余快递企业须通过货运代理与航运企业合作完成航空运输环节。如图5-5所示为邮政专机在进行装卸作业。

图 5-5　EMS 专机在进行装卸作业

将航空运输作业分为出港和入港两部分，其作业流程如下所述。

1. 出港

出港是指从发货地暂存仓库中登记出库发往目的地，在此处单指将货物从始发分拨中心发往目的分拨中心的过程，其具体流程包括如下环节。

（1）收件扫描

在收件网点收取航空邮快件后，及时将其转运到各自区域的分拨中心。对于始发分拨中心收取网点发来的邮快件，检查邮快件的重量、尺寸、体积及包装和邮快件内件是否符合航空运输的要求、有无违禁品等。若发现不符合航空运输标准的邮快件，要马上退回网点理货处理。对符合航空运输要求的邮快件进行入站扫描，并将扫描的数据上传至系统。

（2）分拣集包

分拣员将拆出的邮快件按照目的地网点进行分拣。分拣员对所有发往同一目的地的小件进行集包，并在相应的集装操作标签上注明目的地名称或代码、施封锁编号和集装件数，并扫描、保存信息。将完成集包和扫描的邮快件分拣到指定区域，准备装车。

（3）出站扫描

制作班车封车签，在封车签上注明班车目的地名称。扫描封车签条码，逐件扫描出港的大件和集包，扫描一件，装车一件。确定无漏件后，操作员在封车签上注明装车件数，即车内大件和集包的总件数，然后封车发运。司机按照规定时间发车，到达机场后，将货物交给航空代理。

（4）交航空代理

出港联络员根据发货信息制作发货预报，交货司机凭此预报办理发货手续，填写交接表。随后，交货司机需要监督航空代理收货，并取得目的站提货凭证。交货完毕后，司机需要立即回到始发分拨中心，将相关单据上交给出港联络员。

出港联络员在确认已配载的航班班次、日期、始发时间、到达时间后，须确认所交付货物的实际发出情况。货物发出后，出港联络员在系统中发出货物信息预报。如航班有异常情况，应通过航空代理保障货物及时运出；若有航空拉舱，启用备用航班计划，并及时通知有关部门，做好应急准备。

2. 进港

进港是指货物从始发地分拨中心进入目的地分拨中心的过程。具体流程如下所述。

（1）接收预报

目的地分拨中心的进港联络员随时关注并接收系统中出港联络员发出的货物信息预报，根据预报内容，将预报信息及提货单按照提货点进行整理、归类和校对，制作提货预报单。将所有提货证明和提货预报单交给提货员，安排提货。

（2）安排提货

提货人员根据提货预报单，在规定时间前往指定地点提货。在提货时，提货人员要核对货物航班号、提货单号、件数、重量等，并检查货物数量是否正确、货物是否有破损情况。如发现货物破损或丢失，提货员要立即与承运商交涉，开具破损或丢失证明，并通知分拣中心的进港联络员将异常情况上报系统。

在确保所有货物装车后，提货员关闭车门，上锁，贴上封车签，在规定时间内回到分拨中心。

（3）进站扫描

提货员回到分拨中心后，与扫描员进行现场交接，清点货物总件数，然后由内场操作员卸车。在卸车时，操作员要根据预报内容核对货物数量和外包装的完好程度，并由扫描员对邮快件进行进站扫描。

（4）拆包分拣

操作员按照网点班车发车时间的差异，确定邮快件分拣的先后顺序，并进行初拣。首先确认是否需要对集装袋进行拆袋操作，在拆袋前须确认集装袋的施封锁是否完整、施封锁编号是否匹配、集装袋是否完好。操作员按照下一级目的地将邮快件细拣到指定区域，对即将出港的邮快件进行集装操作，并在标签上注明信息，准备装车。

（5）出站扫描

对出站货物进行装车，在装车时，逐件、逐袋地对邮快件进行出站扫描。在装车完毕后，清理作业现场，检查有无漏件。确定无漏件后，班车司机锁好车门，由操作员用施封锁对车辆上锁。操作员制作班车封签，扫描签号，并在标签上记录车辆装载包裹数、集装袋数、封车的施封锁编号，上封签。司机按照规定时间驶离分拨中心。

（6）转运

下一级站点接收预报，安排班车进站，对封签进行检查，对货物的重量、外包装进行检查，安排工作人员进行卸货分拣。

5.4.3 铁路运输作业组织流程

将铁路货物运输作业组织流程分为货物的托运和承运、装卸、运输、交付等环节。

1. 货物的托运和承运

铁路实行计划运输，当发货人要求铁路部门运输整车货物时，应向铁路部门提出要车计划，车站根据要车计划受理货物。在进行货物托运时，发货人应向车站按批提出一份货物运单，如使用机械冷藏车运输的货物，同一到站、同一收货人对于多批货物可合提一份货物运单。对于整车要求分卸的货物，除提出一份基本货运单外，各分卸站应另增加两份分卸货物运单（分卸站、收货人各一份）。对于同一批托运的货物而言，因货物种类较多，发货人不能在运单内逐一填记，或托运集装箱货物以及同一包装内有两种以上的货物，发货人应提出一式三份物品清单，其中一份由发运站存查，另一份随同运输票据递交到达站，最后一份交还发货人。零担和集装箱货物由发运站接收完毕、整车货物装车完结，当发运站在物品清单上加盖承运日期戳时，即为承运。

2. 货物的装卸

凡在铁路车站装车的货物，发货人应在铁路部门指定的日期将货物运至车站，当车站在接收货物时，应对货物的货名、件数、运输包装、标记等进行检查。

由托运人装车或收货人卸车的货车，车站应在货车到达前，将时间通知托运人或收货人。托运人或收货人在货物的装卸作业完成后，应将装车或卸车结束的时间通知车站。由托运人、收货人负责组织装卸的货车，当超过规定的装卸车时间标准或规定的停留时间标准时，承运人向托运人或收货人核收规定的货车使用费。

3. 货物的运输

车辆装好以后，铁路运输部门将及时联系挂车，使货物尽快运抵到站。铁路货物的在途运输情况如图5-6所示。

图 5-6 铁路货物的在途运输情况

4. 货物的交付

凡由铁路负责卸车的货物，到达站应在不迟于卸车完毕的次日内，通过电话或书信形式向收货人发出催领通知。收货人应于铁路发出或寄发催领通知的次日起2日内将货物提走，超过这一期限将收取货物暂存费。对于从铁路发出催领通知日起，满30天仍无人领取的货物，铁路则按无法交付货物处理。收货人在领取货物时，应出示提货凭证，并在货票上签字或盖章。收货人在到达站办妥提货手续和支付相关费用后，铁路将货物连同运单一起交给收货人。

5.5 邮政快递投递作业组织

投递作业是指在邮快件经过中转，到达寄达地所属的投递点进行到件处理后，由投递员递送至收件人的整个作业过程。邮政快递投递作业包含到件、投递两个环节。

5.5.1 到件环节

到件环节是指营业部的操作人员和司押员交接须送达营业部的邮快件，并对其进行卸车、拆包、分拣、扫描等作业后交由投递员进行派送的整个操作过程。

在运输车辆到达揽投点后，司押员与揽投点进行交接，由内勤人员记录邮车到达时间，揽投点工作人员检查邮车施封是否完好，检查无误后卸车，进行勾挑核对操作。之后对路单进行签名盖戳，双方留底，再进行邮件处理。在处理时，对邮快件进行拆袋、分拣、入库、数据核实、细排等作业，经过这些操作后，邮快件正式进入投递环节。

5.5.2 投递环节

投递作业是指在投递员完成货物交接后，根据运单上的客户地址在规定时间内将邮快件正确送达客户手上，然后将派送成功的运单和未派送成功的滞留件带回营业部上交，并将收来的营业款交给指定人员的整个操作过程。

投递作业主要采用两种方式：上门投递和智能快递柜投递。

1. 上门投递

首先，仓管员与投递员进行点数交接，投递员在领取邮快件后，清点邮快件数量并核对邮快件是否有外包装破损、分错件、地址错误、超范围、件数明显有误、到付价格明显有问题等异常，确认无误后交接并签名确认。签收后按本投递段路线进行细排，细排后进行复核，并检查现场有无遗落邮快件。

业务员根据所接收邮快件的派送地址，结合自己所管辖的服务区域，合理安排邮快件派送路线，并根据派送路线，将邮快件按顺序整理装车。

在投递员投递时要验视收件人的有效证件。如果在电话预约后收件人不在，由收件人所指定的人员进行邮快件签收，但代收人应出示有效身份证件并在清单上签名（盖章）。

妥投后，投递员应将清单的网点存联撕下并带回，作为妥投凭证。投递完毕后，要仔细检查投交现场，特别是检查揽投作业交叉的现场，查看有无遗漏件。

投递员每班或每日工作完毕后，应整理好回单及未妥投的邮快件，交给仓管员。仓管员应当面核对，确认无误后签字，由仓管员对未妥投的邮快件进行入库扫描操作。最后，业务员在规定的时间内将所有款项上缴公司，完成整个流程。

2. 智能快递柜投递

送货上门是快递企业的承诺，但很多时候会出现客户不在家的情况，这就需要快递员进行二次派件，增加了时间和运输成本，降低了投递效率。智能快递柜的出现很好地解决了这一问题。快递员只需要把邮快件投放到收件人地址附近的快递柜，等待收件人有时间时自行取件即可。

智能快递柜的出现很好地解决了"最后一公里"的问题，不仅提高了投递员的派送效率，同时也保证了邮快件的安全存放。智能快递柜的投递流程如下。

（1）快递员在智能快递柜上登录，确认身份信息，选择"派件"。

（2）选择"批量投递"，柜体自动打开所有空箱格。

（3）依次扫描待投邮快件的快递单号，并录入收件人手机号码，根据邮快件尺寸选择箱格大小，将邮快件放入箱格，关上箱格。

（4）单击"提交派件"，系统会自动发送信息提示收件人到指定网点自助取件、验货、关闭箱门。若邮快件在箱格内存放时间到达预定时限，系统会再次向收件人的手机发送取货通知，直至邮快件被取走。

小 故 事

小故事1：集包促进寄递业务提质增效

"通过实行集包，可以更加节省成本，不仅包括收寄成本，还包括处理成本、时间成本、建设成本。"陈清给记者算了一笔账，来说明集包取得的成效，"以杭州、宁波、温州发往长三角地区的邮件集包为例，一袋邮件扫描环节耗时可节约40秒，每经转一次，分拨中心节省2小时以上；件均分拣次数由散件模式的3.58次减少为集包模式的2.25次。按照2020年10月全网收寄日均量1667万件来算，如果对3千克以下的邮件进行集包，全网全年预计可节省处理成本19.47亿元。"

所谓集包，即在收寄点或集包点对于同一路向的邮件，以集包袋盛装，信息与集包绑定，在经过中转局时无须开拆集包袋，将一个集包视为同一件邮件进行扫描，直至寄达局才对集包袋进行开拆、分拣和信息接收的一种作业模式。"随着业务量的增加，散件模式重复处理多、作业效率低等问题日益显现。因此，对快包业务进行集包模式变革，是打造行业'国家队'的需要。"陈清说。

集包作业赋予了网络组织更强的柔性，浙江邮政在保障邮件时限的前提下，实施邮路多点串跑模式，避免邮件多次落地、重复处理。陈清以杭州到贵阳邮路举例，若在杭州发车时车辆仅装载3/4的容积，则可由金华处理点填装剩余车辆容积。

"集包只是我们寄递业务的改革举措之一，我们共进行了五大改革，一是处理流程改革，二是组网模式改革，三是'准加盟制'改革，四是网运实体化改革，五是体制改革，为把中国邮政打造成为行业'国家队'贡献浙江邮政的力量。"陈清说。

💬 **讨论与思考：**

请根据案例内容思考并讨论，集包模式在寄递作业的哪些环节节省了作业时间和作业成本？

小故事2：中欧班列"赤峰号"首发

2022年4月6日上午，搭载50节集装箱的中欧班列"赤峰号"在内蒙古自治区赤峰市红山区开行，运行总里程为8129千米，经满洲里口岸直抵莫斯科，将赤峰市的产品源源不断地送出国门。

中欧班列"赤峰号"由赤峰市与中国铁路沈阳局集团有限公司、中国外运东北有限公司深度合作开行，经过货源组织、报关通关，这次开行的中欧班列"赤峰号"装载了1300余吨伊品生物科技有限公司生产的赖氨酸硫酸盐、盐酸盐等产品，货值1200万元。

中欧班列"赤峰号"运输时间约为10~15天。利用该班列，我国出口货物可在赤峰保税物流中心集货，主要出口赤峰市化工、农畜深加工等产品以及日用品、服装鞋帽、小家电等跨境电商产品，主要进口粮油、亚麻籽、铜精粉、板材、沥青、氯化钾、新闻纸、荞麦壳和乳清粉等大宗商品。

中欧班列"赤峰号"按照"属地报关，口岸验放"快速通关模式，可实现一次申报、一次查验、一次放行，切实缩短报关、查验和通关周期，有效降低进出口商家的人力和时间成本。接下来，赤峰市政府将持续推进中欧班列"赤峰号"常态化运行和公铁海联运能力提升，进一步加强与周边地区供应链、产业链的深度融合。

讨论与思考：

请你结合案例查询相关资料，思考在跨境运输中，相较于其他运输方式，铁路运输方式的优势体现在哪里？

复习思考题

1.邮政快递寄递业务的基本作业环节有哪些？

2.阐述邮政和快递寄递业务的基本流程。

3.请对比各种运输方式在寄递运输中的优缺点和适用范围。

1. 了解邮政快递领域的相关技术;

2. 掌握各技术主要应用于哪些邮政快递作业环节;

3. 理解各技术在邮政快递领域中应用的工作原理;

4. 了解近年来新兴的邮政快递领域相关技术。

科技顺丰

当今社会,技术创新和应用能力已经成为衡量企业发展水平的重要标准之一。顺丰速运作为行业内的领军企业,始终将提升运营的智能化水平,建立行业内新的信息化、自动化系统应用标准作为集团战略加以发展。基于自身对信息化和自动化技术的逐步掌握,顺丰速运实现了客户下单、订单分配、费用结算、快件信息查询、分拣识别、运输监控、快件投递等快递主要运营节点的全自动化处理。

ZETag云标签的物联时代

物联网是一个基于互联网、传统电信网等信息承载体,让所有能够被独立寻址的普通物理对象实现互联互通的网络。我国新一代物联网产品ZETag云标签,是国内首个低成本广泛商用的广域物联网传感标签。基于ZETA网络的覆盖,ZETag云标签可搭载纸电池随货跟踪,实现贵重包裹全流程跟踪和开封告警服务。目前,中国邮政集团有限公司广西壮族自治区邮政分公司已采用

ZETag云标签实现快递全流程追踪，这也是全球首次在速递件上用物联网云标签来实现快递实时轨迹跟踪的服务。

💬 **讨论与思考：**

> 请你讨论在邮政快递领域中都应用了哪些科学技术，并阐述这些科学技术主要被应用在邮政快递领域中的哪些作业环节？

6.1 邮政快递作业环节的相关技术

本书已在第5章中对邮政快递作业流程进行了阐述，本章按照邮政快递作业流程顺序，从信息流和实物流两个角度出发，对快件收寄作业、分拣封发作业、运输作业、投递作业等4个阶段所涉及的相关技术进行介绍，如表6-1所示。

表 6-1　邮政快递作业环节相关技术

作业环节	信息流/实物流	相关技术
收寄	信息流	移动通信技术 条码技术
	实物流	包装技术
分拣封发	信息流	射频识别技术 条码技术
	实物流	分拣技术 装卸搬运技术
运输	信息流	卫星定位技术 物联网技术 射频识别技术 条码技术 移动通信技术
	实物流	集装单元化技术 多式联运技术 管道运输技术

作业环节	信息流/实物流	相关技术
投递	信息流	地理信息系统技术 移动通信技术 条码技术 卫星定位技术 数据挖掘技术 电子数据交换
	实物流	无人机技术 无人车技术 智能快递柜

6.2 收寄作业相关技术

收寄作业就是揽投员从寄件人手中交接快件的过程，将其分为上门揽投和营业网点揽投。在上门揽投的过程中，客户首先通过手机发送下单信息，揽投员通过平台获取信息，再至客户指定地址上门揽件，在验视内件之后按照包装标准对物品进行包装并称重，为快件打印运单并粘贴运单，通过使用手持"巴枪"扫描运单条码，并完成收款。

从信息流角度来看，该环节所涉及的技术主要包括移动通信技术和条码技术；从实物流角度来看，该环节所涉及的主要技术是包装技术。

6.2.1 移动通信技术

1. 移动通信技术概述

移动通信是指通信双方或至少一方在移动中进行信息交换的通信方式。例如移动体（车辆、船舶、飞机）与固定点之间的通信、活动的人与固定点之间的通信、活动的人与人之间的通信及人与移动体之间的通信等。移动通信使人们能更有效地利用时间，这是它快速发展的原因之一。由于各种新技术的应用，移动通信成为现代通信网中不可缺少的手段，是用户随时随地、快速、可靠地进行多种形式的信息（语音、数据等）交换的理想通信方式。

移动通信技术历经1G、2G、3G、4G阶段，目前正处于5G的商用建设阶段，如图6-1所示。

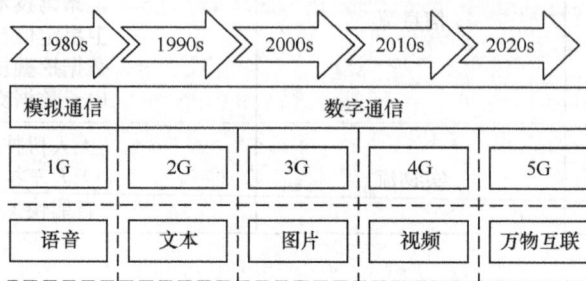

图 6-1　移动通信技术发展阶段

2.移动通信技术在收寄作业环节中的应用

（1）快递下单

在揽投员上门揽收之前，客户需要拨打客服电话或在网络平台上进行快递下单。

（2）运单制作

移动"巴枪"手持终端集成了POS机上的微型打印机，可以根据之前录入的信息直接打印运单。这样不但避免了手写可能造成的笔误，而且可以大大提高制单的效率。同时可以通过运单上的条形码获得信息，只需提供一张给用户的单据即可，这样就大大减少了纸张的使用。

（3）快件运单录入

揽投员一般通过使用手持"巴枪"扫描快递运单条码，将运单信息传至数据库。"巴枪"系统利用移动通信技术的网络平台，将手机或掌上电脑终端作为数据存储的载体，连接条码扫描枪，形成一套数据采集传输系统。实现方式是将"巴枪"通过数据线或直连的方式连接到支持"巴枪"功能的手机上，在收寄物品时，揽投员对运单号上的条码进行扫描，将掌上电脑、手机作为数据收集的载体，对相关信息进行存储，如收件人信息、寄件人信息、揽投时间、货物状态、异常信息等，并可使用客户电子签名功能，及时更新后台系统，客户电子签名保留的笔记可便于识别客户身份，提高了客户的安全性。然后通过无线网络实时在线功能，揽投员及时将物品信息传送至数据中心，使信息流高效、实时地双向传递，方便客户端能实时了解物品目前的状态信息，大大提高了物流过程的透明度。

（4）快件查询

快件查询是快递企业向寄件人或收件人反馈快件传递状态的一种服务方式。寄件人或收件人可通过电话、网站、网点等对快件当前所处的服务环节、所在的位置进行查询。

6.2.2　条码技术

1. 一维条码技术

条码技术是在计算机应用实践中产生和发展起来的一种自动识别技术。条码是由一组按排列规则排列的条、空及对应字符组成的标记，用以表示一定的信息。这种由条、空组成的标记可以用特定的设备识读，将其转换成与计算机兼容的二进制和十进数，如图6-2所示。

图 6-2　一维条码

2. 二维条码技术

近年来，二维条码技术出于具有储存数据容量大和保密性高等特点，得到了广泛的应用。二维条码是用某种特定的几何图形按一定规律在水平方向和垂直方向的二维空间上分布的黑白相间的图形记录数据符号信息的，如图6-3所示。二维条码在代码编制上巧妙地利用了构成计算机内部逻辑基础的"0""1"比特流的概念，使用若干个与二进制相对应的几何形体来表示文字数值信息，通过图像输入设备或光电扫描设备自动识读以实现信息自动处理。

图 6-3　二维条码

3.条码技术在收寄作业环节中的应用

（1）承载运单信息，完成揽件扫描

条码在邮政快递领域中的应用范围较广，在收寄、分拣封发、运输、配送等作业环节都有所体现。在收寄作业环节，揽投员在进行实物快件揽收的同时，要为快件生成条码，该条码包含了寄件人信息、收件人信息、快件信息等，并实时向后台系统传输数据，该条码信息将在后续快件装车扫描、快件发车、快件到达、出库派件、快件签收等环节中继续发挥作用，完成数据录入和数据采集，直至快件被准确无误地送达收件人手中。

（2）方便自动计费

揽投员用电子秤称取快件重量，在系统中输入快件条码可自动计算快递费用。

6.2.3　包装技术

1.快件包装规范及标准

常见的快递包装材料：文件封、包装箱、包装袋、快件箱。

常见的快递包装辅料：气泡垫、泡沫板、防雨膜、防雨袋、胶纸、编织袋等。

在快递作业流程中，由包装操作不规范所引起的快件损坏率较高。常见的不规范快件包装，如"一条边封口""十字封口"的纸箱在实际使用中时常发生箱内货物被盗的现象。所以在快递企业业务员收寄快件时，妥善的快件包装十分重要。快件内件类型不同，所采用的包装规范及标准也不同，具体如表6-2所示。

表 6-2　快件包装规范及标准

内件类型	包装方式
纸质类	在厚度小于1cm时，可用文件封；在厚度大于1cm时，可选包装袋
易碎品	多层次包装，即货物、衬垫材料、内包装、衬垫材料、运输包装；对于玻璃器皿类使用泡沫衬垫、坚固外包装，保证填充严实

续表

内件类型	包装方式
体积微小、易散落、易丢失	用塑料袋作为内包装将托寄物聚集，在物品之间留有适当空隙。如物品数量较多，须加固外包装，填充材料，并留出适当空隙
单件重量较大	先用较软材料（如气泡垫）包裹物品，然后采用材质好、耐磨性好的塑料袋包装，或者使用材质较好的纸箱或木箱包装，并用打包带加固
形状不规则、过大、过长	用气泡垫或软材料对物品进行全部或局部（易碎、尖锐部位）包装。若单件重量超过5kg，则不需要多件捆绑，若货物为易碎物品，则应加贴易碎贴纸

资料来源：《快递业务操作与管理实务》

2. 快件包装技术

（1）防震包装技术

防震包装又称缓冲包装，在各种包装方法中占有重要的地位。防震包装指为减缓内装物受到冲击和震动，保护其免受损坏采取一定防护措施的包装，如图6-4所示。

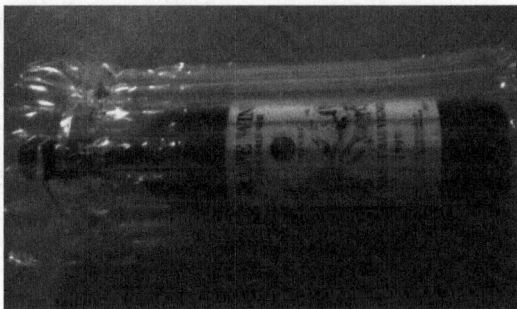

图 6-4 固定缓冲包装技术

（2）防潮包装技术

防潮包装就是采用具有一定隔绝水蒸气能力的防湿材料对物品进行包装，隔绝外界湿度变化对产品的影响，同时使包装内的相对湿度满足物品的要求，保护物品的质量。其原理是根据流通环境的湿度条件和物品特性，选择合适的防潮包装材料和合适的防潮包装结构，防止水蒸气通过或者减少水蒸气通过，以达到物品防潮的目的。一般采用合适的防潮材料，设计合理的防潮结构或采用附加物（如干燥剂、涂料、衬垫等）。

（3）防霉腐包装技术

在运输包装内装运食品和其他有机碳水化合物货物时，货物表面可能生长霉菌，在货物流通过程中如遇潮湿，霉菌生长繁殖速度极快，甚至霉菌会伸延至货物内部，使其腐烂、发霉、变质，因此要采取特别防护措施。防霉包装是为防止包装和内装物霉变而采取一定防护措施的包装。它除采用防潮措施外，还要对包装材料进行防霉处理。选择防霉包装必须根据微生物的生理特点，改善生产和控制包装储存等环境条件，达到抑制霉菌生长的目的。

另外还有防锈包装技术、防虫包装技术、充气包装技术、真空包装技术等多种包装技术。

6.3　分拣封发作业相关技术

快件的分拣封发是将快件由分散到集中、再由集中到分散的处理过程。主要包括总包到站接收、卸载总包、拆解总包、快件分拣、制作清单、总包封装、装载车辆、车辆施封等任务环节。从实物流的角度来看，主要用到的技术有装卸搬运技术、自动分拣技术；从信息流的角度来看，主要使用了条码技术、射频识别技术等信息技术。

6.3.1　装卸搬运技术

在卸载总包和装载车辆环节需要用到装卸搬运的相关设备和技术。装卸搬运是物流的主要功能，贯穿着物流活动的始终，是提高物流效率、降低物流成本、改善物流条件、保证物流质量的重要因素之一。装卸是指以垂直位移为主的实物运动；搬运是指以水平位移为主的实物移动。在实际物流过程中，装卸与搬运相伴而生，密不可分。目前在装卸搬运领域较先进的技术装备是自动导引车（AGV）。

1. AGV概述

根据美国物流协会定义，AGV是指已装备电磁或光学导引装置，能够按照规定的导引路线行驶，具有小车运行和停车装置、安全保护装置及具有各种移载功能的运输小车。我国国家标准《物流术语》中，对AGV的定义为：装有自动导引装置，能够沿规定的路径行驶，在车体上具有编程和停车选择装置、安全保护装置及各种物料移载功能的搬运车辆。AGV如图6-5所示。

图 6-5 AGV

2. AGV的分类

（1）按自主程度划分，可将AGV分为智能型AGV和普通型AGV。

智能型AGV：每台智能型AGV的控制系统中通过编程都存有全部运行路线和线路区段控制（即交通管理）的信息，智能型AGV只需知道目的地和到达目的地后要完成的任务就可以自动选择最佳行驶路线来完成规定的任务。

普通型AGV：普通型AGV的控制系统一般比较简单，其本身的所有功能、路线规划和区段控制都由主控机进行控制。

（2）从用途和结构来划分，AGV主要有承载型AGV、牵引型AGV、叉车式AGV。

承载型AGV：这是一种最为通用的AGV，大多为平台式结构。承载型AGV结构紧凑，运行较灵活，一般具有双向运行能力，易于与其他自动化设备相接，可方便地实现物料搬运全过程的自动化。

牵引型AGV：牵引型AGV以主体牵引挂车进行运输，在自动方式下只能单方向运行。如需增加反方向运行能力，则必须为其设置专门的安全保护装置。其挂车上钩和脱钩均须人工操作。

叉车式AGV：又称为自动叉车，有高度可变化的货叉，可以直接存取处于不同高度的货架和装卸站上的货物。一般需要使用辅助托盘或专用容器。由于不易定位，所以自动叉车装卸物料的时间通常较长。

6.3.2 自动分拣技术

分拣作业是分拣中心依据顾客的订单要求或配送计划，迅速、准确地将邮快件从送货车辆里捡取出来，并按一定的程序进行分类，集中派送给去往各地的运输工具的作业过程。分拣的依据一般是收件人地址，也可以转换为编码，比如各省、自治区、直辖市、特别行政区汉字简称或者邮政编码、电话区号、国内主要城市航空代码和部分国家地区的中英文简称。邮快件分拣中心作业示意如图6-6所示。

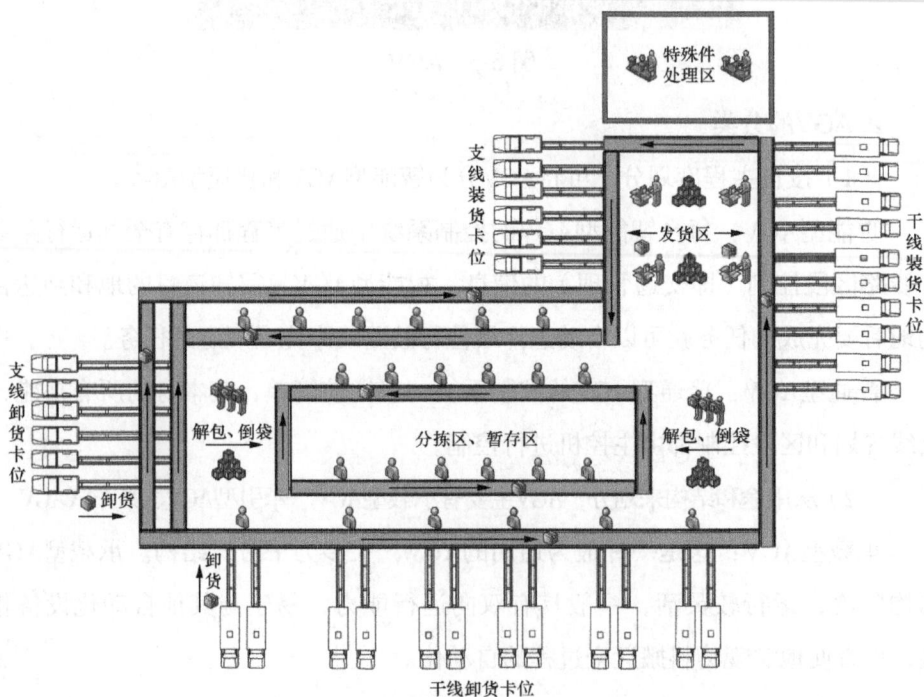

图 6-6 邮快件分拣中心作业示意

1. 自动分拣系统的基本构成

现代化的自动分拣系统的基本构成包括前处理设备（混杂在一起的物品的输入）、分拣运输机、后处理设备（分拣后物品的输出）、控制装置及计算机管理5个部分。

（1）前处理设备

前处理设备指在分拣运输机之前向分拣运输机输送分拣物的进给台及其他辅助性运输机和作业台等。进给台的主要功能有两个，一个是操作人员利用输入装置将各个分拣物的目的地地址送入分拣系统，作为该物品的分拣作业命令；另一个是控制分拣物进入分拣运输机的时间和速度，保证分拣运输机能准确地进行分拣。其他辅助性输送机则是向进给台输送分拣物，可根据自动分拣系统现场的要求和条件进行。

（2）分拣运输机

分拣运输机是自动分拣系统的核心设备，主要用来将分拣物分发到规定场地进行分流处理。由于不同行业、不同部门的分拣对象在尺寸、质量和外形等方面都有很大差别，对分拣方式、分拣速度、分拣口的多少等要求也不相同，因此分拣运输机的种类也很复杂。采用不同的分拣运输机，配置不同的前处理设备和后处理设备，可以组成适合各种不同需要的自动分拣系统。

（3）后处理设备

后处理设备指设置在分拣运输机后面的分拣溜槽及其他辅助设备。通常在分拣运输机的每一个出口设置一个分拣溜槽，每一个分拣溜槽存储同一个分拣目的地的分拣物。分拣溜槽越多，可以同时进行分拣的目的地也越多，自动分拣系统服务的范围也越大。通常采用钢板或塑料制成的光滑分拣溜槽，也有采用带辊子的溜槽，还有采用分岔分拣溜槽来增加分拣口的数量。分拣物通常是从分拣溜槽出口由人工收集和装车，也有利用伸缩带式输送机或其他输送机组成后处理系统，以提高分拣效率。

（4）控制装置

控制装置的主要功能如下。

①接受分拣目的地地址，通常由操作人员利用数字键盘或按钮输入。

②控制进给台，使分拣物按分拣机的要求迅速、准确地进入分拣运输机。

③控制分拣运输机的分拣动作，使分拣物在预订的分拣口被迅速、准确地拣出。

④完成自动分拣系统各种信息号的检测监控及安全保护。

（5）计算机管理

计算机管理主要是对自动分拣系统中各设备运行的数据进行记录、监测和统计，用于分拣作业的管理及对分拣作业和设备进行综合评价与分析。

2. 自动分拣系统的基本技术要求

（1）能够迅速准确地分拣物品，且分拣差错率极低。

（2）分拣能力强，现代大型自动分拣系统分拣口数目可达数百个。

（3）自动分拣系统对分拣物的大小、形状、质量、包装形式及材质等因素的适应范围宽。

（4）在工作时对分拣物品的冲击和震动小，安全保护措施齐全。

（5）在分拣作业中，操作人员输入分拣命令简单方便，人工辅助动作简单、省力。

（6）自动控制和计算机管理的功能完善，性能安全可靠。

3. 分拣运输机的类型及结构特点

分拣运输机有许多不同类型，为了取得最为有效的应用，一般需要确定物品包装的大小、物品的重量、分拣能力、包装形式、物品在分拣运输机上的方位、物品的易碎性、操作环境、每小时投入分拣物品的批数等。分拣中心都要求分拣运输机有较高的分拣能力，能适应各种形状、大小和包装材料的商品，有较多的分拣滑道和较理想的分拣精度等。为了提高分拣能力，分拣运输机趋向高速运行发展（70~80件/分钟），许多分拣运输机的分拣准确率已达到

99.9%，分拣滑道也递增到500条。

（1）翻盘式分拣运输机是在一条沿分拣机全长的封闭环形导轨中，设置一条驱动链条，并在驱动链条上安装一系列载货托盘，如图6-7所示。将分拣物放在载货托盘上输送，当分拣物被输送到预订分拣出口时，倾翻机构使托盘向左或向右倾斜，使分拣物滑落到侧面的分拣溜槽中，以达到分拣的目的。翻盘式分拣运输机各托盘之间的间隔很小，而且可以左右两个方向倾翻，因此这种分拣运输机可设多个分拣口。由于驱动链条可以在上下和左右方向弯曲，所以这种分拣运输机可以在各个楼层之间沿空间封闭曲线布置，总体布置方便灵活；分拣物的最大尺寸和质量受托盘限制，但对分拣物的形状、包装材质等适应性好，适用于要求在短时间内大量分拣小型物品的自动分拣系统。

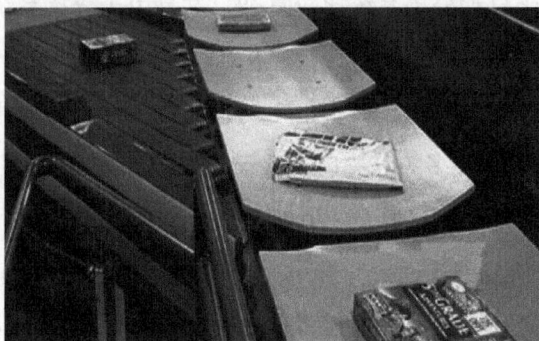

图 6-7　翻盘式分拣运输机

（2）横向胶带式辊道分拣运输机以辊道输送机为主体，在分拣口处的辊子间隙中，安装与辊道运行方向垂直运行的窄胶带。平时横向窄胶带的承载面低于辊道的承载面，分拣物可以通过分拣口运行。在分拣时横向窄胶带上升至高出辊道承载面的位置，托起分拣物，并使其向侧面运行滑入分拣溜槽中达到分拣的目的。

（3）横向推出式辊道分拣运输机以辊道输送机为主体，在分拣口处的辊子间隙中，安装一系列由链条拖动的细长导板，如图6-8所示。平时导板位于辊道的侧面排成一直线，不影响分拣物的运行。在分拣时，导板沿辊子的间隙移动，逐步将分拣物推向侧面，进入分拣岔道，分拣岔道也采用辊道。这种分拣运输机分拣动作比较柔和，适用于分拣易翻倒物品或易碎物品。

图 6-8　横向推出式辊道分拣运输机

（4）邮政信函自动分拣系统比较复杂，这是由于分拣系统处理的信函是一种特殊的物品。该物品具有数量多、规格不等、薄厚不一、字迹不尽相同等特点，这些特点要求分拣机兼具多种功能。此外，信函来自全国各地，又通往四面八方，要求系统配置较多的分拣口。基于以上特点及需求，一般信函自动分拣系统细分为理信机、标码机、粗分机和细分机等子系统。

4. 分拣信号的输入与识别

在自动分拣系统中，常用的分拣信号输入方法大致有如下4种。

（1）键盘输入

由操作人员按物品从主输送机上向分拣道口排出的道口编码，通过按键将分拣信号输入。这种用键盘输入的方式费用最低，且简单易行。

（2）声音识别输入

操作人员通过话筒朗读每件配送物品的物品名称和配送地点，将声音输入变换为编码，由分拣运输机的微计算机控制自动分拣系统启动。声音识别输入装置的处理速度为每分钟60个词语。

（3）条码和激光扫描器

把含有分拣货物的条形码标签贴在每件物品上，通过放置在分拣运输机上的激光扫描器时被阅读。扫描器能对在输送机上每分钟40米的物品进行扫描阅读，扫描速度为每秒500～1500次，但以扫描输入次数最多的信号为准。在扫描条码标签时也一并将条码上包括商品名称、生产厂商、批号、配送商店等编码，作为在库商品的信号输入主计算机，为仓库实行计算机业务管理提供数据，这是其他输入方法无法完成的。条码输入方法的优点是处理信号能力强、精度高，并可实现自动化输入。

（4）光学字符阅读器（OCR）

OCR能直接阅读文字，将分拣信号输入计算机。但是这种输入方法的拒收率较高，影响信号输入效率。目前在邮政编码上应用较多，而在物流中心的自动分拣系统中应用较少。

5. 新型分拣设备——分拣机器人

随着人工智能技术的飞速发展，无人车技术得到了空前的发展，无人车也被应用到了快件分拣系统中。如图6-9所示，顶着橙色托盘的小机器人在仓库里穿梭有序，将一件件快递包裹运送到指定位置，犹如行驶在一座缩微城市中的车辆。分拣机器人在快没电的时候还可以自己找到电源充电，俨然具备了人工智能的"黑科技"。

这款机器人主要针对长度不超过60厘米、宽度不超过50厘米，质量在5千克以下的小件包裹，在2000平方米大小的中转站里，只需300台机器人便可在一小时内完成2万单货物的分拣。分拣员只需将传送带上的快件放到机器人的橙色托盘中，机器人便可自主完成称重，并且扫码识别快递信息。

图6-9 分拣机器人

6.3.3　射频识别技术

1. 射频识别技术概述

射频识别技术全称为无线射频识别（RFID），是一种非接触式的自动识别技术，射频识别系统主要由RFID读写器和RFID电子标签组成。RFID可识别高速运动物体并可同时识别多个标签，操作快捷方便。

与条码技术相比，RFID具有明显的优势。RFID读取设备利用无线电波，可以识别高速运动的物体并可同时读取多个标签信息，也就是说一辆满载各种货物的卡车直接从装有RFID阅读器的检测点驶过时，其装载货物的所有标签信息就可以同时被读取，而条码依靠手工读取的方式，需要一个一个地扫描，效率低下。RFID电子标签属于电子产品，能适应条件苛刻的环境，且保密性好，而条码属于易碎标签，容易褪色、被撕毁；RFID电子标签内部嵌有存储设备，可以输入数千字节的信息，这是条码所不能比的；最关键的是，条码是一次性的，不可改变，而RFID可以对其进行任意修改，因此特别适用于要求频繁改变数据内容的场合。

2. RFID在分拣环节的应用

在分拣环节，当贴有RFID电子标签的快件进入自动分拣系统时，入口的RFID读写器将扫描RFID标签录入快件信息，且RFID阅读器能够批量扫描标签，能够同时读取限定范围内的所有标签内容，从而大大提高了分拣环节快件的信息录入效率。在获取快件的目的地、尺寸等相关信息之后，系统控制端将根据信息规划快件传输路线，从而完成分拣。

6.4　运输作业相关技术

快递运输是指在统一组织、调度和指挥下，综合利用各种运输工具，将快件迅速有效地运达目的地的过程。简单来说，就是利用各种交通工具将快件从发件地运送到收件地。它贯穿了整个快递服务过程，具有全程性、网络性、联合性的特点，是实现快递服务快速、安全、及时送达的基本保障。运输作业环节综合运用了条码技术、卫星定位技术、物联网技术等多种信息技术来实现信息流动；实物流动主要使用了集装单元化技术、多式联运技术等，且目前已有将管道运输用于快件运输的设计。鉴于已在前文描述条码技术的主要功能，且在运输作业环节中的主要作用原理与前文基本一致，因此本节不再赘述。

6.4.1 卫星定位技术

卫星定位技术是利用人造地球卫星进行点位测量的技术。目前主要有美国的全球定位系统（GPS）、俄罗斯的全球导航卫星系统（GLONSS）、欧盟的伽利略导航卫星系统（Galileo）、中国的北斗卫星导航系统（BDS）等全球卫星导航系统。

1. 美国全球定位系统概述

美国的全球定位系统是一个由覆盖全球的24颗卫星组成的卫星导航系统。这个系统可以保证在任意时刻，地球上任意一点都可以同时观测到不少于4颗卫星，以保证卫星可以采集到该观测点的经纬度和高度，以便实现导航、定位、授时等功能。这项技术可以用来引导飞机、船舶、车辆及个人，安全、准确地沿着选定的路线，准时到达目的地。

2. 中国北斗卫星导航系统概述

北斗卫星导航系统是中国正在实施的自主发展独立运行的全球卫星导航系统。是继GPS、GLONASS之后第3个成熟的卫星导航系统。北斗卫星导航系统的建设目标是建成独立自主、开放兼容、技术先进、稳定可靠的覆盖全球的卫星导航系统，促进卫星导航产业链形成，形成完善的国家卫星导航应用产业支撑推广和保障体系，推动卫星导航技术在国民经济社会各行业中的广泛应用。北斗卫星导航系统具有导航、语言数字通信、反劫防盗、数据存储及分析、货物配送路线规划等功能。

3. 卫星定位技术在运输作业环节中的应用

在运输车辆中使用利用卫星定位技术开发的设备，可以对该车辆进行实时定位，继而可在管控中心平台上同步监控并记录车辆的运行状况，保存车辆的实时位置信息，如图6-10所示。卫星定位技术的一个重要辅助功能是规划出行路线。通过路线规划和借助卫星定位技术导航服务，使用者可采取最佳路径、节省路途时间，从而大大提高出行效率。使用者即使驾车行驶在陌生道路上或交通复杂的道路上，也可以大幅减少行驶错误。在车辆上安装卫星定位系统，有助于改善交通拥堵情况，提升道路交通管理水平。在铁路智能交通领域里，采用卫星定位技术可以极大地缩短其间隔时间，进而使运输成本降低，最终可以提高运输效率。

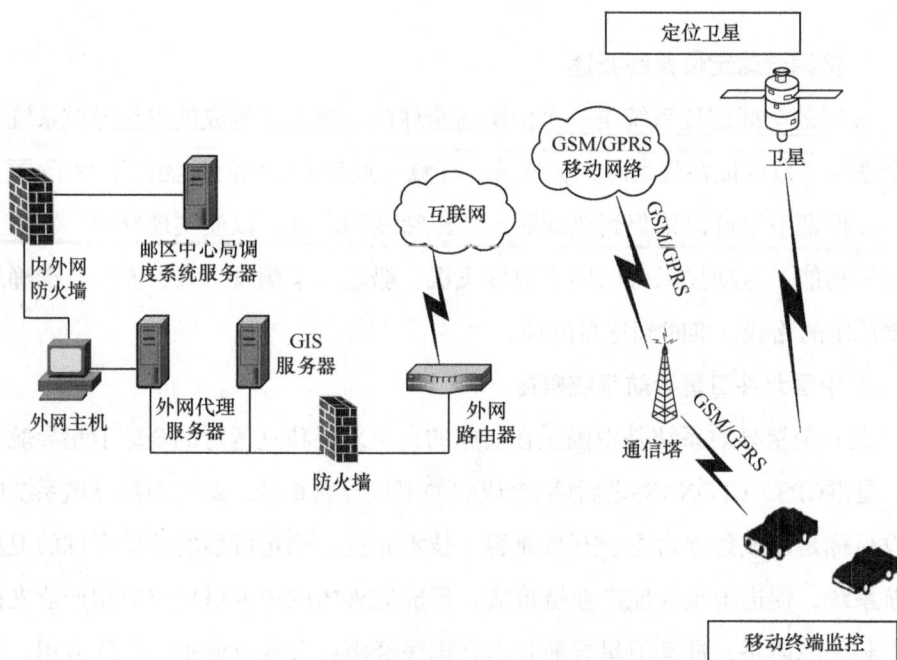

图 6-10　卫星定位技术在运输作业环节中的应用

6.4.2 物联网技术

1. 物联网技术概述

物联网（Internet of Things，IoT），就是物物相连的互联网。这说明物联网的核心和基础是互联网。关于物联网比较准确的定义是，物联网是通过各种信息传感设备（传感网、红外感应器、激光扫描器等）、条码与二维码、全球定位系统等，按约定的通信协议，将物与物、人与物、人与人连接起来，通过各种接入网、互联网进行信息交换，以实现智能化识别、定位、跟踪、监控和管理的一种信息网络。这个定义的核心是，物联网中的每一个物件都可以寻址，每一个物件都可以控制，每一个物件都可以通信。

2. 物联网技术在运输作业环节的应用

物联网技术在运输作业环节中的应用主要体现在以下几个方面。一是车辆跟踪，这主要采用了全球卫星定位技术，在车辆上安装卫星定位导航系统，就可以按照一定的时间频率，将车辆定位信息传递给调度中心，调度中心就能准确掌握车辆信息，确定车辆路径，实现实时跟踪。二是货物运输状态跟踪，通过物联网技术，可以在运输车辆上安装信息采集系统，能够在不同时间扫描货物上的RFID电子标签，并将信息传递给调度中心，一旦有货物出现问题，其信息就会丢失，调度中心就能及时发现。

6.4.3 集装单元化技术

集装单元化是指在货物储存和运输过程中，为了便于货物的装卸搬运，用集装器具或采用捆扎方法将物品组成标准规格的单元货件，称为货物的集装单元化，将被集装单元化的货物称为单元货物。将用于集装货物的工具称为集装单元器具，它必须具备两个条件：一是能使货物集装成一个完整、统一的重量或体积单元；二是具有便于机械装卸搬运的结构，如托盘有叉孔，集装箱有角件吊孔。这是它与普通货箱和容器的主要区别。

集装单元化技术是物流管理硬技术与软技术的有机结合，是随着物流管理技术的发展而迅速发展起来的。采用集装单元化技术后能够大幅度减少物流费用，同时使传统的包装方法和装卸搬运工具发生根本性变革。集装箱本身成了包装物和运输工具，改变了过去对包装、装卸、储存、运输等各管一段的做法。它是综合规划和改善物流机能的有效技术。集装单元器具主要包括集装箱、托盘、集装袋、集装网、集装桶、集装罐等。

6.4.4 多式联运技术

多式联运作为一种先进的运输组织形式，充分发挥了联运链条上不同运输方式的内在优势，保证了运输产品的完整性和高效率。尤其是引入集装箱作为联运工具，进一步方便了不同运输方式间的快速衔接，从而极大地拓展了多式联运的规模，使多式联运成为现代运输业发展的一大亮点，被称为运输业的一次革命。

集装箱多式联运是以集装箱为运输单元，将不同的运输方式有机地组合在一起，构成连续的、综合性的一体化货物运输。因此，集装箱多式联运可以被定义为由多式联运经营人按照多式联运合同，以至少两种不同的运输方式，将集装箱从货物接管地点运至指定交货地点的运输方式。这里所指的至少两种以上的运输方式可以是公铁联运、空铁联运或公空联运等。

6.4.5 管道运输技术

目前已有将管道运输技术用于快递运输的设计，即京东管道胶囊系统，如图6-11所示。该系统在地下建立类似地铁的地下管道，专门用来运输快递，通过地下管道和一个个胶囊仓，将货物从发货地直接送达收货地。快件在仓库被打包之后，将它们装进一个椭圆形的胶囊盒子中，然后通过地下管道运输，从仓库运到中转站，在中转站对快件进行分拣，然后将快件运输到各个快递点，交由AI机器人送达。

这种地下管道智能运输模式具有很多优点，不占用过多的人力、物力资源，也不需要占用太多的空间，具有更快的配送速度，而且没有尾气污染，直接通过四通八达的管道网络跟制造商、零售商、居民住宅等相连接，还可以满足多样化的物流需求。此外，快递也免受刮风下雨的干扰，且很难出现快件丢失现象，有效地保护了个人的隐私。

图 6-11 京东管道胶囊系统

除了以上5种运输技术外，条码技术、RFID技术等在运输作业环节中也得到了广泛应用。例如在运输管理中，在途运输的货物和车辆上贴上RFID电子标签，在运输线的检查点上安装RFID接收转发装置。这样，在RFID接收转发装置收到RFID电子标签信息后，连同接收地的位置信息上传至通信卫星，再由卫星传送给运输调度中心，送入数据库中。

6.5 投递作业相关技术

投递是指快递服务组织将快件递送到收件人或指定地点并获得签收的过程。这一环节主要涉及的信息流相关技术有地理信息系统技术、数据挖掘技术和电子数据交换技术等；实物流技术主要包括无人机技术、无人车技术和智能快递柜等。

6.5.1 地理信息系统技术

1.地理信息系统技术概述

地理信息系统（GIS）技术是多种学科交叉的产物，它以地理空间为基础，采用地理模型分析方法，实时提供多种空间和动态的地理信息，是一种为地理研究和地理决策服务的计算机系统技术。其基本功能是将表格型数据转换为地理图形显示的形式，然后对显示结果进行浏览、操作和分析。其显示范围可以从洲际地图到非常详细的街区地图，显示对象包括人口、销售情况、运输线路及其他内容。

2. GIS技术在投递作业环节中的应用

由于GIS强大的数据组织、空间分析与可视化等优点，基于GIS的快递配送系统集成已成为配送系统发展的必然趋势。快递配送系统集成的目的是利用GIS空间分析功能，在可视化、智能化的信息平台实现高效、便捷地配送，使快递企业能最大限度地利用内部人力、物力资源，缩短配车计划编制时间，减少车辆的闲置、等候时间，合理安排配送车辆的行驶路线，制订合理的配送方案，提高车辆的利用率，优化人员与车辆的调度，使配送达到最优，以降低企业的运营成本。

将GIS技术应用到快递配送过程中，能更容易地处理配送中快件的运输、装卸、送递等各个作业环节，对其中涉及的问题如运输路线的选择、合理装卸策略、运输车辆的调度和投递路线的选择等进行有效的管理和决策分析，有助于快递企业有效地利用现有资源，降低消耗，提高效率。

6.5.2 数据挖掘技术

1. 数据挖掘技术概述

数据挖掘（DM）是从大量的、有噪声的、不完全的、模糊的和随机的数据中，提取出隐含在其中的、人们事先不知道的、具有潜在利用价值的信息和知识的过程。这个定义包括几层含义：数据源必须是真实的、大量的、含噪声的；发现的是用户感兴趣的信息和知识；发现的信息要可接受、可理解、可运用；并不要求是放之四海皆准的知识，仅支持发现特定的问题。所提取到的知识的表示形式可以是概念、规律、规则与模式等。数据挖掘能够对将来的趋势和行为进行预测，从而帮助决策者进行科学和合理的决策。比如，通过对公司数据库系统的分析，数据挖掘可以回答诸如"哪些客户最有可能购买我们公司的什么产品？""客户有哪些常见的消费模式和消费习惯？"等类似问题。

2. 数据挖掘技术在配送作业环节中的应用

在配送作业环节，可使用数据挖掘技术处理基于车辆的利用能力、车辆的运输能力、货品的规格大小和利润价值的大小等因素的配送计划的编制、配送路线的设计优化及配送过程中的配载（混载）问题。

6.5.3 电子数据交换技术

1. 电子数据交换技术概述

电子数据交换（EDI），ISO将EDI描述为"将贸易（商业）或行政事务处理按照一个公认的标准变成结构化的事务处理或信息数据格式，从计算机到计算机的电子传输"。而国际电信联盟-电信标准化部门（ITU-T）将EDI定义为"从计算机到计算机之间的结构的事务数据互换"。简单来说，EDI就是供应商、零售商、制造商和客户等在其各自的应用系统之间利用EDI技术，通过公共EDI网络，自动交换和处理商业单证的过程。EDI是近年来出现的利用计算机进行商务处理的新方法，它将贸易、运输、保险、银行和海关等行业的信息，用一种国际公认的标准格式，通过计算机通信网络在各有关部门、公司之间进行数据交换与处理，并完成以贸易为中心的全部业务过程。

2. 电子数据交换在配送环节的应用

在配送作业环节中，配送中心采用EDI技术可快速地传输数据，接收出货单，从而加快内部作业速度，缩短配送时间。在出货完成后，可将出货结果用EDI通知客户，使客户及时了解出货情况。

6.5.4 无人机技术

1.无人机技术概述

无人驾驶飞机简称"无人机"，英文缩写为"UAV"，是利用无线电遥控设备和自备的程序控制装置操纵的不载人飞机。

按应用领域，可将无人机分为军用与民用。军用方面我们不讨论，民用方面，无人机+行业应用是无人机真正的刚需。目前，在航拍、农业、植物保护、微型自拍、快递运输、灾难救援、观察野生动物、监控传染病、测绘、新闻报道、电力巡检、救灾、影视拍摄等领域已开展应用，大大拓展了无人机本身的用途，其他国家也在积极扩展行业应用与发展无人机技术。

2.无人机技术在配送领域的应用

无人机技术在配送领域的应用是指通过利用无线电遥控设备和自备程序控制装置操作的无人驾驶低空飞行器运载包裹，自动将包裹配送至目的地。将无人机用于快递配送始于2013年6月的美国Matternet公司，同年9月顺丰速运自主研发的无人机试运行。随后几年内，亚马逊、谷歌、DHL等企业均开始进行无人机配送业务的测试运行，国内的淘宝、迅蚁、京东等企业的无人机配送业务也在逐渐推广。

总体而言，国内外无人机配送业务基本是在同一时期开展的。将无人机应用于快递配送的优势较多。首先，相对于传统地面配送方式，快递无人机是在空中飞行的，不受限于道路基础设施条件，可以极大地提高特定区域的配送速度。其次，与汽车或电动三轮车相比，由于无人机在途时间显著减少，可在一定程度上减少驾驶人员数量，能够有效降低快递配送成本。最后，我国部分农村地区自然环境十分恶劣，采用无人机直接在空中配送快递可以避免运输受限，有利于农村地区快递包裹的配送。但由于无人机目前的电池续航时间短等技术障碍及在相关政策方面对无人机配送的限制等问题，目前在我国只有顺丰速运、京东物流等快递公司在试点区域内使用无人机开展快递配送，未大范围进行商业化运营，顺丰速递和京东物流的无人机配送快件如图6-12所示。

图 6-12　无人机配送快件

6.5.5　无人车技术

1. 无人车技术概述

无人驾驶汽车是智能汽车的一种，无人驾驶汽车简称为无人车，也被称为轮式移动机器人，主要依靠车内的以计算机系统为主的智能驾驶仪来实现无人驾驶。

无人驾驶汽车是通过车载传感系统感知道路环境，自动规划行车路线并控制车辆到达预定目标的智能汽车。它利用车载传感器来感知车辆周围环境，并根据感知所获得的道路、车辆位置和障碍物信息，控制车辆的转向和速度，从而使车辆能够安全、可靠地在道路上行驶。

2. 无人车技术在配送领域中的应用

阿里旗下菜鸟E.T.物流实验室自2015年便开始研发无人配送车，如今无人车已在多个城市的校园与居民社区中投入使用。京东于2016年研发出第一台无人车原型，无人配送车已在国内20多个城市落地。2020年7月，室内配送机器人企业普渡科技宣布完成亿元级别B轮融资。

目前，配送"最后一公里"存在配送货物品类众多、配送路径复杂交叉、配送末端场景复杂、消费者配送要求多样、配送服务水平不一等痛点，而无人车配送技术的应用能够在一定程度上优化以上问题。但目前无人车的应用仍存在技术、监管及用户接受度等多重问题需要解决，全面推广尚需时间。

6.5.6　智能快递柜

1. 智能快递柜概述

智能快递柜是一个基于物联网的，对物品（快件）进行识别、暂存、监控和管理的设备，与计算机服务器一起构成智能快递终端系统。计算机服务器能够对本系统的各个快递终端进行统一化管理，并对各种信息（如快递终端信息、快件信息、用户信息等）进行整合分析处理，从而实现快递员快件的投放及用户便捷取件功能，解决了快递"最后一百米"问题。

智能快递柜系统由智能快递柜终端设备和智能快递柜后台管理系统两部分组成。

（1）智能快递柜终端设备由快递柜柜体、智能快递柜控制板、条码扫描器、RFID读卡器、通信模块、箱格锁控板及电源组成。

（2）智能快递柜后台管理系统由数据库、管理操作界面组成。工作流程分为：①在智能快递柜后台管理系统，通过触摸显示屏或RFID读卡器获取快递员的登录信息；②使用条码扫描器读取快件的包裹单号信息；③快递员选择大小合适的箱格，系统通过锁控板打开相应的箱格供快递员放置快件，并将快件信息通过网络上传至智能快递柜的云平台（后台管理系统）；④云平台将取件密码通过短信发送给用户；⑤用户通过触摸屏输入取件密码，控制系统经云平台验证通过，开启对应的箱格门；⑥用户取走快件完成操作。

2. 智能快递柜在投递作业环节中的应用

智能快递柜在中国开始普及的时间为2010年，国内第一台智能快递柜由中国邮政设立。近年来，随着智能快递柜相关企业自身规模的扩大和智能快递柜的功能优势，快递柜在全国范围内的投入使用量在不断增加。经过多年的发展，电商企业、快递企业、第三方企业都在加快智能快递柜布局。根据建设主体的差异，可以将智能快递柜的应用模式分为以下3类。

（1）电商企业自建自营

电商企业为了实现线上线下的对接，提升用户体验，建立自己的自提柜。以京东自提柜、亚马逊寄存柜为主的智能快递柜采取免费使用的方式为用户提供自提柜服务，这种应用模式目的不在于依靠智能快递柜盈利，而是服务于自己的线上销售。

（2）快递企业自建自营

快递企业自建智能快递柜，强化快递末端服务，为用户与快递员提供便利。以丰巢科技为代表，丰巢科技于2015年由顺丰速运、韵达快递、申通快递、中通快递及普洛斯共同投资成立。除此之外，还有韵达蜜罐、中通兔喜、申通喵柜、圆通袋鼠等智能快递柜品牌。对于快递企业来说，智能快递柜可以大大节省人力、时间成本，因此，快递企业主要利用快递柜降低成本，并非把智能快递柜作为主要盈利方式。

（3）第三方企业自建自营

第三方企业主要依靠自己丰富的软件开发经验和成熟的科研团队建立智能快递柜，作为快递公司与用户之间的中介，会收取一定的租用费用。其收入结构一是向快递企业收取租用费用，二是出售硬件设备。

小故事

小故事1：智能分拣机器人助力联邦快递

2022年1月26日，联邦快递宣布与蓝胖子机器智能公司（Dorabot）合作，启用人工智能驱动的智能分拣机器人DoraSorter。使用智能分拣机器人代表了联邦快递在数字化运营和建立智能物流网络方面的最新进展。

作为联邦快递在中国投入使用的首个智能分拣机器人，DoraSorter被用于联邦快递位于广州的华南电子商务货件分拣中心，主要处理来自华南地区电子商务客户的进出口小型包裹。这款智能分拣机器人的主要特点包括：①占地面积约40平方米，最高可承载10千克包裹；②最多可同时操作100个目的地流向；③采用特制抽屉状"爪手"，能够与传送带无缝衔接。DoraSorter的工作流程是使用条码读取器扫描包裹条码获取目的地信息，之后"爪手"从传送带接收包裹，并将包裹移动至相应目的地投放包裹。在运行过程中，联邦快递和Dorabot公司会根据操作要求对智能分拣机器人不断进行调整，并探索更多的应用场景。

当前，邮政快递业的飞速发展对寄递服务的时效性和灵活性提出了更高的要求，但机遇与挑战并存，从规模驱动到技术驱动的转变，科技创新已经成为邮政快递企业谋求更好发展的核心竞争力，将引领邮政快递企业实现飞跃，从而更好地服务于人们的生活。

💬 **讨论与思考：**

请你思考分拣作业环节的效率制约因素，并讨论未来在邮政快递的哪些作业环节还可以使用高新技术来提高工作效率？

小故事2：菜鸟无人车在全国200多所高校出现

2021年10月29日，菜鸟网络联合阿里达摩院宣布已完成总计350辆菜鸟无人车"小蛮驴"的投放，分布在全国70多个城市的200多所高校，专门在2021年"双11"购物节期间为高校师生配送快递。

阿里达摩院自动驾驶实验室负责人王刚表示，经过多年的研发，"小蛮驴"已具备L4级自动驾驶能力，且在智能、安全、可量产3方面处于行业领先地位，能够大规模铺开。据菜鸟驿站校园负责人向果介绍，近年来，高校快递量持续稳定增长，特别是在"双11"购物节期间，快递量暴涨，单靠人力配送效率较低。而一台无人车平均每天工作8小时，最多可以配送400个快递，大规模在高校投放无人车不仅可以有效地缓解在"双11"购物节期间的站点配送压力，而且能够为高校师生提供更便捷的配送方式。

当收到快递信息时，师生可在菜鸟App上一键下单，并预约送货到楼时间。根据预约的快递订单数量和路况，无人车会自动计算出最优路线。作为一辆"礼貌的小车"，当无人车遇上阻碍物时会主动避让，在转弯之前会自动打开转向灯，穿梭于人流和车流之间。之后无人车会在约定的时间将快递送到指定地点。图6-13所示为天津师范大学校园内的多台无人车在执行送货到楼任务。

图6-13　天津师范大学校园内的多台无人车在执行送货到楼任务

2020年的"双11"购物节，菜鸟无人车在浙江大学首次运行。短短两年，菜鸟无人车已在复旦大学、上海交通大学、同济大学、华南师范大学、四川大学、西南财经大学、延安大学、中国计量大学、北京邮电大学、中国科学院大学等高校校园遍地开花，全面助力打造安全、便捷、绿色环保的智慧校园。

💬 讨论与思考：

　　请你简述菜鸟无人车在高校校园中为师生配送快递的流程，并讨论如果想在社会层面全面推广无人车还应解决哪些问题？

复习思考题

....

1. 收寄相关技术有哪些?

2. 简述自动分拣技术的工作原理。

3. 卫星定位技术是如何应用于运输作业环节中的?

4. 简述管道运输技术的工作原理。

5. 无人机技术在投递作业环节中的应用目前处于什么阶段?

第 7 章

邮政快递客户服务

1. 了解邮政快递客户服务的类型；
2. 掌握客户咨询和客户投诉的处理流程；
3. 了解客户咨询和客户投诉的应对技巧；
4. 掌握客户咨询的常见问题类型；
5. 掌握客户申诉处理的基本概念；
6. 了解客户申诉处理机构和申诉处理基本流程。

导入案例

百世快递的全面客户服务

邮政快递业是典型的服务业，客户服务是邮政快递企业发展的基石。百世快递是一家大型民营快递公司，其在发展过程中一直非常重视客户服务，在国内率先运用信息化手段探索快递行业客户服务的转型升级。其客户服务平台建立了从注册到下单再到账户管理的全过程，能够为客户提供在线下单、订单查询、代收货款、收件人管理等全方位的客户服务，从而提升了客户满意度，为企业的发展奠定了坚实的基础。

这样的默认签收真的合理吗？

家住天津市河东区的孙先生在网上购买了两箱酒，他以为快递员会送货上门，没想到却直接收到了快递柜取货的短信通知。孙先生认为这样的做法不合理，在没有验货的情况下，系统不应该直接默认签收。如今在很多住宅小区，快递自取逐渐成为普遍的收货方式。快递员直接把货品放进快递柜，购物订单就直接自动确认签收。那么这样的默认签收真的合理吗？在2018年5月1日正式实施的《快递暂行条例》中明确规定："经营快递业务的企业应当将快件投递到约定的收件地址、收件人或者收件人指定的代收人，并告知收件人或者代收人当面验收。"也就是说，快递员如果要把快件投递到快递柜，必须提前和消费者沟通确认，否则消费者有权进行投诉。由此可见，邮政快递领域的消费者可以通过投诉来维护自身合法权益。

💬 **讨论与思考：**

请大家讨论邮政快递客户服务都包含哪些内容。在日常生活中你通常采取哪些方式进行邮政快递业务咨询和投诉？你认为怎样的客户服务能让你满意？

7.1 邮政快递客户服务的概念和内容框架

邮政快递客户服务是指邮政快递企业为需要寄递服务的机构与个人提供的延伸和辅助服务，包括客户在交易前、交易中、交易后3个阶段的咨询服务和客户的投诉受理，以及邮政管理部门的申诉受理等。本章按照邮政快递的业务服务流程，从客户咨询、客户投诉、客户申诉3个方面对邮政快递客户服务进行介绍，邮政快递客户服务框架如图7-1所示。

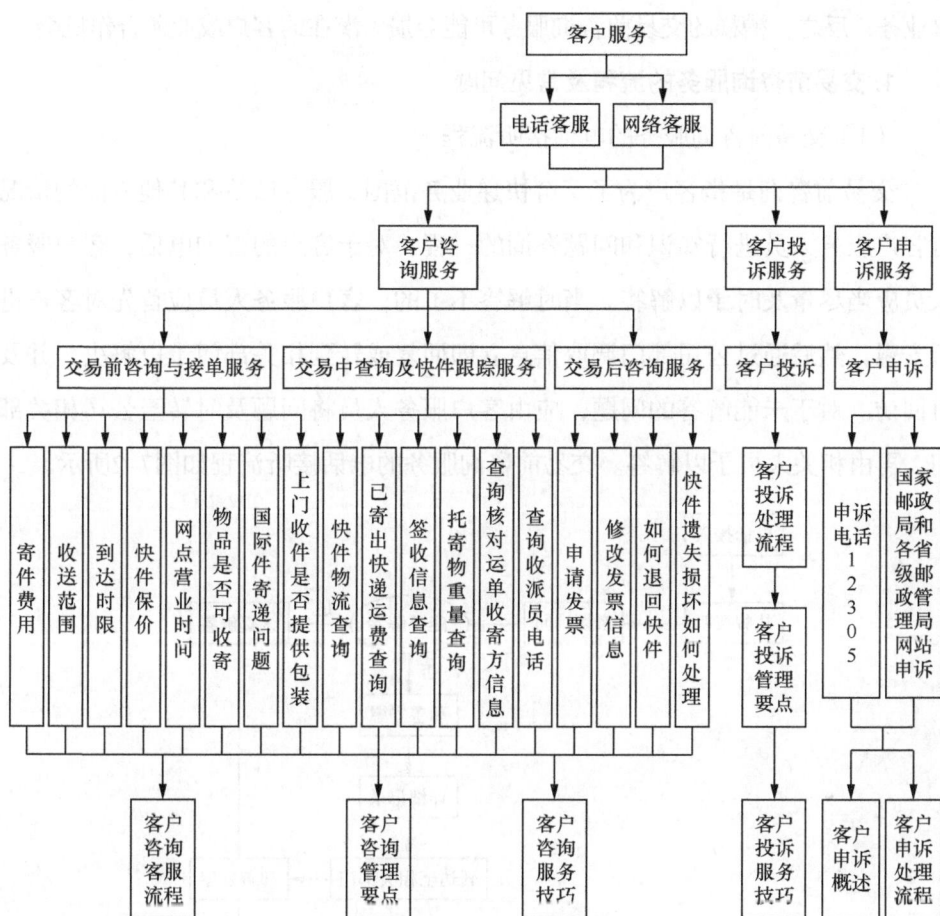

图 7-1　邮政快递客户服务框架

7.2　客户咨询服务

7.2.1　交易前咨询服务

交易前咨询服务是指客户在下单前对企业服务优势、收费情况等进行了解，客户服务人员给予解答的沟通过程。它是客户接触快递企业和业务的第一步。成功的交易前咨询服务可以加深客户对企业和业务的了解，并促成客户下单业务；反之，糟糕的交易前咨询服务可能会损失潜在的客户或业务合作机会。

1. 交易前咨询服务的流程及常见问题

（1）交易前咨询服务的电话接听流程

交易前咨询是指客户为了了解快递业务范围、服务政策和其他方面的情况对客户服务人员进行知识和问题咨询的过程。对于客户的咨询电话，客户服务人员应当尽量及时予以解答。当时解答不了的，客户服务人员应首先对客户进行安慰，然后通过公司部门调取信息立即回复或转到相关部门予以解决，并及时回访。对于未能解答的问题，应由客户服务人员将问题及时转至公司相关部门，再由相关人员予以解答。交易前咨询服务的电话接听流程如图7-2所示。

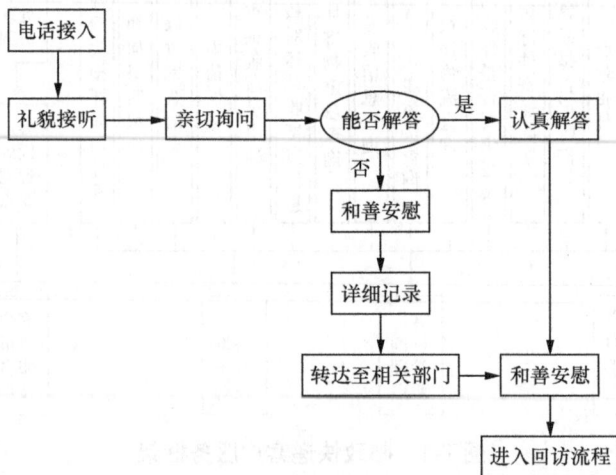

图 7-2 交易前咨询服务的电话接听流程

（2）交易前咨询的网站及微信平台客户服务流程

各邮政快递企业的官方网站或微信平台有所不同，但整体功能大体一致。本章以顺丰速运为例说明各环节咨询流程。

在交易前咨询服务环节中，客户首先进入顺丰速运官方网站客服页面或登录顺丰速运微信小程序客户服务页面，在热点或寄件标签下寻找相关咨询问题。如果能够找到相关问题，单击此问题，系统的客户服务机器人会迅速作答；如果找不到需要咨询的问题，可单击"人工客服"按钮，客户服务人员会尽量及时予以解答。解答流程与电话接听流程一致。交易前咨询服务的网站界面和微信小程序界面如图7-3和图7-4所示。

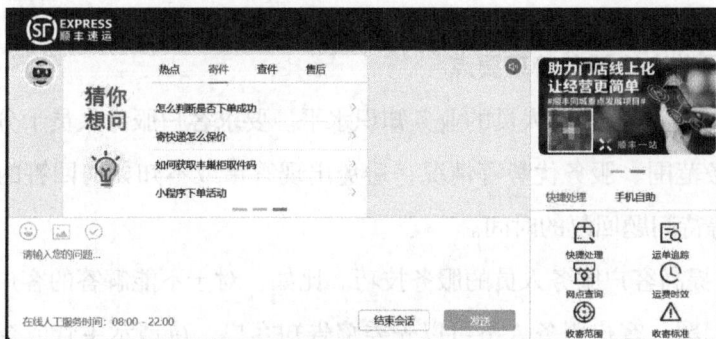

图 7-3　交易前咨询服务的网站界面

图 7-4　交易前咨询服务的微信小程序界面

（3）交易前咨询的常见问题

交易前咨询的常见问题主要包括寄件费用、收送范围、到达时限、快件保价、网点营业时间、物品是否可收寄、国际件寄递问题、上门收件是否提供包装等内容。

2. 交易前咨询服务管理要点

（1）提高客户服务人员的业务知识水平。要求客户服务人员十分熟悉公司状况、业务范围、服务优势等情况，避免出现答错或不知如何回答的情况，以减少客户等待问题回复的时间。

（2）提高客户服务人员的服务技巧。比如，对于不能解答的客户问题或过于复杂的问题，客户服务人员可以先委婉告知客户，待请示主管或查阅公司服务手册等资料后，再次致电客户，予以回答。

（3）加强咨询服务规范管理。客户服务人员在提供服务时应保持亲切、谦和的服务态度，使用礼貌用语；客户服务人员必须按照业务规则正确、清晰地答复客户的咨询；客户服务人员应主动介绍与客户咨询问题相关的信息，确保信息的完整性、正确性；客户服务人员在进行咨询服务工作的过程中，必须注意做好公司内容信息及客户资料的保密工作。

7.2.2 接单服务

接单服务是指客户在对所咨询的企业及相关快递服务进行充分了解后，确认将自己的收派件任务委托给快递企业的业务沟通过程。它是双方进行业务确认和业务受理的过程。对于新客户而言，接单服务是咨询服务成功转换的体现。对于老客户来说，接单服务则是对企业服务予以肯定的表现。

1. 接单服务客服流程

（1）接单服务电话接听流程

快递订单受理是快递业务的开端，是非常重要的客户服务业务内容。快递订单受理需要获取7类关键信息，包括取件地址、联系人、联系方式、取件时间、快件到达地、快递种类、保价。在订单受理业务中，快递客户服务人员必须取得客户关于快递的以上所有信息。接单服务电话接听流程如图7–5所示。

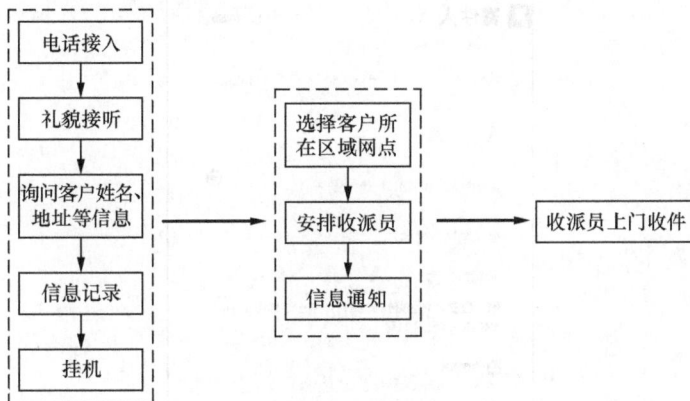

图 7-5　接单服务电话接听流程

（2）接单服务的网站及微信平台客服流程

首先，客户进入顺丰速运官方网站接单服务界面或登录顺丰速运微信小程序接单服务界面，如图7–6和图7–7所示，单击"我要寄件"按钮，系统会弹出寄快递界面，寄件人在页面填写寄件人、收件人相关信息及快件信息，并单击"提交"按钮，系统根据订单信息安排揽投员上门收件。

图 7-6　顺丰速运官方网站接单服务界面

图 7-7　顺丰速运微信小程序接单服务界面

2. 接单服务管理要点

（1）规范受理信息。受理信息包括快件品名、重量体积、收件人地址及电话、收件时间、付款方式、业务联系人、其他特殊要求等信息。接单人员在受理业务时，必须准确、全面地记录快件信息。如果其中有一个信息没有确认，都可能造成后续服务的被动，甚至服务失败、遭受投诉。

（2）规范接单形式。接单形式包括电话、网站或微信平台等。在受理业务时，接单人员应保证接单形式规范。如对于初次合作的客户，应要求客户传输书面资料，一方面可以确认合作的具体内容，另一方面可以建立新客户的资料，保证服务的有效性。

7.2.3　交易中查询及快件跟踪服务

交易中查询服务是指已下单客户向快递企业了解快件的派送情况，客户服务人员给予查询答复的过程。查询服务是客户服务人员发现和解决各种问题的过程，涉及其他业务操作部门和服务网络等的操作速度、操作流程等。快件跟踪是指客户服务人员对内部运作部门或第三方外包服务商进行快件运作情况的了解、跟踪、协调、反馈的沟通过程。

1. 交易中查询服务的流程及常见问题

（1）交易中查询服务的电话接听流程

已下单客户向快递企业了解快件的派送情况或进行收件信息更改等事宜咨询。交易中咨询电话接听流程与交易前咨询电话接听流程基本一致。

（2）交易中查询服务的网站及微信平台客服流程

首先，客户进入顺丰速运官方网站客户服务界面或登录顺丰速运微信小程序客户服务界面，如图7-8和图7-9所示。在查件标签下寻找相关咨询问题，一般需要输入快递单号或寄件人/收件人手机号查询快件进度，另外还有一些系统设置的其他问题，如果能够找到相关问题，单击此问题，系统的客户服务机器人会迅速作答，如果找不到需要咨询的问题，可单击"人工客服"按钮，由客户服务人员按照操作流程处理客户问题。

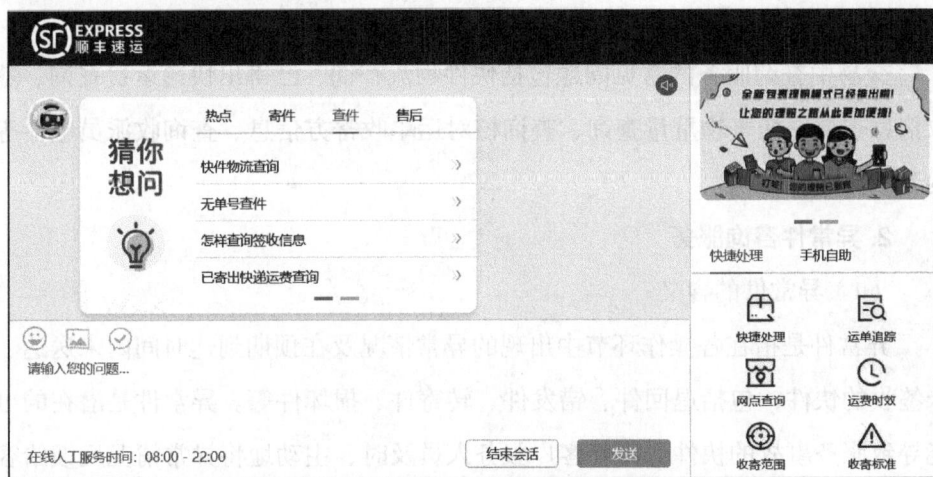

图 7-8　顺丰速运官方网站客户服务界面

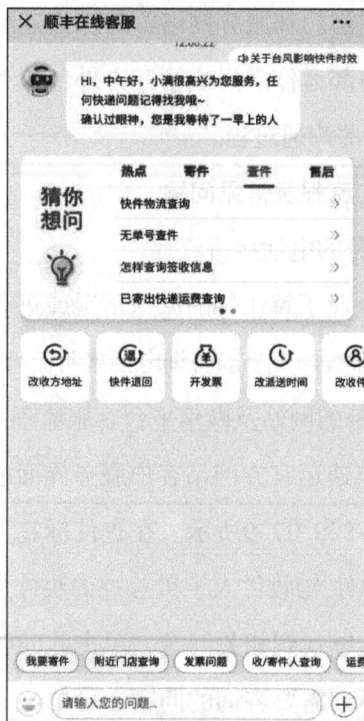

图 7-9　顺丰速运微信小程序客户服务界面

（3）交易中查询服务的常见问题

交易中查询服务的常见问题包括快件物流查询、已寄出快递运费查询、签收信息查询、托寄物重量查询、查询核对运单收寄方信息、查询收派员电话等内容。

2. 异常件咨询服务

（1）异常件的含义

异常件是指在各操作环节中出现的异常情况及在预期到达时间内未送达、未签收的快件，包括退回件、错发件、转寄件、损坏件等。异常件是潜在的可能导致服务事故的快件，需要客户服务人员及时、主动地将异常情况反馈给客户及相关部门，尽量避免因快件异常情况而导致的客户投诉，并尽快、妥善、有效地处理异常情况，将异常件给客户带来的影响降至最低，尽量减少对快递企业造成的损失。

（2）异常件标准处理流程

异常件标准处理流程是邮政快递企业普遍采取的处理异常件的流程化工作。具体的流程内容包括：及时发现异常件情况→详细、完整地记录异常内容和过程→将情况严重的异常件及时汇报领导和客户→调查异常原因和相关资料→协调处理方案→妥善处理问题→反馈处理结果→分析、总结异常情况。

3. 交易中查询及快件跟踪客户服务管理要点

（1）如快件处于正常派送时间内，客户服务人员应在适当的时间对各揽投员或运作部门进行跟踪，但不宜频繁跟踪，以免干扰运作部门的正常工作。

（2）如发现快件异常或无相关运作记录，客户服务人员应及时进行快件跟踪。通过内部呼叫中心向运作部门进行查询，追踪快件目前处于哪个环节，判断这个环节是否在正常作业时间内，确认快件有无异常情况及何时进入下一个交接环节，并将信息及时录入客户服务系统。如有异常状况，分析客户原因和公司操作原因，分别向客户和公司相关人员反馈，并通过协商形成最合理的处理方案，再将此方案告知运作部门实施，直至快件异常情况处理完毕。

（3）客户服务人员在收到异常报告时，应当详细、完整地记录快件异常内容和异常发生的过程，及时调查异常原因，搜集相关资料。相关资料必须按照各种异常类型的处理规范搜集齐全、准确，如快件的破损情况必须要有记录快件破损情况的照片；航空运输造成破损的情况，要有航空公司的破损证明。

（4）应规范异常反馈流程。异常反馈包括两个方面：一是向客户反馈，二是向企业内部的相关部门反馈。向客户的反馈，要求客户服务人员及时、主动地将异常情况反馈给客户，态度诚恳并耐心地向客户解释相关问题和快件异常原因，将快件异常处理措施（如已安排航班运输、加急派送等）向其告知，最大可能地争取客户的谅解和认同。向企业内部的反馈，要求按照快件异常上报规范，将快件异常情况的相关资料整理完备，根据上报流程反馈到相关部门和相关领导。

（5）异常处理规范应遵循的原则包括及时性原则、持续性原则、明确性原则。及时性原则要求在规定时间内将异常情况处理完毕，及时处理是妥善处理异常情况的前提；持续性原则要求在处理过程中要持续性地与客户、相关部门沟通协调，直到异常情况处理完毕；明确性原则要求处理结果必须明确，处理结果应是客户接受并经客户确认的。

（6）应定期进行快件异常情况分析和总结。快件异常情况分析和总结是指客户服务人员定期对异常件进行统计、分类汇总，对快件异常原因进行深入分析，以及对快件异常处理工作取得的效果和存在的问题进行工作总结，撰写分析报告，上报到相关部门和领导的一系列业务进程。

7.2.4　交易后咨询服务

交易后咨询服务指快递企业将客户的快件交付收件人签收后，根据客户要求所提供的后续咨询服务，如开具发票、处理损坏件及延迟件等的赔偿、收集客户的反馈意见等内容。

1. 交易后咨询的客户服务流程及常见问题

（1）交易后咨询的电话接听流程

在将快件交由收件人签收后，客户有可能会因为快件出现破损、快件延误或其他问题向客服人员进行咨询。交易后咨询电话接听流程与交易前咨询电话接听流程基本一致。

（2）交易后咨询的网站及微信平台客户服务流程

首先，客户进入顺丰速运官方网站客户服务页面或登录顺丰速运微信小程序客户服务页面，在交易后标签下寻找相关咨询问题，如果能够找到相关问题，单击此问题，系统的客户服务机器人会迅速作答，如果找不到需要咨询的问题，可单击"人工客服"按钮，由客户服务人员按照操作流程处理客户问题。

（3）交易后咨询的常见问题

交易后咨询常见问题包括申请发票、修改发票信息、如何退回快件、快件遗失损坏如何处理等内容。

2. 交易后咨询客服管理要点

（1）保持友好的态度。在处理客户的交易后咨询问题时，客户服务人员始终要保持友好的态度，不能因为已经完成订单而对客户敷衍，要依然保持热情友好的态度，这样才能更好地留住客户。

（2）迅速处理客户的问题。对于客户提出的问题，要迅速地帮客户进行处理。处理问题越及时，越会让客户感受到被重视，客户会越满意。

（3）让客户参与处理的过程。在帮助客户处理问题的过程中，如果解决流程较复杂，要让客户参与进来。交易后的服务过程是非常重要的，因此在处理客户问题时，每一步方案的操作都要与客户及时进行沟通，在取得客户同意后才能执行。

7.2.5 客户咨询服务技巧

卡特·罗吉斯说过："如果我能够知道他表达了什么，如果我能知道他表达的动机是什么，如果我能知道他表达了以后的感受如何，那么我就能信心十足地断言，我已经充分了解了他，并能够有足够的力量影响并改变他。"因此，充分了解客户是有效沟通的前提。良好的沟通技巧可以帮助客户服务人员与每个人建立更稳固的关系。无论是电话沟通还是网络沟通，下面介绍的这些技巧都非常适用。

（1）礼貌用语、热情问候。不管是电话沟通还是网络沟通，都要做到礼貌用语、热情问候。从沟通开始到结束，都要让对方感觉到备受关心。当然，客户服务人员不必表现得过分热情和兴奋，关键是要有一个积极的态度。

（2）微笑并保持语言平和。即使是通过网络沟通，也应让对方感觉到客户服务人员的微笑，可以在办公桌上放一面镜子，这样可以提醒自己一定要对客户保持微笑。在打电话时，要注意自己的语气，恰当的语气能够创造良好的沟通氛围，避免生硬地问候或回答客户，如"我是某某公司收派员""是我，你有什么事？"等回答。

（3）沟通结束，后于客户挂机或后于客户下线，并礼貌道谢。在沟通快要结束时，要再次重复沟通的重要内容，确保客户同意将要采用的方案，对客户表示感谢，并询问客户是否还有其他需要，一定要先等客户挂机或下线后方可挂机或下线，之后应立即记下有关的重要信息以免忘记。

（4）在与客户交谈时，要避免使用一些企业内部或技术方面的专业词汇。过于专业的词汇会让客户理解起来很困难，而且还会让客户反感。此时，他们可能会觉得自己无话可说，或者会感到很有挫败感，变得不耐烦。如某快递公司推出了一项快递新业务——在前一天寄递的物品将会在第二天上午送达客户手中，作为客户服务人员，应当开门见山地、用通俗易懂的语言把业务介绍清楚，而不是介绍业务名称等内容。

（5）掌握沟通中的等待问题。客户服务人员如果手边事情确实过多，一定要让客户等待，那么一定要告诉客户需要等待的时间。如果承诺了在一定时间内给客户回复，那么就一定要遵守承诺。

（6）电话转接或网络沟通转接。如果你将电话或网络沟通转接给其他人，一定要确保此人有时间与客户进行沟通，千万不要把电话或网络沟通反复转接；更不能随意把问题推给领导，如"我们公司就是这样规定的，要不你找我们领导"。这些都是在沟通中所忌讳的。

（7）应对异议，换位思考，诚信从容。在沟通中，客户常常表达异议，针对这些异议，快递客户服务人员要换位思考，一切为客户着想，诚信从容应对异议。如客户态度较差，客户服务人员务必不能对客户生气，要理解客户并不是针对客户服务人员本人。客户服务人员可引导并用心倾听客户重复描述事情的经过，询问清楚客户生气的原因并表示足够的关心和理解，从而获得客户的信任。

（8）在与竞争对手的情况进行比较时，应保证客观公正。评价对手不仅要客观公正、不诋毁对手、语气平和、不带主观色彩，更要做到扬长避短、突出本企业产品或服务的优势。

（9）要做好沟通的后续工作。沟通后，要整理好沟通过程记录资料，按照与客户沟通确定的具体事项实施，并总结沟通中的经验教训。

7.3 客户投诉处理

在快递服务过程中，会因各种因素造成一些差错和意外，比如快件丢失或延迟送达等。这些差错和意外，会引起客户对快递企业服务的不满和投诉。对于这些差错和意外，若处理得当，则会加深客户对快递企业诚信度等方面的认识，增进客户与快递企业的感情；若处理不当，则会造成负面影响，损坏快递企业的形象。因此，对客户投诉的处理，往往比正常的服务更能反映出一个快递企业的客户服务水平。

7.3.1 客户投诉处理流程及管理要点

在遇到问题不能得到满意的解决方案的情况时，客户一般会通过两种途径来投诉。一种是电话投诉，顾客会直接拨打公司的服务或投诉热线，来表达自己的愤怒或需求；另一种是在线投诉，现在许多快递公司都开发了自己的官方网站和微信公众号，在官方网站或微信公众号上设置了相应的投诉程序。

1. 客户投诉标准处理流程

客户投诉→倾听客户的不满，对客户表示理解→记录投诉内容→通过投诉事件的基本信息初步判断原因→尽快联系内部运作部门，核实客户反映情况是否属实→向客户致歉、解释，并记录沟通过程→提出或征求客户的处理意见→报部门领导审批→实施补救措施→对责任部门或责任人进行处罚→记录处理结果，持续改进。

各家快递公司在客户投诉处理的细节方面会有所区别，但总体流程一致。以下根据投诉途径来分别介绍客户投诉处理流程。

（1）电话投诉基本处理流程

电话投诉按照网点是否配合处理分为两种情况，具体流程如图7-10所示。

客户首先拨打总部投诉电话，总部客户服务人员记录客户相关信息和投诉内容，客户服务人员根据客户投诉内容，与相关责任网点联系。在网点配合处理的情况下，网点回复客户处理结果，客户满意后完结投诉。在网点不配合总部处理的情况下，总部客户服务人员可强制处理并对责任网点进行处罚。

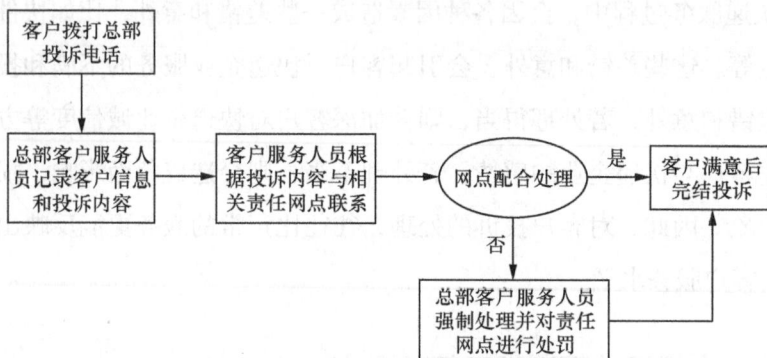

图 7-10　电话投诉基本处理流程

（2）在线投诉基本处理流程

各公司官方网站的性能会有所不同，但对在线投诉的整体流程基本一致。下面以顺丰速运为例说明在线投诉的处理流程。

① 客户首先进入顺丰速运官方网站首页，然后单击"在线客服"按钮，如图7-11所示。

图 7-11　顺丰速运官方网站首页

② 在相应标签中单击和投诉相关的问题，系统会弹出"发起投诉"对话框，如图7-12所示。

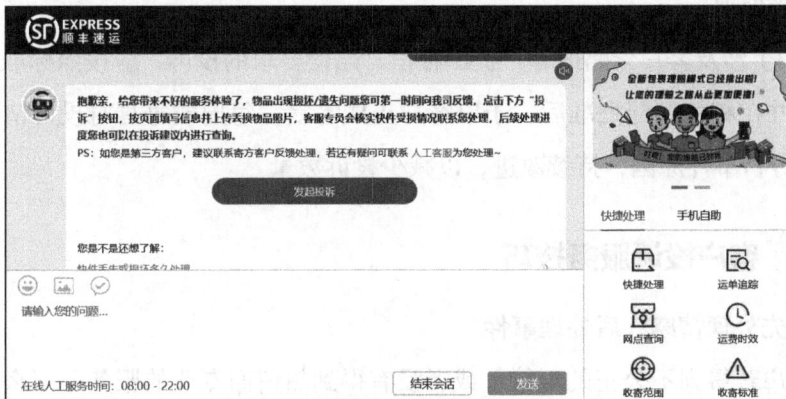

图 7-12 "发起投诉"对话框

③ 在弹出的页面上按照要求选择需要投诉的订单，如图7-13所示。

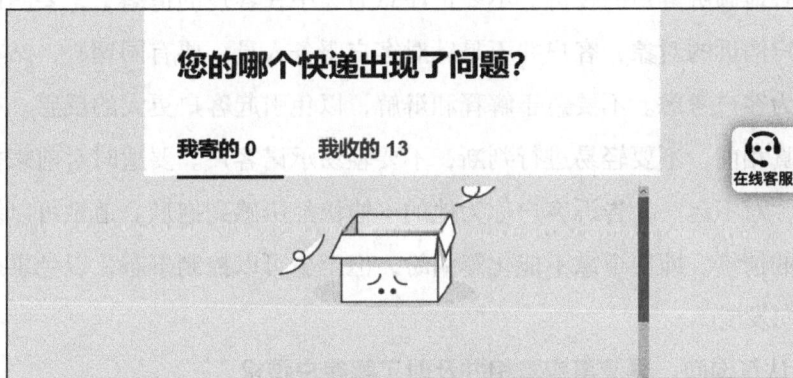

图 7-13 投诉页面

2. 客户投诉管理要点

（1）对于情况比较简单的业务投诉，客户服务人员应尽量在一次通话中给予客户答复和解决方案。在面对向客户承诺送达时间等问题时，应尽量留有一定的回旋余地。投诉问题涉及操作部门或人员的，应注意沟通方法，尽量充分了解原因，或交由操作部门主管直接进行处理。

（2）在投诉管理中，并不是所有投诉都是成立的，可能存在客户的恶意投诉，或者服务失败的原因是由客户造成的。因此，必须谨慎分析，根据投诉的原因恰当处理。

（3）涉及客户索赔或客户提出补偿、赔偿要求的投诉，应按照标准投诉流程处理并在相关领导批准后，予以客户正式答复。每周或每月对投诉情况进行统计，分析事件原因，持续改进，以减少投诉数量。

7.3.2　客户投诉服务技巧

1. 先处理情感，后处理事件

客户若得到不公正的对待，或者没有得到热情而专业的服务，那么在投诉时情绪可能会较为激动。面对这种情况，客户服务人员正确的做法应该是先处理情感、后处理事件。要先让客户充分地倾诉。不管客户多么愤怒，受理人员都要耐心地倾听客户的投诉。不要把注意力集中在客户的情绪上，要明白你仅仅是客户倾诉的对象，客户并不是针对客户服务人员。要有同理心，站在客户的角度为客户考虑。不要急于解释和辩解，以免引起客户更大的反感。在弄清事实的真相前，不要轻易进行判断，不要轻易承诺客户。要适时对前来投诉的客户说"对不起"，告诉客户你为他的不愉快经历感到抱歉。道歉可以缓解客户愤怒的情绪。即使道歉不能化解纠纷，但至少可以控制事态，以免事态朝不利的方向发展。

2. 认真询问，弄清事实真相并及时了解客户需求

圆满处理客户投诉的关键是寻找企业与客户实现双赢的平衡点。获得双赢的前提就是仔细询问客户、弄清事实真相，同时了解客户内心真实的想法。要了解被投诉事件的责任者是企业还是客户本人；要了解客户投诉的是哪一个部门、哪一个工作人员；要了解客户反映的问题是企业规章制度、管理机制、业务水准、服务态度、承诺未兑现的问题，还是客户本人情绪的问题。

在倾诉的过程中，客户服务人员不要打断客户、怀疑客户，不要故意给客

户设置投诉障碍，不要一味地强调己方的正确。在跟客户交流时，客户服务人员要态度诚恳、和蔼可亲；要面带笑容、语速适中；要认真倾听、使用礼貌用语，让客户感受到诚意。这样才能缓解他们的情绪、增加其信任感，进而让其放松下来、畅所欲言。同时，客户服务人员要及时记录客户反映的信息，不要遗漏。通过与客户交流，要明确客户投诉的本意是希望解决问题、获得补偿、兑现承诺、得到尊重，还是只是情绪的发泄。投诉处理最好是由第一个客户服务人员为客户提供信息收集、协调解决及投诉跟进的全过程跟踪服务。

3. 在投诉之前解决问题

如果不能及时处理客户投诉，投诉很有可能会升级。处理投诉一定要注意时效性。处理投诉的关键在于沟通，要重视和客户的交流。处理客户投诉的重点不是分清责任，而是解决问题。处理客户投诉的积极态度是尽最大努力让客户满意。

事实真相明确之后，客户服务人员要迅速采取行动。如果客户对企业的投诉是客观事实，确实是企业的责任，企业就要接受客户的批评，向客户致歉并积极处理问题。如果客户投诉的事情不该由企业负责，企业也要向客户表示感谢。客户服务人员在对客户进行解释时，要掌握说话的分寸，并且严守公司机密。如果客户服务人员的服务态度或解决方案不能让客户满意，就要及时更换职位更高的人员继续处理。

4. 对客户的投诉要及时跟进并适时回访

如果不能马上解决客户投诉，客户服务人员就要及时跟进事件的处理情况，并适时地把事件的进展反馈给客户。如果不能及时跟进及适时反馈，客户就会认为企业是敷衍了事，并没有解决问题的诚意。那么客户在焦急等待的过程中，负面情绪就会不断积累，这不利于问题的妥善解决。

客户投诉处理完成后，客户服务人员要适时地对客户进行回访。客户服务人员要对给客户带来的不愉快再次致歉，同时要对客户提出的意见或建议真诚地表示感谢。客户服务人员在回访时要营造和谐友好的谈话氛围，争取修补已经破裂的客户关系，再次赢得客户的信赖。

7.4 客户申诉处理

7.4.1 客户申诉处理基本概念

快递服务中的申诉处理，是指在快递服务过程中，用户与快递企业就快递服务发生争议，如果用户对快递企业的投诉处理结果不满意，可以向邮政管理部门提出申诉，由邮政管理部门对用户提出的服务质量异议进行处理的过程。

从性质上看，邮政管理部门的申诉处理工作，属于行政调解行为。在申诉处理过程中，在邮政管理部门主持下，以国家法律或者政策为依据，通过说服、劝导等方法，促使当事人互谅互让、友好协商、达成协议，以便解决用户与快递企业间的民事争议。申诉处理属于独立的行政行为，对于及时有效地消除矛盾、化解争议、促进和谐社会建设具有重要意义。

之所以在快递服务投诉处理机制之外建立快递服务申诉处理机制，是因为快递企业是用户服务质量异议的利害关系方，其在处理用户提出的投诉的过程中有可能出现不公正的现象，这就需要一个第三方渠道，以充分维护处于弱势地位的用户方的合法权益。另外，邮政管理部门对快递企业服务质量有监督之责，处理用户有关服务质量申诉的过程，也是邮政管理部门纠正快递企业不当行为的过程，是其行使对快递企业监督管理职权的具体形式之一。

为了维护消费者的合法权益，依法公正处理消费者申诉，促进服务质量的提高，国家邮政局颁行了《邮政业消费者申诉处理办法》，在消费者申诉处理机构、申诉受理、申诉处理程序、申诉调查、申诉调解等方面都进行了明确规定，是各级邮政管理部门处理快递服务中申诉工作的主要依据。

7.4.2 客户申诉处理机构

根据《邮政业消费者申诉处理办法》中的规定，邮政业消费者的申诉处理机构是指国家邮政局和省级邮政管理局邮政业消费者申诉受理中心。

1. 国家邮政局申诉中心主要职责

（1）负责全国邮政业消费者申诉工作的管理和监督。

（2）帮助解答消费者关于邮政服务、快递业务相关法律、法规、规章及相关规范性文件、服务标准的咨询。

（3）负责邮政业消费者申诉、举报、表扬、批评、建议等相关问题的受理、转办、催办、督办、回访、结案等工作。

（4）负责处理政府相关部门转办的邮政业服务质量问题。

（5）监督检查各省邮政管理局申诉中心对邮政业消费者申诉的处理工作，对重大服务质量问题会同相关部门依法进行调查处理并予以通报。

（6）负责全国邮政业消费者申诉的统计、存档工作，汇总、分析全国邮政业消费者申诉情况。

（7）负责起草国家邮政局邮政业消费者申诉情况通告。

（8）拥有国家邮政局授权的其他职能。

2. 省级邮政管理局申诉中心主要职责

（1）负责本省（区、市）受理和国家邮政局转办的消费者申诉、举报、表扬、批评、建议等相关问题的转办、催办、督办、调查、调解、回访与结案工作。

（2）帮助解答消费者关于邮政服务、快递业务相关法律、法规、规章及相关规范性文件、服务标准的咨询。

（3）负责处理本省（区、市）政府相关部门转办的邮政业服务质量问题。

（4）负责处理其他省邮政管理局申诉中心转来的消费者申诉。

（5）负责本省（区、市）邮政业消费者申诉的统计、存档工作，汇总、分析本省（区、市）邮政业消费者申诉情况，并按月向国家邮政局申诉中心上报消费者申诉处理情况。

（6）负责起草本省（区、市）邮政业消费者申诉情况通告。

（7）拥有省邮政管理局授权的其他职能。

7.4.3 客户申诉处理流程

1. 申诉受理

（1）申诉受理渠道

根据《邮政业消费者申诉处理办法》中的规定，邮政业消费者申诉专用电话为"12305"（省会区号–12305）。消费者可以通过电话或者登陆国家邮政局和各省、自治区、直辖市邮政管理局网站申诉，也可以采用微信、书信或者传真形式申诉。消费者向市（地）邮政管理局提出申诉的方式，由各省、自治区、直辖市邮政管理局根据实际情况确定。

（2）申诉受理的范围

① 邮政企业经营的邮政业务服务质量问题，具体包括：邮件（信件、包裹、印刷品）寄递，报刊订阅、零售、投递，邮政汇兑，集邮票品预订、销售，其他依托邮政网络办理的业务（不包括邮政储蓄）。

② 经营快递业务企业的快递业务服务质量问题。

（3）申诉受理的条件

消费者申诉应当符合下列条件。

① 申诉事项属于本办法第八条规定的消费者申诉受理范围。

② 申诉人是与申诉事件有直接利害关系的当事人（寄件人或者收件人，以及寄件人、收件人的委托人）。

③ 有明确的被申诉人和具体的事实根据。

④ 申诉事项向邮政企业、快递企业投诉后7日内未得到答复或对企业处理和答复不满意，或者邮政企业、快递企业投诉渠道不畅通，投诉无人受理。

⑤ 未就同一事项向邮政管理部门进行过申诉，或者已申诉过的事项有新增内容。

⑥ 申诉事项发生于与邮政企业、快递企业产生服务争议或者交寄邮件、快

件之日起一年之内。

⑦ 申诉事项未经人民法院、仲裁机构受理或者处理。

（4）申诉受理决定

邮政业消费者申诉中心应当及时受理消费者申诉。消费者采取电话方式申诉，应当及时接听消费者的申诉电话，并告知申诉人申诉处理流程与时限。消费者采取网上、书信、传真形式申诉，应当于两个工作日内处理。对于不符合申诉条件的申诉，应当告知申诉人不予受理的理由。对于符合申诉条件的申诉，受理后应当及时将申诉内容转给被申诉企业或者相关部门处理。对于网上受理的申诉，转办的同时回复申诉人申诉受理情况及处理时限。以书信、传真等形式受理的申诉，于7个工作日内告知申诉人受理情况。

国家邮政局邮政业消费者申诉中心受理的申诉按照属地管理的原则转给相关省、自治区、直辖市邮政管理局邮政业消费者申诉中心办理。邮政业消费者申诉中心应当将消费者的举报、表扬、批评、建议等相关问题于两个工作日内转给相关部门处理。

2. 申诉处理

（1）申诉处理的依据

邮政管理部门申诉中心处理快递申诉的主要依据如下。

① 《中华人民共和国邮政法》《中华人民共和国合同法》《中华人民共和国消费者权益保护法》等邮政业相关的法律、法规、规章。

② 邮政业国家标准、行业标准。

③ 邮政管理部门规范性文件。

④ 消费者与企业签订的书面合同（邮件详情单、快递运单）。

⑤ 企业对外公布的有关承诺。

（2）申诉案件的转办

被申诉企业收到邮政业消费者申诉中心转办的申诉后应当按照以下情形妥善处理。

① 对确认企业负有责任的申诉，应当依法赔偿消费者损失或者向消费者致歉。

② 企业在处理收件人申诉中涉及赔偿问题应当赔偿寄件人的，由企业负责联系寄件人按规定理赔。

③ 对确认企业无责的申诉，应当将企业无责理由与申诉人沟通并解释。

④ 企业内部及企业之间的责任划分，由企业自行处理，不得相互推诿，不能影响消费者诉求的解决。

（3）企业处理结果的答复

被申诉企业应当按照如下要求，自收到转办申诉之日起15日内向转办申诉的邮政业消费者申诉中心答复申诉处理结果，答复应当包括如下内容。

① 调查结果、企业责任，与申诉人达成的处理意见、赔偿金额或者解释与道歉情况及申诉人对处理意见是否满意等。

② 经调查，如果认为企业对于客户申诉内容无须承担责任，则企业应当在答复时说明详细情况和无责理由，并提供运单底单、通话录音、视频等相关证据。

③ 如果消费者在同一申诉中提出多项诉求，则企业应当逐一答复处理情况。

④ 如果消费者申诉内容涉及企业新开办业务，则企业应当提供新开办业务的法律依据或者完整处理规则。

企业未按照申诉内容正面答复，或者未按规定提供无责证据的，视为企业同意客户申诉内容；企业未逐一答复消费者提出的多项诉求处理情况的，对企业未答复部分视为企业同意客户申诉内容。如果企业自收到转办申诉之日起15日内尚未处理完毕申诉，应当于到期日前一天向转办申诉的邮政业消费者申诉中心答复处理进展情况、与申诉人协商结果等。如果延期答复，则应当在到期日后5日内答复处理结果。

（4）申诉处理的结案

邮政业消费者申诉中心在回访消费者后，对于符合下列条件的申诉处理结果，可以进行结案处理。

① 企业的处理符合双方当事人的约定或者相关规定。

② 企业的答复与回访消费者实际处理情况相符。

③ 企业责任单位明确。

回访消费者，初次联系无果的，应当隔4小时后再次联系，如果仍无法联系则可进行结案处理。

（5）申诉处理的调查

邮政业消费者申诉中心在处理申诉过程中可以向申诉人、被申诉人了解情况。经当事人同意，可以召集有关当事人进行调查。调查人员可行使下列权利。

① 向当事人和有关人员询问申诉情况。

② 要求有关单位和个人提供相关材料和证明。

③ 查阅、复制与申诉内容有关的材料等。

在调查时，调查人员不得少于两人，应当出示有效证件和有关证明，并制作调查笔录。被调查人员应当如实回答调查人员的询问，在必要时提供相关证据。如果需要对有关邮（快）件、物品进行检测或者鉴定，被申诉企业应当予以配合。调查人员依法公正地行使调查权，不得与申诉人、被申诉人及其他相关人员发生直接或者间接利益关系。

（6）申诉处理的调解

满足下列情形的，邮政业消费者申诉中心可以组织双方当事人进行调解。

① 申诉事项属于本办法第八条规定的消费者申诉受理范围。

② 申诉人与被申诉人已经就申诉事项进行协商，但未能和解的。

③ 申诉人与被申诉人同意由邮政业消费者申诉中心进行调解。

邮政业消费者申诉中心就当事人所争议的事项进行调解，以电话或者网上调解为主。如果邮政业消费者申诉中心调解无效或者消费者对调解结果不满意，则争议双方可依法通过提起诉讼或者申请仲裁等方式解决纠纷。

小 故 事

小故事1：有效沟通，让服务变得更好

2020年11月15日，客户刘先生购买了一台某品牌计算机，发件方（商户）通过使用特快专递将发票寄往刘先生预先留下的家庭住址。北京市某快递公司承担此次快递业务。投递过程如下。

① 2020年11月19日下午快递员进行投递，未完成，按"一次投递无人"处理，留快递邮件通知单，约定11月20日上午再次进行投递。

② 11月20日上午进行二次投递，未完成，按"二次投递无人"处理，之后，快递员与发件方联系，确认是否地址有误（具体确认时间是11月27日上午）。发件方于11月27日下午与刘先生联系，确认地址无误。

③ 快递员于11月28日上午两次拨打电话，责备刘先生家中无人，而且没有按快递邮件通知单与他们联系，刘先生申辩期间一直未接到快递邮件通知单。双方约定当日下午进行第三次投递。

④ 11月28日下午刘先生未接到快递员的投递，在当日17:30前两次联系快递员，快递员都推说已出发，让其耐心等待，而且无法再次与快递员联系来确认具体位置与投递时间。

⑤ 11月29日上午一直未收到邮件与快递员解释的刘先生，于9:15致电快递公司客服，了解未按约定时间投递的原因，客户服务人员答复先向领导反映情况，再进行答复。

⑥ 11月29日9:30，客户服务人员答复因昨日快递员车辆故障未能投递，承诺原应11月28日下午送达的邮件改为11月29日上午送达。

⑦ 11月29日10:15，新投递员无意中在刘先生所居住的居民楼3单元发现了前两次投递员留下的快递邮件通知单，并到4单元将邮件送达刘先生。在应到时间推迟了10天之后，刘先生终于收到了快递，并以时间延误、错误投递为由，要求新投递员转达投诉。

至此，事故原因已经非常清楚，但是事故处理并未结束。以下是快递公司的事故处理过程。

① 第一次沟通：11月29日14:00快递公司工作人员致电刘先生（仅说明是某快递公司，未明确自己的部门、职务），进一步了解情况，确认"是原投递员的责任"，并说明根据《中华人民共和国邮政法》中的规定，在此种情况下，快递公司会将特快专递费退还发件方，刘先生反问对方是否专门打电话来讲解法规，申明发件方与他自己没有利益关系，并因原投递员没有任何道歉的表述，表示将进一步投诉，然后便结束了通话。

② 第二次沟通：11月29日14:15快递公司再次向刘先生致电，明确表达歉意："是我们的责任"，并说明公司将停止负责前两次投递的投递员当日的工作并要求其下午登门向刘先生道歉。在刘先生的追问下，致电方说明了自己的身份，是运营部负责人某某。刘先生表示接受道歉，对邮件延误的损失等不再追究，原投递员也不必再登门道歉，并希望不要影响原投递员的工作，同时对这位负责人说明了在这次事故及投诉处理上存在的问题，负责人再次致歉并表达感谢，表示会杜绝此类事故的再次发生。

💬 **讨论与思考：**

请你通过整个事情的经过思考快递公司的问题仅仅是投递失误吗？对于一次小的事故、危机或客户投诉，应如何有效地化解？对此，请分别从与客户沟通的技巧、投诉问题的处理技巧两个方面进行分析。

小故事2：外包装完好、内件破损时的"尴尬"

2021年6月，家住杭州的张先生向某快递公司客服致电投诉，接听电话的是23号客户服务人员王凤（化名）。张先生在电话中首先表达了自己的不满，然后描述了自己的遭遇："我于昨天收到了你们公司负责投递的包裹，是一个电子记录仪，当时我见外包装完好便没有开箱检查，直接签字收货了。之后我打开包裹发现电子记录仪的显示屏上有一个小的裂痕，我便立即联系快递员，但快递员回复我说快件已签收，他没有责任，也不知该如何处理。"

王凤认真地接听了张先生的投诉电话，她首先感谢了张先生的来电，之后便耐心询问和倾听张先生的诉求，了解内件的货品种类及破损程度。随后王凤诚恳地向张先生表达了歉意，以平息张先生的不满情绪。王凤向张先生提出帮助维修的处理意见，张先生虽然表示同意，但仍抱怨维修耽误了他的使用，待他将不满的"牢骚"发泄出来后，王凤进行了解释和安抚，表示愿意与相关部门联系，帮其申请适当的补偿，并承诺24小时之内致电张先生告知处理结果。

结束通话后，王凤立即联系快递员所在的揽投部，反馈了事情的经过。经过沟通之后，揽投部答应与张先生共同负担电子屏的维修费用。王凤及时回电张先生，告知其处理方案，张先生表示满意。一周之后，王凤再次拨通张先生的电话，询问电子记录仪是否已经修好、理赔款是否到位，并询问张先生对处理结果是否满意、是否还存在其他要求。张先生对王凤表示了感谢，同时也难为情地表示自己确实也有责任。为了避免类似问题的再次发生，王凤还将快递员无视客户投诉的情况反映到了投诉责任部门和责任人。

💬 讨论与思考：

请大家讨论电话客户服务人员正确处理客户投诉或异议都包含哪些步骤，并结合本案例，谈谈快递员究竟该如何面对自己确实无工作失职但遭投诉的情形。

📒 复习思考题

1. 邮政快递客户服务主要包含哪些方面的内容？

2. 客户咨询服务主要涉及哪些业务咨询？

3. 请谈谈有哪些客户咨询和客户投诉的服务技巧。

4. 客户申诉的处理机构是什么？具体的申诉处理流程是怎样的？

1. 掌握邮政电子商务业务的分类；
2. 了解各类邮政电子商务业务的内容和平台；
3. 了解国内几大快递公司的电子商务业务和平台；
4. 掌握大型电商平台与邮政快递企业的协作机制。

顺丰速运的电商梦，藏在投资版图里

做大物流事业然后切入电子商务，似乎是顺丰速运始终没有放弃的执念。梳理顺丰速运历年的投资版图可以发现，除去主业相关的布局，电子商务是顺丰速运以往投资里另一个重要的投资。如2010年上线的"顺丰E商圈"，2012年上线的"顺丰优选"，2014年上线的"嘿客"，2017年推出的"丰E足食"无人货架，2019年投资的"本来生活"生鲜平台，以及2021年推出的"丰伙台"社区团购等，对这些电子商务平台的投资在其所有跨行业项目中的占比接近1/3。从理性角度看，快递企业赋能商流的确是一条更有效率的路径。然而，随着上述尝试的无疾而终，顺丰速运现有的电子商务投资是会随之撤销，还是作为一种保守策略继续维持它在电子商务领域的参与感呢？

邮政快递助推农村电子商务驶入快车道

2020年7月5日，商务部办公厅、国家邮政局办公室、中国邮政集团有限公司综合部联合印发合作框架协议，三方将共同推动农村市场体系建设和农产品

流通现代化等工作。根据合作框架协议，商务部和国家邮政局支持邮政企业拓展中西部、农村快递市场，鼓励邮政快递企业与电子商务、商贸流通等企业在服务创新、末端投递等领域广泛开展协作。邮政快递企业将探索与商贸、物流等各类企业在农村地区扩展合作领域和服务内容，积极申请、承接综合示范项目。

💬 **讨论与思考：**

请你查询资料，思考邮政快递企业与大型电子商务平台之间的合作与竞争关系，了解更多邮政快递企业自营电子商务平台的实例。

8.1 邮政电子商务

8.1.1 邮政电子商务的概念及业务范围

邮政电子商务是指在邮政网络的基础上，依托信息技术和国家公众通信网，充分发挥邮政实物流、信息流、资金流相融合的优势，向社会公众提供新型的邮政服务。

邮政电子商务的核心在于增值服务，包括以下3个方面的基本含义：①依托现代信息技术，改造和提升传统邮政业务；②与电子商务相结合，将邮政实物流、信息流、资金流有效融合，开发具有邮政特色的信息增值业务；③与电信服务紧密结合，代办基础电信业务和经营增值电信业务。经过几年的发展，邮政电子业务体系继续完善，逐步形成了网络购物、商旅票务、会员服务、代收代缴、短信业务和邮务业务六大类业务。

8.1.2 网络购物

中国邮政自2010年起打造了以"邮乐网"为主的邮政电子商务平台，在此基础上逐步吸引农村企业、小商超等加盟，打造了"邮乐购""邮掌柜"等配套品牌，极大地推动了中国邮政农村网购类业务的发展，并形成了农村电子商务与邮政业务相结合的生态系统。

1. "邮乐网"

"邮乐网"是由中国邮政集团有限公司与TOM集团合资建立的创新购物服务平台。该平台结合了电子商务和传统零售网络，提供全方位的线上、线下订购服务。"邮乐网"线上、线下生成的交易，将主要由中国邮政提供仓储和物流配送服务。

在中国邮政的战略布局中，"邮乐网"是其从实业领域进入电子商务领域的核心平台。"邮乐网"的定位为B2C品牌商品销售平台，其商品具有中高端和便于邮寄的特点，主要包括品牌服饰、箱包鞋帽、个人护理、居家生活、数码家电等类型的商品。该平台结合了电子商务和传统零售网络的特点，提供全方位的线上、线下服务。线上订购渠道包括互联网和手机订购；线下订购服务则包括目录直邮销售、邮政网点下单、11185呼叫中心下单及客户经理上门服务等多种方式。由此形成多渠道、全方位、集线上线下于一体的立体营销网络。

"邮乐网"最直接的作用在于赚取商品进销差价的同时，为中国邮政旗下规模庞大的营业网点、物流配送设施提供了源源不断的业务。在"邮乐网"上所售出的商品，无论是商品的来源还是物品的配送，都受到中国邮政的全程控制，尽最大可能地保证品质。

2. 邮乐购

"邮乐购"是全国统一的邮政农村电子商务线下实体品牌，业务重点是在农村商店设置服务点，提供钱箱、扫描枪等设备，免费进行培训，打造邮局和商超一体化的多功能便民电子商务服务站。截至2021年9月，中国邮政服务站点已超过130万个，其中，开通"邮乐购"电子商务服务站点的有42万个，构成了邮政服务农村和贫困地区的基础物流网络。"邮乐购"以独具特色的乡村魅力吸引了大批的消费者，为促进农村地区的经济发展和脱贫工作做出了重大贡献。某"邮乐购"服务站点如图8-1所示。

图 8-1　某 "邮乐购" 服务站点

　　"邮乐购"项目推出的"邮乐卡"除具有普通借记卡的所有功能之外，还可将其作为支付工具用来购买邮乐网上的商品，持卡人能享受更多的服务和更优惠的商品，同时还方便不熟悉互联网的农民简单快捷地使用电子商务。这种营销手段不仅能够吸引大型企业选择中国邮政储蓄银行，提高中国邮政储蓄银行的声誉和业务能力，而且能进一步为"邮乐网"的发展提供资金上的支持。

　　3. "邮掌柜"

　　"邮掌柜"是基于"邮乐网"平台开发的一种服务于农村的村邮站，是邮政发展农村电子商务渠道、服务农村电子商务市场的一种新型电商方式。"邮掌柜"可实现商品批发、线下代购、进销存管理、会员管理、便民服务等五大功能。通过使用"邮掌柜"系统，农村站点可以在网上开店，汇集周边特色农产品，将它们销售进城，带动农民致富。某"邮掌柜"村邮站如图8-2所示。

图 8-2　某 "邮掌柜" 村邮站

"邮乐网""邮乐购"和"邮掌柜"构成了农村电子商务平台运作的核心部分。"邮掌柜"负责农村电子商务平台的终端服务，掌柜类型可根据实际业务使用情况相互转换，主要包括以下类型。

（1）商超型掌柜，即全方位使用"邮掌柜"农产品销售，进销存、进货批发、代购、充值缴费等各项业务的"邮掌柜"。

（2）批销型掌柜，即仅使用"进货批发"功能的"邮掌柜"。

（3）便民型掌柜，即仅使用"充值缴费"功能或"代购"功能的"邮掌柜"。

8.1.3 商旅票务

商旅票务业务是指以航空机票业务为龙头，通过整合汽车票、火车票、演出票、景点门票等票务资源，叠加酒店预订、保险等增值业务，为客户提供出行、住宿、旅游、娱乐一体化的商旅票务服务。商旅票务业务主要面向集团客户、个人客户及下游分销合作商，其中以集团客户为重点。

1. 航空机票代理

依托全网统一的电子商务信息平台，利用11185客户服务中心、电子化支局（所）、中国邮政网站、便民服务站等渠道资源，为客户提供涵盖多种支付方式和个性化送票上门的航空机票预订一条龙服务。

2. 汽车票、火车票代理

各省根据本地实际情况，自发地与当地车站展开合作，并且利用车站的票务销售系统，实现邮政网点、便民服务站的汽车票、火车票的销售。

3. 酒店预订

客户只需拨打本省11185客户服务中心电话，通过提出个性化需求，如地址、品牌、星级、价位、房型、床型、房内配置、酒店公用设施、停车场、宽带、早餐等，即可获得中国邮政订房中心专业、快捷的酒店预订等相关服务。

4. 门票代理

邮政代理的门票目前主要包括代理展览会门票、景点门票和演出门票三大类，采取与展览会主办方、演出公司及大型社会票务公司合作，配合开展景点和演唱会的签约等工作以获取票源，并通过邮政自有渠道进行票品展示、宣传和销售。

5. 保险代理

通过与合作保险公司系统的实时对接，借助电子商务信息平台实现航空意外险、交通意外险的销售工作。此业务具有投入少、收益高、风险小等特点。

8.1.4　会员服务

"自邮一族"是中国邮政推出的高端会员制服务品牌。"自邮一族"面向机动车主等中高端用户群体，整合了代缴费、代办车驾管、汽车服务、机票酒店预订及餐饮娱乐、折扣优惠等众多服务内容。

"自邮一族"的全国基础服务是指由中国邮政集团有限公司统一洽谈采购的会员服务，各省会员均可享受全国基础服务。服务内容如下。

1. 核心服务

（1）全国道路救援服务

此项服务受益人的汽车须为非营运四轮机动车辆，服务内容包括：现场小修、故障拖车、更换轮胎、送水、送油、搭电、派送钥匙、开锁等。会员拨打11185热线即可享受全国范围内的7天24小时道路救援服务。

（2）租车服务

会员登录"自邮一族"网站便能以至尊租车公司门店的优惠价格享用租车服务；当会员持卡在至尊租车公司各门店办理自驾租车时，可每日减免20元租金，代驾租车每单减免50元租金的优惠；首次自驾租车在两天及以上减免第二日的租金。

2. 其他服务

（1）网上阅读服务

会员登录网站，进入中邮阅读网，可免费享用30天的中邮阅读网体验服务，并获得代金券。会员可凭借代金券在中邮阅读网充值，并享受12个月的阅读服务。

（2）全国特约商户联动服务

会员持会员卡可在各省已经签约的近万家"自邮一族"加盟商户享受折扣优惠服务，并可通过会员网站和拨打11185热线查询搜索相关加盟信息。

8.1.5　代收代缴

代收代缴业务是指中国邮政通过与通信运营商、行政管理、公用事业等部门合作，利用邮政综合资源优势，代理合作单位为社会大众提供缴费服务。

1. 代收话费

通过邮政电子商务信息平台与运营商计费系统对接，在邮政电子化支局（所）、便民服务站等渠道实现各类通信费用的实时收缴。

2. 代售卡

通过邮政渠道组织销售各类电信业务卡，包括充值卡、上网卡、IP卡、IC卡，以及电费充值卡、游戏点卡等。

3. 代收公共事业费

通过邮政电子商务信息平台与公共事业部门计费系统对接的方式，在邮政电子化支局（所）、便民服务站等渠道，实现水、电、燃气、有线电视等费用的实时收缴。

8.1.6　短信业务

短信业务是指在全国邮政短信业务接入系统的基础上，依托移动、联通、电信等运营商的移动短信平台，利用各种社会资源，为用户提供的一项手机短信服务业务。

1. 储蓄短信

储蓄短信是基于邮政绿卡账户的短信增值服务，包括账户余额变动通知、代发工资到账通知、资金转入到账通知等。

2. 汇兑短信

汇兑短信是基于邮政电子汇兑系统开发的短信业务，主要包括汇款回音服务、汇款寄出通知等。

3. 速递短信

速递短信是以短信形式为用户提供邮件相关信息通知的寄达回音业务。在用户所寄EMS邮件被收件人签收后，寄件人指定手机将收到妥投信息。

4. 彩信

邮政彩信业务是指基于彩信系统开发的彩信账单、彩信手机报、个性化彩信等业务。

8.1.7　邮务业务

1. 邮政网络商函

网络商函是指将客户所须发布的商务性信息，以互联网为媒介，直接传递到客户所指定的目标对象手中的一种广告形式。邮政网络商函具有灵活经济、个性化定制、按需选择、客户管理有效等诸多优势。

2. 网上集邮

网上集邮是一种全新的集邮方式，集邮者可以通过使用计算机对邮票进行研究、开展鉴赏活动，而个人不占有邮票和邮品。通过开办网上邮政商店，向网民销售邮票、邮资信封、集邮品等。中国集邮有限公司、沈阳北方集邮公司等都开办了网上邮票交易业务。集邮者在网上翻阅目录，像逛邮品超市一样选中邮品后将其提交给网站，并通过邮政汇款或网上付费，就可以收到邮局递送的邮品了。

3. 网上报刊

中国邮政是我国报刊发行的重要渠道。中国邮政报刊订阅网依托强大的信息技术平台，向用户提供丰富的报刊品种、快捷的查询功能、灵活的订阅方式和便利的支付手段，用户只要在网络上轻松点击，就可以完成订阅。

4. 网络贺卡

网络贺卡已经成为亲人、朋友间传递问候和温情的重要媒介。以无锡邮政局提供的DIY网络贺卡为例，用户在邮政网点花费10元买一张DIY网络贺卡体验卡——U友卡，登录邮政贺卡网，就可以在网上自制3张邮政贺卡，通过网络发送给邮政部门，邮政部门会把贺卡打印好并邮寄给对方。

8.2 快递电子商务

近年来，我国电子商务与快递物流协同发展不断加深，不仅推进了快递物流的转型升级、提质增效，也促进了电子商务快速发展。在此环境下，顺丰速运、圆通速递等快递企业纷纷转向线上市场，以自身强大的物流网络为优势，开展了自己的电子商务业务。

8.2.1 顺丰电子商务

顺丰速运（集团）有限公司于1993年成立，总部设在深圳，经过多年发展，其业务范围已由最初的配送端物流服务延伸至价值链前端的产、供、销、配等多个环节。2009年，顺丰速运开始进军电商领域，先后推出了"顺丰E商圈""尊礼会""顺丰优选""嘿客"等定位中高端市场的电商服务平台，为众多邮政快递企业树立了典范。

1. "顺丰E商圈"

2009年7月，顺丰试水电商领域，首次推出"顺丰E商圈"电商平台。在运营初期，"顺丰E商圈"电子商务的商品涵盖礼品、母婴用品、茶叶、地方特产等多种品类，但这次试水并不成功。2011年6月，"顺丰E商圈"电子商务对业务范围进行了调整，正式推出以有机蔬菜、食品售卖为主的商业模式。目前，该平台仅在中国香港地区运营，销售送货范围集中在九龙半岛、新界和香港岛区域。

2."尊礼会"

2012年3月，顺丰高端礼品平台"尊礼会"上线。此平台主要为中高端商务人士提供专业一站式礼赠服务，入驻商品涵盖了商务、办公、工艺、数码、茶烟酒、非物质文化遗产等十多个品类。但由于产品规划不清晰、供应商基础薄弱、商业模式不成熟等问题，"尊礼会"平台并未成功运营下去。

3."顺丰优选"

2012年5月，"顺丰优选"电子商务平台正式上线。"顺丰优选"电子商务定位中高端市场，坚持走精品路线，以"优选城市生活"为品牌理念，致力于打造"健康、营养、便捷"的国民城市生活方式。该平台商品以进口食品为主，以优质国产食品为辅，以对配送时间具有极高要求的生鲜产品为特色商品。"顺丰优选"电子商务拥有专业的冷冻库、冷藏库及针对特殊商品的恒温、恒湿库房，配送过程保证全程冷链配送，保证第一时间将品质新鲜的商品送到消费者手中。在营销方面，除投放广告之外，顺丰速运数量众多的快递员工由于能与顾客进行直接接触，也充当着推销员的角色。目前，"顺丰优选"电子商务平台的生鲜商品配送服务已覆盖全国54个城市，常温商品的配送则面向所有顺丰速运可到达的城市。

4."嘿客"

2014年5月，为了提供更灵活、更便捷的线下社区服务，顺丰速运全面启动了网购服务社区平台——"嘿客"。"嘿客"社区综合服务平台渗透到社区，解决了社区物流终端"最后一公里"的配送问题，同时还具有店内展示商品、引导顾客线上下单消费的作用，成为"顺丰优选"电子商务平台实现线下营销的重要渠道。2016年9月，"嘿客"正式更名为与线上平台一致的"顺丰优选"。新的"顺丰优选"实体门店在丰富商品门类的同时，还保留了向线上引流的功能，为用户提供"全渠道"的购物体验。所有实体门店实行连锁经营的管理模式，盈利点主要包括线下商品销售收入和向线上引流产生的业绩分成。

8.2.2 圆通速递电子商务

上海圆通速递（物流）有限公司成立于2000年5月。2017年，圆通速递开始涉足电商领域，接连推出了以跨境进口服务为特色的"妈妈商城"电商平台、"妈妈驿站"社区服务平台和"e城e品"农村电商全国孵化基地，在快递电子商务领域占据了一席之地。

1. "妈妈商城"

2017年4月，"妈妈商城"正式上线，用户可以通过App或"圆通妈妈驿站"微信公众号进入平台。"妈妈商城"以跨境进口服务为特色，兼顾地方特产商品销售，经营的商品品类包括母婴用品、美容彩妆、个人护理、营养保健、家居清洁、环球美食等。

为了提供更优惠、更便利的进口商品服务，2017年3月19日，圆通速递和菜鸟网络正式开通"中国上海浦东–韩国仁川–中国山东青岛–中国香港–中国上海浦东"的国际航线包机业务，打通了中国到韩国的跨境快件通道，部分区域可实现次日送达。此外，圆通在跨境电商的必争之地韩国等地成立了全资子公司。圆通韩国公司在首尔设立转运处理仓库，为"妈妈商城"提供海外直邮服务。

2. "妈妈驿站"

"妈妈驿站"社区服务平台是圆通速递旗下的实体门店平台，为快递末端"最后一公里"派送难题提供整体解决方案，为社区居民提供快件代收、保管和寄件服务，同时还具有生活消费品售卖功能。

此外，"妈妈驿站"社区服务平台和"妈妈商城"电商平台实现了电商业务的线上、线下互动。消费者可以去"妈妈驿站"门店了解产品的材质、特点、功能，然后在"妈妈商城"电子商务线上下单，保税仓发货。线上与线下相互导流，在选单、支付、到货环节形成闭环。

"妈妈驿站"社区服务平台的服务宗旨是"让物流更高效，成本更低，融入用户日常生活，惠及百姓民生。"截至2022年8月，"妈妈驿站"线下加盟合作数量已经达到1.6万多家，便民、惠民服务遍布全国31个省、市、自治区，为千万用户提供了安全、快捷的服务。

3. "e城e品"

针对当前中国市场农产品互联网化的困境，圆通速递于2017年6月在山东兖州建立了圆通速递"e城e品"农村电商全国孵化基地。"e城e品"致力于打造"快递+电商+新零售"模式下的一站式移动农产品电子商务平台，助力农产品的推广。"e城e品"立足于开发全国各地特色、优质农产品，借助圆通速递的资源优势，结合电子商务互联网+模式，剔除"田间到餐桌"的中间环节，提供新鲜、质优价廉的特色农产品。

"e城e品"不仅帮助全国成千上万的农户解决了农产品滞销的问题，还从很大程度上实现了应急扶贫与长期良性循环的结合，带动农户们走向正规化、标准化、品牌化发展的道路，做到了真正意义上的长效助农扶贫。

8.2.3 韵达快递电子商务

韵达快递于2015年正式涉足电商领域，建立名为"溜达商城"（原优递爱）的B2C综合网上购物平台。"溜达商城"建立之初以跨境电商业务为主，自2017年起同时开展国内电商业务，吸引众多知名品牌入驻。其商品品类包含生鲜果蔬、食品饮料、美妆个护、母婴用品等。用户可以通过登录网页和"韵达快递"公众号进入平台。

"溜达商城"积极履行企业社会责任，自2017年起全面推进落实电商精准扶贫工作，与网点所在地方扶贫办合作，上线贫困地区农产品。依托韵达快递强大的基础设施网络和供应链整合能力，"溜达商城"的发货效率很高，能快速将商品送达客户手中。韵达集团发挥自身平台优势，整合内外资源，与政府、媒体和公益组织协同创新，为经济、环境和社会创造价值。

8.2.4 中通快递电子商务

"中通优选"是中通快递集团旗下的电子商务及增值服务平台。"中通优选"通过精选商品，为消费者发现最值得信赖的商家，让消费者享受商品超低折扣的优质服务，同时为商家找到最合适的消费者，给商家提供能获得最大收益的互联网推广服务。平台运营的商品主要涵盖生鲜、食品、百货、家纺、电器、母婴用品等。"中通优选"的所有店主都需要加盟中通网点，以实体网点为担保，在保证产品质量和价格的同时，保证产品的利润均不超过10%。

此外，"中通优选"积极响应国家号召，实行快递下乡，全面整合中通快递众多的网点资源，挖掘各地农特产品，利用"互联网+"，结合线上、线下渠道优势，将产品销售到全国各地，实现"从田间到餐桌"的一体化销售。

8.3 电子商务平台与邮政快递企业的协作

为了适应市场的新需求，越来越多的快递企业开始重视电子商务平台带来的快递市场，这些订单大部分来自淘宝网、拍拍网、当当网等大型电子商务平台。以EMS和"三通一达"为代表的邮政快递企业已经开始针对电子商务平台的特点推出相应的运单。电子商务平台和邮政快递相互促进、共赢发展，两者的紧密协作已成为新的经济发展方向。

8.3.1 电子商务平台与邮政快递企业的协作模式

电子商务平台与邮政快递企业的协作表现为：邮政快递企业受参与网上交易的用户委托，对相关物品（包括纸质类物品如文件、书信、明信片等）提供快速传送服务。这里将其简称为电子商务邮政快递业务。

1. 电子商务邮政快递业务的参与主体

电子商务邮政快递业务的参与主体主要由发件方、收件方、电子商务平台、邮政快递企业构成，一些情况下，运输环节还需要货运代理和货运公司的参与，它们共同构成的电子商务邮政快递业务的服务链如图8-3所示。

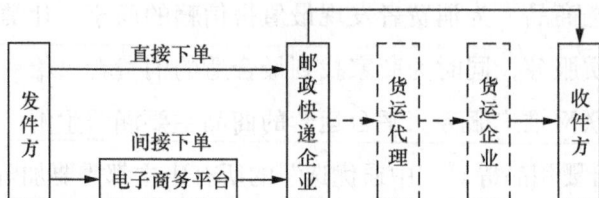

图 8-3　电子商务邮政快递业务的服务链

（1）发件方

电子商务邮政快递业务的服务链中的发件方专指利用电子商务平台提供有形商品的企业或个人，即网商。企业网商通常是指B2C或B2B电子商务模式中的"B"；个人网商则主要指C2C电子商务模式中的前一个"C"，如淘宝卖家。发件方可以利用电子商务平台提供的数据接口向快递公司下单，也可以直接联系邮政快递企业下单。

（2）收件方

电子商务邮政快递业务的服务链中的收件方主要是指电子商务交易活动中的买方，即网络买家。网络买家通过登录电子商务平台选购商品，确定支付方式后即可等待收货。网络买家分布在全国乃至全球任何一个可以接入互联网的地方，这使得电子商务邮政快递业务的送达对象地理位置分布非常广泛，同时也给邮政快递企业服务网络的建设提出了更高的要求。

（3）电子商务平台

电子商务平台专指提供在线交易、在线支付、信息服务及应用服务的网络接入平台。作为发件方展示商品、收件方浏览和选购商品的基础平台，电子商务平台负责监控电子商务活动中信息流和线上资金流的转移，同时也负责监控在商品递送过程中物流的转移和商品交付后商流的转移。其中，淘宝作为C2C电子商务中介商的代表，为广大零散的、以个人为单位的交易主体提供了商品交易平台。在这个平台上，许多交易主体既是买家，又是卖家；既可能是发件方，又可能是收件方。这种交易主体身份的多重性，也成为电子商务邮政快递业务的一大特色。

（4）邮政快递企业

邮政快递企业是整个电子商务邮政快递业务的服务链结构的核心，负责连接发件方和收件方，组织实现电子商务交易实物商品的末端转移，也是物流环节的最终实践者。由于电子商务平台对于商品的递送时效要求较高，因此航空件比例较大。但是，目前除EMS、顺丰速运、圆通速递、中通快递、申通快递和京东物流几家企业在部分省份拥有自己的包机航线外，国内其他快递企业的业务收入还不足以维系航线的经营，这就必须借助航空货运代理和货运企业的力量。

（5）货运代理

货运代理简称货代，主要负责承担零散货源的集中、整合，寻找合适的货运企业，运输单证处理、地面收货及货物暂时存储、货仓配载及装卸等职能。航空运输以其自身的速度优势在国际、国内快递行业干线组织中发挥着重要作用，因此，无自主航运能力及航运能力不足的快递企业与航空货代接触最为频繁。航空货代依靠其代理多家航空公司航线的优势，整合来自各大快递公司的货源，灵活调度货舱配载情况，利用与航空公司间的协议关系，可以获得较好的运价，尽可能降低运输成本。

（6）货运企业

货运企业主要负责干线运输及单证的审核工作。邮政快递寄递业务的远程运输主要依靠铁路运输和航空运输，其中又以航空运输为主。航空货运企业承担了快递跨地区业务中最大量、最高效，同时也是最高附加值快件的干线运输任务，同时电子商务邮政快递业务也为货运企业的发展提供了更为广阔的市场，并带来了较高的利润率。货运企业大多无法与货主直接接触，货物进入始发地机场或站台之前的操作都是由货运代理负责，其服务质量受货运代理影响。

2. 电子商务邮政快递服务平台

电子商务邮政快递业务最大的特点就是所有买家和卖家从下单划拨资金到确认物流运营商的整个交易过程都是在线上实现的。从最初的选购、下单、支付，到快件递送过程中的跟踪、查询，再到最后的确认、评价，都是通过电子商务邮政快递服务平台完成的。

通过电子商务邮政快递服务平台，邮政快递企业可以规范其业务运作过程、优化运力配置，完善订货单证、存货信息、各种发票内容，并向客户及时反馈快件信息。同时，客户可以通过外部网络信息平台及时了解各类快件的动态信息，建立与邮政快递企业的联系。电子商务邮政快递服务平台结构如图8-4所示，由订单管理子系统、查询与分析子系统、电子商务应用管理子系统、快件跟踪子系统、财务子系统、运输子系统和配送子系统构成。

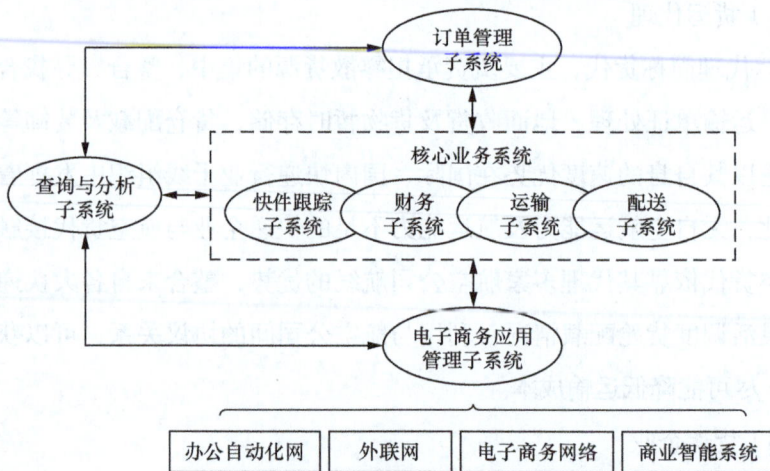

图 8-4　电子商务邮政快递服务平台结构

其中，订单管理子系统是其业务流动的起点，负责订单全生命周期的数据管理；核心业务系统负责管理该平台的核心业务活动，包括快件跟踪子系统、运输子系统、配送子系统和财务子系统；查询与分析子系统为各核心业务活动的灵活处理与实时分析提供了便利；电子商务应用管理子系统通过办公自动化网完成内部部门之间的沟通，通过外联网实现与外部客户、合作伙伴及其中介等组织的信息交互，通过电子商务网络对外界进行宣传并与客户进行商业交易，通过商业智能系统进行深层次决策分析。

3. 电子商务邮政快递业务的流程

电子商务邮政快递业务流程与普通邮政快递业务流程大体一致，分为收寄、分拣封发、运输、投递4个环节，其区别主要在于收寄环节中客户的下单方式以及运输环节和投递环节的信息管理。下面对这些区别进行介绍说明。

（1）快件下单及揽收

普通快件的下单环节是由客户直接向邮政快递企业发起的，基于电子商务邮政快递服务平台的下单过程还可以在网上实现电子下单。邮政快递企业可以通过平台的显示数据直接联系客户，根据客户在平台上所留的信息将订单分配给相关区域的网点，并由网点进行快件的上门揽收和支付等活动。此外，快件信息的收集及运单信息的录入都可以通过电子商务邮政快递服务平台完成。

（2）快件运输中转

在快件的运输过程中，各转运中心可以在网上进行快件查询，在快件还没有到达之前就可以安排相关的运输服务，到达后，完成分拣归类，并实时上传快件的信息，便于客户随时进行快件查询及企业自身进行运作管理分析。在运输环节中，客户可以通过电子商务平台对快件进行跟踪，查询快件的当前状态、揽收日期、揽件人等相关信息；此外，客户还可通过电子商务平台所提供的在线客户服务接口，与快递企业进行在线交流，免去拨打热线电话所带来的不便。

（3）快件投递

在快件投递过程中，邮政快递网点可以在网上进行快件查询，在快件还没到达之前就可以对相关人员进行派送安排，到达后，完成拆包就可以进行快件派送，从而节约派送时间。在投递环节中，客户可以通过电子商务邮政快递服务平台对快件的派送员、派送日期等相关信息进行查询。

8.3.2　电子商务平台与邮政快递企业的协作管理

近年来，我国电子商务与邮政快递企业的协同发展不断加深，在推进邮政快递企业转型升级、提质增效的同时，促进了电子商务的快速发展。但是，电子商务与邮政快递企业的协同发展仍面临政策法规体系不完善、发展不协调、衔接不顺畅等问题。对电子商务平台与邮政快递企业进行有效的协作管理是解决上述问题的必要途径。

1. 强化制度创新，优化协同发展政策法规环境

（1）深化"放管服"改革

"放"即国家邮政局简政放权，简化快递业务经营许可程序，优化完善快递业务经营许可管理信息系统，实现许可备案事项网上统一办理。"管"即国家邮政局创新监管，促进公平竞争。"服"即高效服务，营造便利的发展环境。

（2）创新产业支持政策

创新价格监管方式，引导电子商务平台逐步实现商品定价与邮政快递服务定价相分离，促进邮政快递企业发展面向消费者的增值服务。创新公共服务设施管理方式，明确智能快件箱、快递末端综合服务场所的公共属性，为专业化、公共化、平台化、集约化的快递末端网点提供用地保障等配套政策。

（3）健全企业间数据共享制度

完善电子商务与邮政快递业务数据保护、开放共享规则。在确保消费者个人信息安全的前提下，鼓励和引导电子商务平台与快递物流企业之间开展数据交换、共享，共同提升配送效率。

（4）健全管理模式

引导电子商务平台和邮政快递企业健全服务协议、交易规则和信用评价制度，切实维护公平竞争秩序，保护消费者权益；鼓励开放数据、技术等资源，赋能上下游中小微企业，实现行业间、企业间的开放合作、互利共赢。

2. 强化规划引领，完善电子商务邮政快递业务基础设施

（1）加强政府规划协同引领

各级政府综合考虑地域区位、功能定位、发展水平等因素，统筹规划电子商务与邮政快递发展。针对电子商务全渠道、多平台、线上线下融合等特点，科学引导邮政快递业务基础设施建设，构建适应电子商务发展的邮政快递服务体系。相关仓储、分拨、配送等设施用地须符合土地利用总体规划并纳入城乡规划，将智能快件箱、快递末端综合服务场所纳入公共服务设施相关规划。加强相关规划间的有效衔接和统一管理。

（2）保障基础设施建设用地

各级政府应落实好现有相关用地政策，保障电子商务邮政快递业务基础设施建设用地。

（3）加强基础设施网络建设

引导邮政快递企业依托全国性及区域性物流节点城市、国家电子商务示范城市、快递示范城市，完善优化邮政快递网络布局，加强邮快件处理中心、航空及陆运集散中心和基层网点等网络节点建设，构建层级合理、规模适当、匹配需求的电子商务邮政快递网络。优化农村快递资源配置，健全以县级配送中心、乡镇配送节点、村级公共服务点为支撑的农村配送网络。

（4）推进园区建设与升级

推动电子商务园区与邮政快递物流园区发展，形成产业集聚效应，提高区域辐射能力。引导国家电子商务示范基地、电子商务产业园区与邮政快递物流园区的融合发展。鼓励传统物流园区适应电子商务和邮政快递业发展需求的转型升级，提升仓储、运输、配送、信息等综合管理和服务水平。

3. 强化规范运营，优化电子商务配送通行管理

（1）规范配送车辆运营

对快递服务车辆实施统一编号和标识管理，加强对邮政快递服务车辆驾驶人交通安全教育。支持邮政快递企业为邮政快递服务车辆统一购买交通意外险。规范邮政快递服务车辆运营管理。引导企业使用符合标准的配送车型，推动配送车辆标准化、厢式化。

（2）便利配送车辆通行

完善城市配送车辆通行管理政策，合理确定通行区域和时段，对邮政快递服务车辆等城市配送车辆给予通行便利。完善商业区、居住区、高等院校等区域停靠、装卸、充电等设施，推广分时停车、错时停车，进一步提高停车设施利用率。

4.强化服务创新，提升快递末端服务能力

（1）推广智能投递设施

将推广智能快件箱纳入便民服务、民生工程等项目，加快社区、高等院校、商务中心、地铁站周边等末端节点布局。对传统信报箱进行改造，推动邮政普遍服务与快递服务一体化、智能化。

（2）快递末端集约化服务

促进邮政快递企业间开展投递服务合作，建设快递末端综合服务场所，有效组织和统筹利用服务资源。邮政快递企业、电子商务平台可与连锁商业机构、便利店、物业服务企业、高等院校开展合作，提供集约化配送、网订店取等多样化、个性化服务。

5.强化标准化智能化，提高协同运行效率

（1）提高科技应用水平

采用先进适用技术和装备，提升快递物流装备自动化、专业化水平。加强大数据、云计算、机器人等现代信息技术和装备在电子商务与邮政快递领域应用，大力推进库存前置、智能分仓、科学配载、线路优化，努力实现信息协同化、服务智能化。

（2）鼓励信息互联互通

加强邮政快递物流标准体系建设，建立电子商务与邮政快递各环节数据接口标准，推进设施设备、作业流程、信息交换一体化。引导电子商务企业与邮政快递企业加强系统互联和业务联动，共同提高信息系统安全防护水平。建设邮政快递信息综合服务平台，优化资源配置，实现供需信息实时共享和智能匹配。

（3）推动供应链协同

发展智能仓储，集成应用各类信息技术，整合共享上下游资源，促进商流、物流、信息流、资金流等无缝衔接和高效流动，提高电子商务平台与邮政快递企业供应链协同效率。

6. 强化绿色理念，发展绿色生态链

（1）促进资源集约

鼓励电子商务平台与邮政快递企业开展供应链绿色流程再造，提高资源复用率，降低企业成本。加强能源管理，建立绿色、节能、低碳运营管理流程和机制，在仓库、分拨中心、数据中心、管理中心等场所推广应用节水、节电、节能等新技术、新设备，提高能源利用效率。

（2）推广绿色包装

制定实施电子商务邮政快递绿色包装、减量包装标准，推广应用绿色包装技术和材料，推进包装物减量化。开展绿色包装试点示范，培育绿色发展典型企业，加强政策支持和宣传推广。开展绿色消费活动，提供绿色包装物选择，依不同包装物分类定价，建立积分反馈、绿色信用等机制引导消费者使用绿色包装或减量包装。探索包装回收和循环利用，建立包装生产者、使用者和消费者等多方协同回收利用体系。建立健全的快递包装生产者责任延伸制度。

（3）推动绿色运输与配送

邮政快递企业应加快推广使用新能源汽车和满足更高排放标准的燃油汽车，逐步提高新能源汽车使用比例，优化调度，减少车辆空载和在途时间。

小 故 事

小故事1：快递+电商——圆通速递线上平台助推农产品

圆通速递是国内大型民营快递企业，以"为社会服务，为国家做强企业"

为社会责任理念。近年来，圆通速递发挥自身优势，参与扶贫活动，通过"快递＋电商"模式，促进农村特色产品销售，精准助力脱贫攻坚。

山东省嘉祥县曾在圆通速递的助力下，将当地滞销的10吨常青苹果在3天内销售一空，解决了果农的燃眉之急。此外，圆通速递还在积极助推陕西省周至县的猕猴桃出山。周至县是"中国猕猴桃之乡"，猕猴桃栽植面积为41.6万亩（1亩≈666.67平方米），占全国猕猴桃栽植面积的25%，年产猕猴桃49万吨，占全国猕猴桃总产量的40%。圆通速递通过支付宝生活号、微信公众号等渠道对周至县的猕猴桃进行推广，销售近万单，总销售额达10万元，为助力秦岭佳果更快、更好地销往全国、走向世界提供了有力保障。除了苹果、猕猴桃、红薯，圆通速递线上平台还积极推广销售花生、黄桃、梨子、石榴、莲藕、冬枣等各地农产品，不但增加了农民收入，而且提高了圆通速递当地网点的快件业务量，取得了不错的反响。

为了更好地推动"快递+电商+助农"模式，圆通蛟龙集团投资成立了山东妈妈商城电子商务有限公司，专项推动农村快递电子商务公共服务中心建设，促进快递下乡的同时，积极地推进各地特色农产品销售，解决单一平台的销售难题。

💬 **讨论与思考：**

在服务现代农业方面，邮政快递企业有着很好的基础，也形成了多种成熟的助农模式。请你查阅更多邮政快递企业"线上助农"的故事，并了解其运作模式和发展成效。

小故事2：江西邮政电子商务平台助力农特产品拓宽销路

江西省是我国农业生态大省之一，自古就有着"鱼米之乡"的美誉，特色农产品十分丰富。近年来，随着农村电子商务蓬勃发展，当地特色农产品也"触电"蜕变，"飞"向千家万户。

"2021年5月份，我们开始和中国邮政合作，通过'邮乐网''益农邮选'

等邮政电商平台销售腐竹，销售额有500多万元。"江西省萍乡市湘东区的一家食品公司董事长赖茶生如是说。赖茶生口中的"益农邮选"是中国邮政集团有限公司湘东区分公司和当地政府部门搭建的微信小程序，主要用于湘东区特色农产品销售，主要客户为政企单位员工及学校老师。

江西省宜春市的徐新华也是当地一位腐竹生产销售商，从事腐竹加工行业15年的他经常为产品销售发愁。在江西邮政电子商务平台的协助下，徐新华的腐竹厂在10个月的时间内卖出了40多万元的腐竹。"以前我们公司的腐竹主要在周边地区销售，如今通过邮政电子商务平台，产品销往了全国各地，我们公司的腐竹品牌也更加深入人心，得到市场认可"徐新华说。看着一辆辆邮车开到厂里，把包装好的腐竹运出去，徐新华开心地笑了。

事实上，江西邮政电子商品平台助力农产品进城，是中国邮政开展农村电商工作的一个缩影。近年来，中国邮政不断探索"产业基地+品牌+平台+渠道+协同"的可持续发展模式，通过特色农产品销售带动农村资源优势转化为经济优势，构建城市与乡村、线上与线下、供应与需求的开放共赢式邮政农村电子商务发展生态圈。

💬 **讨论与思考：**

农村电子商务平台是邮政服务乡村振兴战略的重要切入点，也是邮政业务增长的加速器。请你结合案例思考，中国邮政在推进农村电子商务平台方面具有何种天然优势？是如何实现经济效益和社会效益的共赢发展？

复习思考题

1. 可将邮政电子商务业务分为哪几类？

2. 列举邮政网络购物类业务平台主要有哪些？

3. 列举国内几大快递公司的电子商务平台。

4. 阐述大型电子商务平台与邮政快递企业的协作模式。

第 9 章

邮政快递业监督管理

学习目标

1. 理解邮政普遍服务监督管理的概念、体制及法律规定；

2. 掌握快递市场监督管理的概念、目标及作用；

3. 掌握快递市场监督管理中经济性监管与社会性监督管理的主要内容；

4. 掌握邮政快递业安全监督管理的概念及内容；

5. 掌握邮政快递业应急管理的概念及内容。

导入案例

不忘来路，不改初心

中国邮政始终把普遍服务作为邮政工作的重要目标，作为实现"人民邮政为人民"服务宗旨的重要方式。从法律层面看，《中华人民共和国宪法》提到公民通信自由和通信秘密权需要通达的邮政网切实保障，《中华人民共和国邮政法》（2015修正）对邮政普遍服务责任提出的要求须逐条逐项依法落实。

2019年，中国邮政集团公司对邮政普遍服务情况进行检查，发现部分网点对普遍服务存在思想认识不到位、行动落实不到位、管理能力不到位的问题。中国邮政集团公司第一时间在全国范围内统一开展普遍服务质量大提升行动，梳理形成了7类40项《普遍服务问题整改工作清单》，列明工作范围和具体项目、细化分项达标标准和依据。2019年9月—12月间，各省（区、市）邮政按照《普遍服务问题整改工作清单》，认真对照《中华人民共和国邮政法》和《邮政普遍服务标准》，参照《邮政普遍服务监督检查手册》，采用现场检查、单位走访、查阅资料、系统查询、调阅监控录像、发放调查问卷、寄发测试信、试办业务等方式，对普遍服务网点进行全覆盖自查，共上报问题超过16万条。在明确存在的问题后，中国邮政集团公司统筹、各地邮政落实，以问题为导向，逐条逐项地进行有力整改。

部分快递企业协同涨价涉嫌垄断，浙江省市场监管局开告诫会

"双11"购物节作为每年拉动电商销量的重要活动，店家、平台频繁推出各种优惠。随着"双11"成交金额屡创佳绩，快递包裹数量逐年增加。同时，快递收费标准提高也已成"惯例"。在2019年"双11"购物节的促销活动开始前夕，浙江省市场监督管理局相继收到杭州、温州、嘉兴、金华等多地举报，反映当地部分快递企业联合进行较大幅度提价，对涨价前已经签订合同的商家，部分快递企业均予以单方面毁约。与此同时，商户如果有更换合作方的意愿，则会被部分快递企业以无正当理由拒绝交易。因此，为切实营造公平竞争的市场环境，维护经营者和消费者的合法权益，浙江省市场监督管理局召开全省快递行业涉嫌垄断行为告诫会，通报当前部分快递企业存在的协同涨价、限定交易等涉嫌垄断的违法行为，并就《中华人民共和国反垄断法》进行了条款性普及，对规范经营活动提出了具体要求。

💬 **讨论与思考：**

请你思考，中国邮政集团公司在全国范围统一开展普遍服务质量大提升行动属于什么性质的行为？你认为快递企业在"双11"购物节前夕提高收费标准的行为合理吗？讨论我国快递监督管理部门应该如何进行快递市场价格监督管理，进一步思考快递市场监督管理的主要内容。

9.1 邮政普遍服务监督管理

9.1.1 邮政普遍服务监督管理概述

邮政普遍服务不分国籍、民族和种群，是一个全球性、国际化的公共服

务。世界各国、各地区人民均有权利享受该服务，任何组织和社团无权干涉和剥夺公民享有邮政普遍服务的权利。邮政普遍服务水平的高低直接关系到政府部门社会管理行为、经济活动和公共社会化服务水平的高低，关系到广大人民群众使用邮政服务获得的幸福感、获得感。

邮政普遍服务属于国家基本公共服务，是按照国家规定的业务范围、服务标准，以合理的资费标准，为中华人民共和国境内所有用户持续提供的邮政服务。邮政企业按照国家规定承担为人民提供邮政普遍服务的义务，邮政普遍服务内容如图9-1所示。

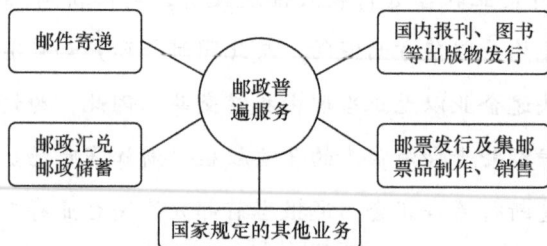

图 9-1　邮政普遍服务内容

为了保障邮政普遍服务的提供，加强对邮政普遍服务的监督管理，保护用户和邮政企业的合法权益，促进邮政普遍服务的健康发展，根据《中华人民共和国邮政法》及有关法律、行政法规，国家交通运输部在2015年10月14发布《邮政普遍服务监督管理办法》。其中，第四十四条明确提出邮政普遍服务监督管理是邮政管理部门依法对邮政普遍服务进行监督管理，将提供邮政普遍服务的邮政营业场所设置、法定业务开办、邮件寄递时限、邮件查询、邮件损失赔偿、寄递安全、用户满意度、用户申诉率等指标纳入邮政普遍服务评价体系。

《邮政普遍服务监督管理办法》从邮政普遍服务评价体系、撤销局所和停限办业务审批、备案管理等方面明确了邮政管理部门监督管理的方式和措施。强化对邮政专用标志车辆的管理，明确要求邮政企业应当将带有邮政专用标志的机动车辆的基本信息通过信息系统与邮政管理部门的信息管理系统联网，并及时对系统进行维护、报送，以便邮政管理部门掌握邮政车辆信息，查处违法行为。规定一旦出现邮件大量被隐匿、毁弃等情形，邮政企业应当在第一时间向邮政管理部门报告，便于邮政管理部门及时了解有关情况，有效履行监督管理职责。

9.1.2 邮政服务监督体制

1. 我国邮政业监督管理体制发展沿革

（1）邮政体制改革前的监督管理体制

邮政体制改革前的监督管理体制称为邮政"政企合一"。在该阶段，国家邮政主管部门兼有对邮政行业的行政管理职能和对邮政企业的经营职能，两者结合在一起。这一阶段的邮政业务只能由邮政企业经营，邮政企业拥有绝对的专营权。正因如此，当时的邮政行业监督管理呈现严重的两极分化状态：一方面，对邮政企业而言，属于自我监督管理，由邮政企业内部成立的专门监察部门进行监督管理，既是"运动员"，又是"裁判员"；另一方面，对其他寄递业务参与者来说，往往受到邮政企业的严厉打击和取缔，例如，当时被称为"黑快递"的民营快递则被邮政企业所排斥。

1986年，《中华人民共和国邮政法》出台并提出"信件和其他具有通信性质的物品的寄递业务由邮政企业专营，但是国务院另有规定的除外"。"邮政企业根据需要可以委托其他单位或者个人代办邮政企业专营的业务。代办人员办理邮政业务时，适用本法关于邮政工作人员的规定"。至此，关于邮政企业和快递企业有关"专营问题"的争论告一段落，但非邮政企业的呼声在《中华人民共和国邮政法》起草过程中并未得到重视。

（2）邮政体制改革后的监督管理体制

2005年7月，国务院通过了《邮政体制改革方案》，决定重新组建国家邮政局，作为国家邮政监督管理机构；组建中国邮政集团公司，经营各类邮政业务。2006年9月开始，31个省（区、市）邮政管理局和国家邮政局相继组建，《邮政体制改革方案》正式落地，中央、省两级邮政监督管理体系正式形成，多年来邮政业"政企合一"的局面被彻底改变。2007年1月29日，重组后的国家邮政局和中国邮政集团公司在人民大会堂揭牌，邮政体制改革取得重要的阶段性成果。

随着中国电子商务逐渐繁荣，民营快递企业迅猛发展，对网络经济的支撑作用越来越明显。中央、省两级邮政监督管理体制不再适应邮政业的发展，必须进一步深化体制改革。2012年国务院办公厅印发《关于完善省级以下邮政监管体制的通知》，提出建立市一级邮政管理部门。随着332个市（地）邮政管理局及4个直辖市和海南省（除海口市、三亚市）跨区域设置的25个邮政监督管理派出机构的组建完成，标志着中央、省、市三级独立的邮政监督管理体系正式形成，并一直延续至今。

2.邮政普遍服务监督管理的基本框架

政企分开以来，我国一直在探索邮政普遍服务监督管理的改革问题，如何更好地提供邮政普遍服务、采取怎样的管制措施更好，成为相关学者在不断探讨的问题。新的邮政体制分拆邮政普遍服务业务和竞争性业务，明确了"政府主导，企业承担"的普遍服务实施机制。我国邮政普遍服务的基本体制框架是：国家委托中国邮政集团有限公司，为我国民众提供最基本的普遍服务业务，国家邮政局受国家委托，实施邮政普遍服务的监督管理职能，并制定相应的普遍服务规范要求；同时，国家对于中国邮政集团有限公司的普遍服务业务所造成的亏损，进行一定的财政补贴。邮政普遍服务监督管理的基本框架如图9-2所示。

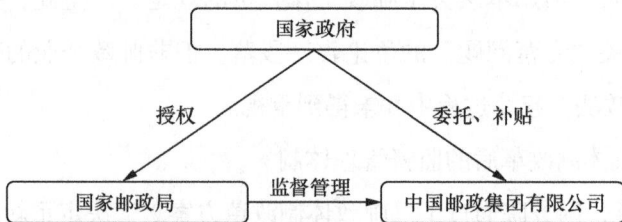

图9-2　邮政普遍服务监督管理的基本框架

目前，邮政普遍服务监督管理是由国务院邮政管理部门和省、自治区、直辖市邮政管理机构及省级以下邮政管理机构对邮政普遍服务实施监督管理，实施过程遵循公开、公平、公正的原则。具体实施包括：（1）国务院邮政管理部门负责对全国的邮政普遍服务实施监督管理；（2）省、自治区、直辖市邮政管理机构负责对本行政区域的邮政普遍服务实施监督管理；（3）按照国务院规定设立的省级以下邮政管理机构负责对本辖区的邮政普遍服务实施监督管理。

9.1.3 邮政普遍服务监督管理的法律规定

国家为保障邮政普遍服务的供给能力，通过法律、行政等多种措施进行监督管理。《中华人民共和国邮政法》从顶层设计角度对邮政普遍服务监督管理做出制度安排；《邮政普遍服务监督管理办法》做出了详尽具体的规定；国家邮政主管部门制定了多项配套制度、标准，邮政地方立法也进行了一些制度创新。通观上述制度规范，可将邮政普遍服务监督管理法律规定分为以下几个方面。

1. 邮政营业场所设置、撤销的监督管理

邮政营业场所是提供邮政普遍服务的物质基础条件，国家对其设置、撤销进行了严格规定，具体规定如表9-1所示。

表 9-1　邮政营业场所监督管理规定

法律依据	具体内容
《中华人民共和国邮政法》第九条第三款规定	邮政企业设置、撤销邮政营业场所，应当事先书面告知邮政管理部门；撤销提供邮政普遍服务的邮政营业场所，应当经邮政管理部门批准并予以公告
《邮政普遍服务监督管理办法》第四十五条、第四十八条规定	第四十五条邮政企业撤销提供邮政普遍服务的邮政营业场所的，应当经过邮政管理部门批准 第四十八条邮政企业申请本办法规定的行政许可事项的，应当按照国务院邮政管理部门的规定，由邮政企业市（地）分支机构向所在地省级以下邮政管理机构提出申请，并提交能够证明符合本办法第四十五条、第四十六条规定条件的相关材料

2. 邮政普遍服务供给的监督管理

《中华人民共和国邮政法》和《邮政普遍服务监督管理办法》分别对邮政普遍服务供给的可持续性，以及对境外邮政在我国境内设置经营机构直接承揽

邮政业务的行为进行了相关规定，具体规定如表9-2所示。

表9-2　邮政普遍服务供给的监督管理规定

法律依据	具体内容
《中华人民共和国邮政法》第十五条第三款规定	未经邮政管理部门批准，邮政企业不得停止办理或者限制办理前两款规定的业务；因不可抗力或者其他特殊原因暂时停止办理或者限制办理的，邮政企业应当及时公告，采取相应的补救措施，并向邮政管理部门报告
《邮政普遍服务监督管理办法》第三十一条规定	邮政企业委托其他单位代办邮政普遍服务业务的，应当遵守法律、法规、规章和国务院邮政管理部门的规定。被委托单位应当具备承担邮政普遍服务的能力，提供的邮政普遍服务应当符合邮政普遍服务标准。邮政企业应当加强对代办邮政普遍服务业务的单位的服务质量管理，并对委托范围内的邮政普遍服务水平和质量负责
《邮政普遍服务监督管理办法》第二十一条规定	外商和境外邮政不得在中华人民共和国境内提供邮政服务

3. 邮政普遍服务质量的监督管理

邮政企业提供的邮政普遍服务，必须符合《中华人民共和国邮政法》《邮政普遍服务标准》规定的质量标准，具体如表9-3所示。

表9-3　邮政普遍服务质量的监督管理规定

质量标准	具体内容
水平指标	国家设置了一系列普遍服务水平评价指标，如营业时间、投递频次、邮件全程时限、开取筒（箱）次数，邮政企业提供普遍服务应符合法定水平指标
服务规范	《中华人民共和国邮政法》《邮政普遍服务监督管理办法》对服务信息公示、邮件收寄、投递方式与深度、无法投递与无法退回邮件处理、用户享有的消费权益等方面提出了服务规范，邮政企业应当切实遵守这些行为规范
邮件安全	邮政企业应完善安全保障措施，避免、杜绝邮件的丢失、损毁或积压、延误，发生重大邮件安全事故应向邮政管理部门报告
邮件的查询与损失赔偿处理	邮政企业应在法定时限内答复用户对邮件的查询，符合赔偿条件的应自赔偿责任确定之日起7日内进行赔偿
用户对服务质量的投诉、申诉及监督	《中华人民共和国邮政法》第六十五条、《邮政普遍服务监督管理办法》第四十一条、第四十二条对用户的投诉、申诉及对服务质量享有的监督权作出规定，邮政企业应当及时妥善办理，按期予以答复

4. 邮政普遍服务支持措施的监督管理

为更好地发挥邮政普遍服务支持措施的效用，国家制定了相应的管理制度。《中华人民共和国邮政法》第十六条规定，国家对邮政企业提供邮政普遍服务、特殊服务给予补贴，并加强对补贴资金使用的监督。《邮政普遍服务监督管理办法》第十六条要求，邮政管理部门应当加强对使用财政资金的建设项目的行业审查和监督落实。此外，多部邮政地方立法要求邮政企业不得擅自改变配套建设的邮政设施使用性质及划拨的邮政设施建设用地使用性质。

9.2 快递市场监管

监管作为政府干预经济的一种手段，是为了矫正由于市场失灵所造成的资源配置低效等问题而产生的。快递业作为重要的流通产业和先导产业，对畅通国内经济循环、建设现代化流通体系具有十分重要的作用。2021年，我国快递业务量达到1083亿件，日均服务用户近7亿人次，连续8年稳居世界第一。然而，我国快递市场仍存在一些问题，这些问题严重影响了快递业的健康发展，同时侵害了消费者的合法权益。因此，加强快递市场监管十分必要。本节主要从快递市场监管概述、快递市场监管体制及快递市场监管的主要内容3个方面展开介绍。

9.2.1 快递市场监管概述

1. 快递市场监管的概念与特征

监管是指具有相对独立地位的监管者，依据法律赋予的权限对市场中各个参与者行为进行监督与管理，并通过制定和实施相关规则，对被监管者不符合法律法规的行为进行约束、控制甚至惩罚，以规范市场参与者的行为，保证公共利益和经济健康。快递市场监管是指监督管理部门根据法律规定对快递市场进行监督管理的行政行为。

快递市场监管行为具有单方性、无偿性、强制性的法律特征，同时还具有服务性的时代特征。

2. 快递市场监管的目标

一般来说，政府监管目标总体上是通过弥补市场失灵问题，使市场功能得到充分发挥，从而保证市场经济的有序竞争和健康发展。具体到快递市场监管的目标，可以从根本目标、中间目标及具体目标3个层面进行科学分析，最大限度地综合考虑各种因素，制定出一个相对全面、准确并适合我国快递业发展实际的监管目标体系。我国快递市场监管的目标体系框架如图9-3所示。

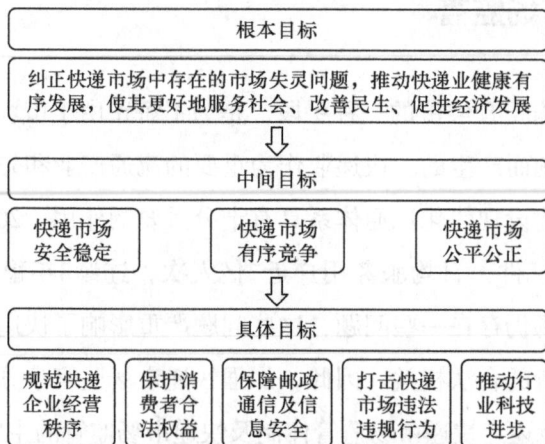

图 9-3 我国快递市场监管的目标体系框架

（1）根本目标

快递市场监管的根本目标位于整个目标体系的最高层，在整个目标体系中起到支配作用。快递市场监管的根本目标对中间目标和具体目标的制定与实现产生重要影响。我国快递业近40年的发展历程已经充分证明，快递作为现代服务业的先导性产业，其对国民经济发展和人民生活水平的提高发挥了重要作用，快递业通过各大快递企业向不同类型的顾客提供多样的快递服务，带动了一批相关产业的发展，实现了资金、人力等各种资源的流通，在方便人民群众工作和生活的同时，也提高了生产效率。因此，快递市场监管的根本目标就是要通过纠正快递市场中存在的各种问题，促进快递业健康有序发展，使其更好地服务社会、改善民生、促进经济发展。

（2）中间目标

快递市场监管的中间目标就是建立一个高效运转的快递市场体系，这是实现快递市场监管根本目标的必然要求。快递市场监管的中间目标主要包括3个方面。一是保证快递市场的安全稳定。安全监管一直是各国快递市场监管的主要内容，也是各项监管工作的重中之重，保证快递市场的安全稳定是建立良好快递市场秩序的基础。二是促进快递市场的有序竞争。衡量一个行业发展健康程度的重要指标之一就是该行业是否实现了有效率的竞争，良好的产业总是能够以具有竞争力的价格提供优质的服务。快递市场的有序竞争能够助推各快递企业提高生产效率和服务水平，进而推动快递业的高质量发展。三是实现快递业发展的公平、公正，快递市场监管既要保护消费者合法权益免受快递企业不当行为的侵害，也要为快递企业创造一个公平竞争的外部环境。

（3）具体目标

快递市场监管的具体目标是根本目标和中间目标的具体化，具有更强的操作性和实践性，体现了我国快递市场监管实践活动的不同侧重点和实现路径。具体目标往往更能体现快递市场监管随外部因素改变而做出的各种调整，因此也具有较强的灵活性。总体来看，我国快递市场监管的具体目标至少包括规范快递市场经营秩序、保护消费者的合法权益、打击快递市场各种违法行为、保障邮政通信和信息安全、促进行业科技进步、建立完善的法律法规体系等。

下面将以跨境电商、农村"最后一公里"及"双11"旺季高峰期的市场经营为例，具体说明监管目标及策略。

为促进跨境寄递高质量发展，保障寄递安全，改进用户体验，降低物流成本，维护公平竞争，国家邮政局、商务部、海关总署联合印发《关于促进跨境电子商务寄递服务高质量发展的若干意见（暂行）》（国邮发〔2019〕17

号），提出支持寄递服务企业主体多元化、加快创新跨境寄递服务模式、提升跨境寄递服务网络能力和规范跨境寄递服务企业经营行为等12条意见。

为保障消费者的合法权益，解决农村"最后一公里"问题，2014年国家提出到2020年实现"村村直接通邮"的任务。截至2019年，"村村直接通邮"任务提前一年多完成，通过开展"快递进村"试点，快递网点已覆盖全国3万多个乡镇，覆盖率达97.6%，其中全国27个省（区、市）实现了快递网点乡镇全覆盖。同时，国家邮政局于2019年专门印发了《加快推进"快递下乡"工程实施方案》，加大力度打造由宅递、箱递、平台递构成的末端投递服务体系，并不断推动交通运输与邮政快递的融合发展、推动快递与农村电商协同发展。

为确保"双11"旺季高峰期的快递市场经营秩序，实现"两不（全网不瘫痪、重要节点不爆仓）""三保（保畅通、保安全、保平稳）"目标，全行业将"错峰发货、均衡推进"作为核心机制，根据各企业的寄递承载能力，计划性地推单放量，严格控制发货量峰值。通过邮政业安全监管信息系统和电商协同平台等大数据平台，国家邮政局将实时关注全网运行，指导企业控制揽派节奏，适度延长"双11"投递时限。

3. 快递市场监管的作用

政府干预理论指出，政府对市场进行干预本质上是因为市场存在缺陷。自然垄断、破坏性竞争、外部性、信息不对称及公共物品等问题的存在，使得市场自身无法解决市场失灵问题。为了维护公共利益，政府进行制度设计和市场监管尤为重要。无论在什么情况下，纠正市场失灵，维护公共利益都是我国快递市场监管的核心作用。具体来看，加强快递市场监管的作用表现在以下3个方面。

（1）弥补快递市场失灵问题

当前，我国快递业正处于飞速发展的关键时期，全行业正在由低水平发展阶段迈向高质量发展阶段。在这个转型期，快递市场难免会出现各种各样的市场失灵问题，表现为潜在行业垄断的可行性、外部性、信息不对称等诸多方面。这些市场失灵问题不仅损害了消费者的合法权益，同时也不利于快递业的健康发展。

解决快递市场失灵问题，单靠快递市场自身的机制显然不行。如因快递业飞速发展而导致的快递包装污染问题越来越严重，这类问题是快递市场失灵的典型表现。快递企业以利润最大化为目标，考虑到运营成本，在使用环保包装材料、回收快递包装并二次利用方面缺乏主动性、积极性，唯有政府有能力破解这一难题。一方面，政府可以通过制定并完善相关标准来逐步规范快递企业的行为；另一方面，政府也可以通过财政拨款、税收减免等利好政策鼓励快递企业使用环保包装材料。此外，政府还可以组织科研力量研发环保包装材料并向全行业推广。

总之，由于我国快递业目前所处的特殊发展时期和发展环境，为了维护消费者合法权益，促进快递业又快又好地发展，政府对快递市场进行监管是必要的。

（2）实现我国快递业发展的政策目标

推动快递业发展的各项政策举措是我国政府宏观经济调控的重要组成部分。政策是否能够实现预期效果，关键在于政策的执行是否到位，而良好的政策执行离不开良好的市场环境。我国快递业起步晚、发展速度快，还存在一些市场问题，这些问题必然对促进快递业发展政策的落实产生诸多不利影响，导致政策目标难以实现。因此，加强快递市场监管，营造公平、高效、有序的市场竞争环境，对于实现我国快递业发展的政策目标具有重要意义。

（3）维护并促进社会公平

快递业作为现代服务业的重要组成部分，公平、普惠是快递业发展的应有之义。但当前我国快递业发展不平衡、不充分的现象依然存在，这集中表现在快递业在城乡和区域两个层面上发展的不平衡。在城市，快递网点遍布大街小巷，城市居民使用快递服务十分便捷；而在农村，快递网点数量相对较少，一些农村居民并不能像城市居民一样享受同样便利的快递服务，这些现象凸显了我国快递业城乡间发展的不平衡。

此外，我国快递业在区域发展上也存在不平衡问题。由于地理区位和历史发展等因素影响，我国东部、中西部经济发展不平衡问题一直存在，这一问题在快递业中尤为明显。

在上述快递业发展中存在的不平衡问题，直接反映出我国快递业发展仍不能实现公平普惠的作用；此外，解决这些问题单纯依靠市场力量显然是不够的，一方面需要国家出台相关政策保障快递业均衡发展，另一方面需要国家监督管理部门通过市场监管保障政策的顺利实施，同时确保快递市场发展的公平、普惠。

9.2.2 快递市场监管体制

体制即体制制度，从广义上看，体制是管理政治、经济、文化及社会生活方方面面的基本规范体系。不论是公共组织、非营利组织还是营利性的企业组织，体制决定了各类组织的机构设置方式、职责权限划分以及组织内各组成部分的相互关系。因此，体制是关于组织形式的制度。快递市场监管体制就是有关快递市场监管的组织机构设置及其管理范围、权限职责及相互关系的制度的总和。其中，核心是快递市场监管机构的设置、各监管机构职权的分配及各监管机构间的相互协调。

当前，我国快递市场监管机构形成了以国家邮政局为主、多部门共同参与的基本格局。1998年，国家邮政局成立，副部级建制，隶属于信息产业部。2008年，国务院大部制改革，信息产业部并入新成立的工业和信息化部，国家邮政局交由交通运输部代管。国家邮政局成为交通运输部管理的国家局之一。

1. 快递市场监管体制的基本框架

（1）监管的制度规范

根据快递市场监管制度规范的性质和作用，可以将其分为监管组织机构制度和监管执行制度。监管组织机构制度主要是明确组织机构的职能、设立及运作方式等机构设置的基本问题。我国《国务院行政机构设置和编制管理条例》《国务院机构改革和职能转变方案》《国家邮政局主要职责内设机构和人员编制规定》等文件均对此做出了明确规定。快递市场监管执行制度则主要对监管内容、监管方式、判断标准及依据、处理方式及程序、部门分工协调等事项进行规定，快递市场监管的各项法律依据绝大部分属于监管执行制度。

（2）监管的组织机构

快递生产作业的特点及其与相关产业间的关系决定了快递业涉及范围广、影响面大。可以将我国快递市场的组织机构分为横向和纵向两个维度。

从横向上看，快递生产运行的整个过程涉及商务、综治、公安、安全、交通、工商、安监、海关、检验检疫、民航等多个部门，因此，我国快递市场监管的组织机构在横向上具有关联部门广的特点。在国务院各部委中，与快递市场监管有主要联系的部门分别是国家邮政局、公安部、交通运输部、农业农村部、民政部、商务部、国家市场监督管理总局、国家药品监督管理局、国家铁路局及中国民用航空局等部门。其中，国家邮政局是我国快递市场监管体制的核心组织机构，全面负责对快递市场的监督管理。国家邮政局的主要职责如表9–4所示。其中，除第7项职责与快递市场管理无明显联系以外，其余职责与快递市场管理有直接或间接关系，涉及快递行业法律法规体系的完善、行业标准与政策制定、快递市场准入、快递行业安全、快递市场价格管理及快递服务质量监督等各个方面。

表 9-4　国家邮政局的主要职责

序号	具体内容
①	拟订邮政行业的发展战略、规划、政策和标准，提出深化邮政体制改革和促进邮政与交通运输统筹发展的政策建议，起草邮政行业法律法规和部门规章草案
②	承担邮政监管责任，推动建立覆盖城乡的邮政普遍服务体系，推进建立和完善邮政普遍服务和特殊服务保障机制，提出邮政行业服务价格政策和基本邮政业务价格建议，并监督执行

序号	具体内容
③	负责快递等邮政业务的市场准入，维护信件寄递业务专营权，依法监管邮政市场
④	负责监督检查机要通信工作，保障机要通信安全
⑤	负责邮政行业安全生产监管，负责邮政行业运行安全的监测、预警和应急管理，保障邮政通信与信息安全
⑥	负责邮政行业统计、经济运行分析及信息服务，依法监督邮政行业服务质量
⑦	负责纪念邮票的选题和图案审查，负责审定纪念邮票和特种邮票年度计划
⑧	代表国家参加国际邮政组织，处理政府间邮政事务，拟订邮政对外合作与交流政策并组织实施，处理邮政外事工作，按照规定管理涉及港澳台地区工作
⑨	垂直管理各省（自治区、直辖市）邮政管理局
⑩	承办国务院及交通运输部交办的其他事项

目前，国家邮政局内设有办公室（外事司）、政策法规司、普遍服务司（机要通信司）、市场监管司（安全监督管理司）、人事司、机关党委等部门，同时还有若干直属单位，国家邮政局下辖31个省级邮政管理机构和357个省级以下邮政管理机构，如图9-4所示。

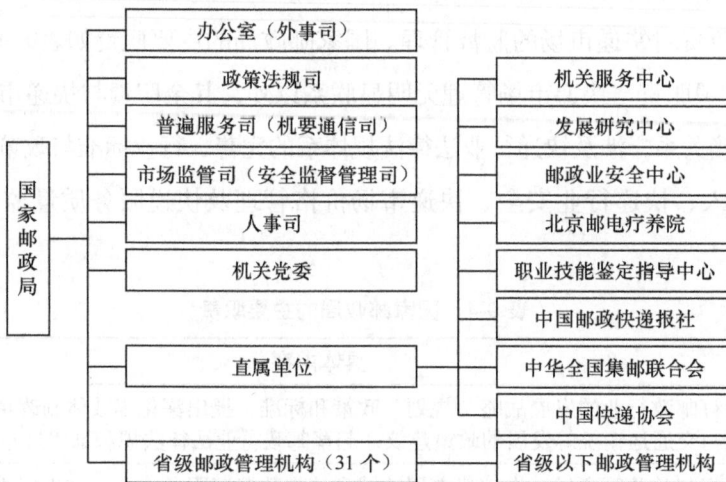

图 9-4　国家邮政局机构设置

从纵向上看，当前我国快递市场监管机构主要是中央、省（自治区、直辖市）、地级市三级管理，部分地区组建县一级邮政管理部门。因此，我国快递市场监管组织机构具有纵向层次多的特点。我国快递市场监督机构的设置基本上依托现行的"中央—省—市—县（区）"的行政架构，其中省一级和地级市一级的邮政管理机构设置已基本实现全覆盖。除了香港特别行政区、澳门特别行政区和台湾地区外，我国其余31个省、自治区和直辖市均设立了省一级邮政管理机构，这31个省内的地级市（或自治州、盟或地区）也设立了相应的邮政管理部门。

我国县一级邮政管理机构的设置起步较晚。2012年，国务院办公厅下发《关于完善省级以下邮政监管体制的通知》要求加快推进省级以下邮政管理机构的设立。2014年6月26日，浙江省义乌市邮政管理局挂牌成立，这是我国第一个县级邮政管理机构，它的成立标志着我国邮政管理体制改革进入一个新的阶段。义乌市邮政管理局成立后，广东顺德、江苏常熟、福建晋江、湖北宜城、四川南部、山西盂县、山东曲阜和邹城等地也成立了县级邮政管理局。县级邮政管理机构的全面推进，对于完善我国"中央—省—市—县（区）"四级纵向邮政管理体制具有重要意义，对壮大快递市场管理队伍、推进快递市场监管、促进县级以下地区邮政快递业的发展起到了重要作用。

2. 快递市场监管体制存在的问题

随着我国快递业的迅猛发展，国家邮政局及地方邮政管理部门各内设机构进一步完善快递市场监管的相关职能，以应对不断增加的快递市场监管需求。尽管我国已建立起较为完整的快递市场监管体制，监管机构和监管制度建设取得了巨大成就，快递市场监管正朝着科学化、高效率的方向发展，但不可否认的是我国快递市场监管体制还存在一些问题，主要表现在以下3个方面。

第一，在快递市场监管机构的设置上，存在监管机构设置分散、各监管机构法律地位和性质不统一及监管机构独立性有待进一步增强等问题。

首先，我国快递市场监管机构的设置相对分散，除将国家邮政局作为主要监管职能部门之外，公安部、国家市场监督管理总局、商务部、农业农村部等部门也承担相应职能，多个监管机构并行工作容易产生政出多门、重复执法、多头执法等问题。其次，我国快递市场各监管机构的法律地位和性质不一致，监管机构的独立性有待加强。国家邮政局隶属于交通运输部，为副部级建制单位，但其他监管机构如公安部、商务部、国家市场监督管理总局等均属于国务院正部级建制单位，因此国家邮政局与正部级的其他监管部门之间进行协调存在一定困难。简而言之，快递市场相关监管机构之间法律地位的不统一及缺乏独立性较强的综合性监管机构等问题，会对快递市场监管政策的统一协调和监管效率的提升带来一定影响。

第二，在监管机构职能配置方面，存在职能配置不清和职能相对分散的问题。

首先，我国快递市场监管的宏观政策职能和微观监管职能在有些情况下由一个部门承担，即行业主管部门既承担宏观政策的制定，也负责对微观市场主体进行具体监管，存在一定程度的"政监不分"问题。其次，我国快递市场监管机构职能相对分散，快递行业生产作业不同环节的监管职责分散在不同的机构。例如，保障快递市场安全的监管职能分散在国家邮政局、公安部、国家市场监督管理总局、海关总署等部门；快递市场准入的监管职能分散在国家邮政局和国家市场监督管理总局等部门；促进快递与电子商务协同发展的职能分散在国家邮政局和商务部等部门。总体上看，实现监管职能和宏观政策职能的分离，保证监管机构职能定位的明晰、准确是提高市场监管有效性的重要途径。因此，我国快递市场监管机构应进一步明确监管职能、避免职能过于分散。

第三，在监管机构人才建设方面，存在行业监管人才缺乏和监督力量相对不足的问题。

对于快递市场监管而言，其专业本质属于法律专业，但我国各大院校鲜少开设针对邮政快递类的法律专业，导致熟悉本行业的专业人才相对缺乏；另一方面，现从事快递市场监管的人员多为行政工作人员，具有相关法律专业知识不足的问题。在当前快递市场规模不断扩大、监管需求进一步提升的背景下，专业化人才缺乏和监督力量不足等问题将制约我国快递市场监管政策的有效落实。

9.2.3 快递市场监管的主要内容

快递业包含了从快递企业的建立到企业为消费者提供快递服务的全过程，是涉及国家邮政局、安全部、商务部、国家市场监督管理局、交通运输部等多个部门的复杂系统，快递生产运行中任何一个环节、任何一个部门出现问题都会影响全行业的发展。可见，对快递市场的监管应该是全过程、全方位的监管。按照规制经济学的观点，可将政府监管的内容分为经济性监管和社会性监管。

1. 经济性监管

经济性监管是指政府为了弥补自然垄断、过度竞争和经济寻租所带来的市场失灵问题，而在进入、价格、数量、质量等方面对企业决策所实施的各种强制性制约。自然垄断和信息不对称会引起市场失灵，导致稀缺资源的配置发展扭曲，需要政府针对这种市场失灵进行经济性监管。

按照监管手段来划分，经济性监管的主要内容包括价格监管、进入和退出监管、数量监管及质量监管4个方面。当前，我国快递市场已经摆脱了早期国有企业一家独大、垄断市场的局面，形成了国有快递企业、民营快递企业和外资快递企业多种属性快递企业竞相发展的格局。因此，对我国快递业来说，经济性监管的内容主要是价格监管和市场准入监管，其中又以市场准入监管最为重要。

（1）价格监管

价格监管又称价格规制，是指政府为了防止垄断企业制定垄断高价损害消费者利益而对相应企业实施的价格控制。价格规制的宗旨是使价格和利润既不失公平又可以合理刺激企业积极性。

当前，我国所有民营和外资快递企业均施行市场定价原则，一般情况下政府不对其价格制定进行干预。从快递企业角度看，我国国有快递企业、民营快递企业、外资快递企业的价格制定曾一度存在差异。2015年5月22日，国家发展和改革委员会及国家邮政局发布《关于放开部分邮政业务资费有关问题的通知》，将国内特快专递资费、明信片寄递资费、印刷品寄递资费和单件重量10千克以下计泡包裹(每立方分米重量小于167克的包裹)等竞争性包裹寄递资费，由政府定价改为实行市场调节价，快递企业可以根据市场供求和竞争状况自主确定资费结构、资费标准和计费方式，并从6月1日起执行。也就是说，在该通知发布之前，中国邮政集团旗下的EMS价格制定都必须由政府发布指导价，EMS各项业务具有"全国各地一口价""省内省外不区分""价格普遍高于民营快递企业"等特点，这次将国有快递企业的价格制定由政府定价改为市场定价，充分说明了我国快递市场竞争程度在不断提高，迫使国有快递企业不得不改变延续了几十年的政府定价原则。

目前，我国快递市场的价格制定已基本实现了市场定价和企业自负盈亏。快递市场价格监管已经从政府干预价格制定转变为对快递企业价格违规行为的监督查处，以维护消费者合法权益，保证快递市场正常价格秩序和快递企业公平竞争。例如，2019年12月23日，北京市市场监督管理局发布了《北京市快递业价格行为规则》，围绕保障消费者知情权列出了12条"不准"的情形，禁止价格欺诈、价格垄断、串通涨价等行为。其中，部分条款是特别针对近年来引起广泛关注的虚假优惠等行为而提出的。这也是全国首个针对快递行业的价格行为规则。

此外，在快递违规收费方面，从2019年4月开始，国家邮政局在全国范围内部署开展了两轮快递末端服务违规收费清理整顿工作，有效维护了农民合法权益。例如，海南省通过印发方案、会议部署、企业承诺、申诉与市场监管联动以及采取督查暗访等方式，推动快递末端资源整合、抱团下乡，快递末端服务违规收费问题得到有效遏制。

（2）市场准入监管

市场准入监管是指政府通过控制进入某领域或产业企业的数量，来避免重复建设和过度竞争。对我国快递业来说，国家有关部门对快递企业实行市场准入监管的主要目的就是将所有快递企业纳入依法经营、接受政府监督的范畴，这主要是由于快递企业与人民生活密切相关，涉及国民经济发展和巩固安全，并且经营快递业务需要企业具备相应的专业化设备、人力资源和其他条件。因此，国家有必要对进入快递市场的企业设置准入门槛。快递市场准入监管的主要内容有4项，分别是快递企业资质审核、快递业务经营许可审批、快递业务经营许可证管理及对相关企业的监督检查。

① 快递企业资质审核。在我国，申请经营快递业务的企业需要具备一定的条件和资质，监管部门会根据有关规定对企业所具有的条件进行审核，并据此决定是否颁发快递业务经营许可证。我国对申请经营不同类型快递业务的企业所具备的条件做出了不同的规定。此外，为保障邮政专营权，我国不允许邮政企业以外的经营快递业务的企业经营由邮政业专营的信件寄递业务，也不得寄递国家机关公文，外商企业不得投资经营信件的国内快递业务。

② 快递业务经营许可审批。快递企业向邮政管理部门申请经营快递业务，同时监管部门对经营快递业务企业的审批应当遵循法定流程。《中华人民共和国邮政法》第五十三条提出："申请快递业务经营许可，在省、自治区、直辖市范围内经营的，应当向所在地的省、自治区、直辖市邮政管理机构提出申请，跨省、自治区、直辖市经营或者经营国际快递业务的，应当向国务院邮政管理部门提出申请；申请时应当提交申请书和有关申请材料。邮政管理部门审查快递业务经营许可的申请，应当考虑国家安全等因素，并征求有关部门的意见"。快递业务经营许可办理流程如图9-5所示。

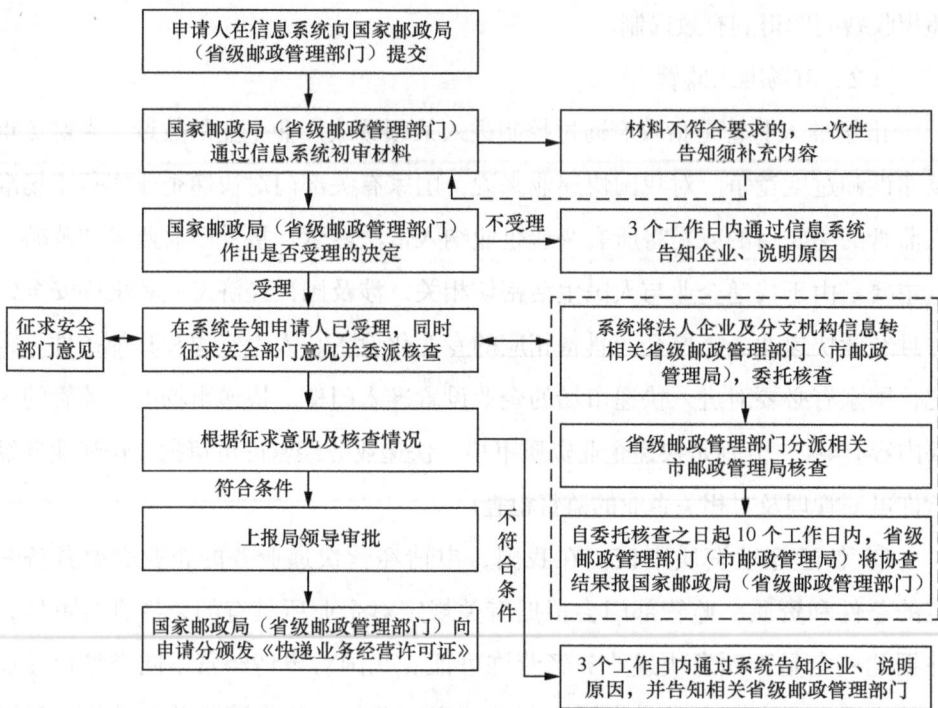

图 9-5　快递业务经营许可办理流程

③ 快递业务经营许可证管理。企业获得快递业务经营许可的重要标志就是领取到了由邮政管理部门颁发的快递业务经营许可证，许可证的日常管理是邮政管理部门的重点监管内容之一。我国快递业务经营许可证的有效期限是5年，快递企业应当在快递业务经营许可证规定的业务范围和经营期限内开展快递业务，并应在许可证有效期届满30日前向相应邮政管理部门提出申请，换领快递业务经营许可证。

④ 监督检查取得经营许可证的快递企业。《快递业务经营许可管理办法》规定邮政管理部门应当对依法取得快递业务经营许可证的快递企业进行监督检查。检查的主要内容包括：（a）经营快递业务的企业实际情况是否与快递业务经营许可证记载事项相符合；（b）快递业务经营许可证的变更、延续、注销及年度报告等执行情况；（c）分支机构和快递末端网点备案情况；（d）法律、

行政法规规定的其他内容。

2. 社会性监管

社会性监管是为了克服外部性、信息不对称、资源稀缺性和公共品带来的市场缺陷，主要以保障劳动者和消费者安全、卫生健康、环境保护、防止灾害为体现形式，对产品、服务质量和伴随的各种活动制定一定的标准，并禁止特定行为的规制。社会性监管通常偏重于处理市场主体的活动给消费者、生产者和社会带来的不健康或不安全问题。与经济性监管相比，一个重要的不同之处在于社会监管的横向制约功能，即不会针对某一产业及其行为而制定监管政策，而是依据所有可能发生外部性等市场失灵问题的行为主体的活动而定。

快递业作为现代服务业的先导性产业，虽然在我国起步较晚，但发展迅速，与其飞速发展相伴而来的就是快递市场中出现的各种市场失灵问题，特别是在电子商务和快递业协同发展的大背景下，一些新业态、新问题不断出现，传统的经济性监管往往"爱莫能助"，这就需要通过社会性监管的政策工具加以解决。目前我国快递业的社会性监管包括快递业的安全监管、服务质量监管及负外部性问题治理等方面。本节将重点介绍服务质量监管与快递包装问题治理。

（1）服务质量监管

快递业属于现代服务业，其向消费者提供的并不是可视化的产品，而是一种无形的服务。快递服务质量的高低是消费者关注的焦点。我国快递业服务质量监管的主要内容包括4个方面：一是制定快递行业服务质量和消费者权益保护的法律法规；二是依法对经营快递业务的企业的服务质量状况进行监督检查，并对违反国家有关规定的企业进行调查和处理；三是建立健全快递服务质量评价体系；四是依法及时处理用户对经营快递业务的企业提出的申诉。

① 制定快递业服务质量和消费者权益保护的法律法规

监管部门执法和消费者维权的法律依据主要分布在多部法律法规中，除此之外，国家邮政局针对消费者权益保护也发布了若干规范性文件，如表9-5所示。

表 9-5　快递业服务质量和消费者权益保护的法律法规

类别	具体文件
监管部门执法和消费者维权的法律法规	《中华人民共和国邮政法》（中华人民共和国主席令第25号）
	《快递暂行条例》（国令第697号）
	《快递市场管理办法》（交通运输部令2013年第1号）
	《邮政业消费者申诉处理办法》（国邮发〔2014〕160号）
	《中华人民共和国消费者权益保护法》（中华人民共和国主席令 第7号）
国家邮政局发布的若干规范性文件	《国家邮政局关于做好快递业务旺季服务保障工作的意见》（国邮发〔2011〕30号）
	《快递业务旺季服务保障工作指南》（自2013年9月1日起施行）

②依法对经营快递业务企业的服务质量状况进行监督检查

《中华人民共和国邮政法》《快递市场管理办法》等法律法规均明确赋予邮政管理部门依法履行快递市场监督管理的职责。国家邮政局及各级邮政管理部门依法对快递企业服务质量状况实施监督管理是快递市场监管的重要内容。

《快递市场管理办法》规定邮政管理部门应当加强对经营快递业务的企业及其从业人员遵守本办法情况的监督检查，并可以采取包括"进入有关场所进行检查""查阅、复制有关文件、资料、凭证""约谈有关单位和人员"及"经邮政管理部门负责人批准查封与违法活动有关的场所，扣押用于违法活动的运输工具及相关物品，对信件以外的涉嫌夹带禁止寄递或者限制寄递物品的快件（邮件）开拆检查"等相关执法措施。邮政管理部门有权对违反快递服务标准、损害消费者合法权益的快递企业及相关人员做出罚款、责令改正等行政处罚。

此外，国家邮政局继续实施"放心消费工程"，定期召开快递服务质量提升联席会议，根据快递服务满意度调查结果和时限准时率测试结果，指导快递企业加强和改进服务质量工作。

③建立健全快递服务质量评价体系，并向社会定期公布评价结果

建立健全快递服务质量评价体系有利于优化行业服务水平，推动企业提高

服务质量和服务效率。作为行业监管部门，建立健全快递服务质量评价体系并向社会定期公布评价结果是快递服务质量监管的重要内容。目前，国家邮政局已经连续多年在每年的《快递市场监管报告》中向全社会公布快递行业服务质量状况，其公布内容就是以快递服务满意度、时限准时率和用户申诉率为核心的快递行业服务质量评价结果。2021年国家邮政局向全社会公布的快递行业服务质量情况如表9-6所示。

表 9-6　2021 年国家邮政局向全社会公布的快递行业服务质量情况

快递行业服务质量指标	细分指标	具体数值或内容
快递服务满意度	快递服务总体满意度	76.8分，同比上升0.1分
时限准时率	重点城市间快递服务全程时限均值	57.08小时，同比缩短1.15小时
	72小时准时率	77.94%，同比提高0.83%
用户申诉率	对快递企业有效申诉处理满意率	96.5%

④依法处理用户对经营快递业务企业提出的申诉

针对快递企业的违法侵权行为向邮政管理部门提出申诉是消费者维护自身合法权益的重要手段。与快递企业相比，消费者由于信息不对称等因素在维护自身合法权益上存在一些困难和障碍，而申诉制度和申诉平台的出现，为消费者提供了一个新的维权途径。目前，我国已经基本建立快递行业消费者申诉制度。《中华人民共和国邮政法》第六十五条明确规定："邮政企业和快递企业应当及时、妥善处理用户对服务质量提出的异议。用户对处理结果不满意的，可以向邮政管理部门申诉，邮政管理部门应当及时依法处理，并自接到申诉之日起三十日内作出答复。"这一规定为我国邮政管理部门依法处理消费者申诉提供了法律依据。

（2）快递包装问题治理

快递包装使用非环保材料而造成大量的包装垃圾不仅污染环境，而且还产生了严重的资源浪费问题，这一问题是当前快递业务活动负外部性的典型表现。被人们随意丢弃的快递箱、包装袋和其他填充物不仅不符合可持续发展的要求，也对人们的生命健康和生产环境产生了负面影响。

对快递包装造成的环境污染和资源浪费问题进行治理的必要性，主要体现在3个方面：一是仅仅依靠市场机制解决环境污染问题存在局限性；二是政府有进行环境监管的责任；三是我国快递业务量和市场规模的不断扩大不断推动行业发展。

近年来，我国政府有关部门一直将快递包装问题治理作为推进行业绿色发展的主要任务。2016年8月，国家邮政局出台《推进快递业绿色包装工作实施方案》，对快递业绿色包装工作进行了全面部署，旨在提高快递包装领域资源利用效率，降低包装耗用量，减少环境污染。这一实施方案在我国快递包装问题治理工作上迈出了重要的一步，它明确了快递业包装问题治理的总体目标，提出要稳步推进快递业包装的依法生产、节约使用、充分回收、有效再利用，实现"低污染、低消耗、低排放，高效能、高效率、高效益"的绿色发展。到2020年，基本淘汰了有毒、有害物质超标的包装材料，基本建成社会化的快件包装物回收体系。为实现快递包装的标准化、减量化和可循环，政府有关部门所面临的具体任务如下。

一是组织制定快递业环保包装技术标准，明确规定快递用封套、包装箱和包装袋等相关物品材料、制作等的环保要求。

二是加强行业统计监测，指导企业建立健全快递包装用具用品管理制度。邮政管理部门应当通过信息化手段加强对快递企业生产运营各环节和快递从业人员的监管，及时发现快递企业过度包装、二次包装等行为，指导企业在内部建立起以"简约、环保、安全和可回收"为核心的健全快递包装用品用具生产管理制度。

三是探索建立快递业绿色包装政产学研合作体系，通过试点的方式向全行业推广可复制的经验和技术。有关部门应促进各大高校、科研院所与快递企业就环保包装材料研发、包装循环利用等方面进行深度合作，依托各大高校和科研院所的专业力量积极探索污染小、可回收、成本低且具有市场前景的快递包装材料，并在相关企业开展试点工作，最终将成功和可复制的经验在全行业进行推广。

四是加大财政支持力度，鼓励快递企业和消费者使用环保包装材料。邮政管理部门应同相关机构制定、出台财政、税收等利好政策，支持、鼓励快递企业使用环保包装材料，对主动使用环保包装材料或主动回收快递包装箱的快递企业予以税收减免、财政补贴等优惠政策。同时应加大宣传力度，利用媒体等各种途径鼓励消费者使用环保包装材料，循环使用快递包装箱，从而在全社会营造"绿色快递"的消费理念。

五是探索建立黑名单和责任追究机制，加大对相关企业和责任人的惩罚力度。对于那些违反国家标准，使用非环保包装材料的快递企业，应当建立相应惩罚机制，对执行国家关于推广快递绿色包装工作不力的单位也应建立责任追究制度，从而提高快递包装治理工作的有效性。

近年来，快递市场监管部门在快递业绿色发展方面已开展了一系列工作，并取得了较好的成绩。例如，2019年12月18日经第30次部务会议通过的《邮政业寄递安全监督管理办法》（中华人民共和国交通运输部令2020年第1号），明确寄递企业使用环保材料对邮件、快件进行包装的义务和相应法律责任。印发《邮政快件包装废弃物回收箱应用参考》，规范包装废弃物回收箱设置。联合国家市场监督管理总局推进包装绿色产品认证体系建设。印发《关于报送邮政业生态环境保护工作信息的通知》，建立完善的信息报告工作机制。同时，强化信用约束，将绿色包装治理纳入信用评定指标体系。安徽省芜湖市修订《芜湖市快递管理办法》，将快递行业违反行业生态保护相关规定行为纳入处罚范围。2019年，在快递包装问题上，国家邮政局借"双11"之力，大力推进绿色发展"9571"工程，不断减少电商快件二次包装，在快递末端服务站点布设2.7万个符合规范的快递包装回收装置，同时企业在减少包装物使用、推广电子面单、循环中转袋和包装回收箱等方面均开展了大量工作。

9.3 邮政快递业安全监管与应急管理

在邮政快递业高速发展的背后，也面临诸多问题；尤其是近年来不法分子瞄准邮政快递业运行漏洞，实施违法犯罪的行为越来越多，邮政快递业面临严峻的安全问题，各类安全事故层出不穷。例如，2018年广东深圳北站快递网点违规收寄违禁品事件，2017年山西晋城速尔、优速、天天快递未严格落实收寄验视制度事件，2015年广西柳州包裹爆炸事件等。尽管我国从中央到地方政府均出台文件以促进邮政快递业发展，但良好的发展是在寄递渠道安全的前提下才可实现。因此，加强邮政快递业安全监管、全面加强应急管理工作、有效提升突发事件应对能力已成为我国邮政快递业面临的一项重要而艰巨的任务。

9.3.1 安全监管与应急管理概述

1. 安全监管的概念及功能

安全监管属于安全管理范围，是为了维护人民的生命财产安全，运用行政力量，对安全进行监督与管理的一种特殊活动。安全监管带有一定强制特征，其具体活动包括查检、审核、监督、督导和防患促进等。因此，监管行为往往是一种政府行为，也就是说政府是监管活动的主体；监管的客体一般是政府以外的法人或自然人。根据范围，可以将安全监管分为普通监管和专项监管；根据监管的时间，又可以将安全监管分为事前监管、事中监管及事后监管。

基于上述安全监管的概念及2019年12月18日交通运输部第30次部务会议通过的《邮政业寄递安全监督管理办法》，可将邮政快递业的安全监管理解为：为加强邮政业寄递安全管理，维护邮政通信与信息安全，保障从业人员、用户人身和财产安全，促进邮政业持续健康发展，由国务院邮政管理部门和省、自治区、直辖市邮政管理机构及省级以下邮政管理机构，对在中华人民共和国境内经营邮政业务、快递业务以及接受邮政服务、快递服务的邮政企业和快递企业，开展邮政快递业寄递安全的监督管理工作。

安全监管具有强制性制约、参与、预防、反馈、保障五大功能。其中，强制性制约功能确定了监管的范围，参与功能指出了监管的过程，预防功能突出了监管的重点，反馈功能为监管提供依据，保障功能则是监管的出发点和落脚点。它们之间相互联系，相互配合，形成监管活动的功能体系。具体功能内容如下。

（1）强制性制约功能。为了保证管理目标的顺利实现，对管理过程中的各个要素、各个环节、各个阶段进行的检查、牵制活动，主要是通过即时纠偏，使管理沿着正确的轨道运行，保证管理目标的顺利实现。例如，《邮政业寄递安全监督管理办法》第三十七条规定："邮政企业、快递企业违反本办法第十条第一款、第十二条第一款规定，未按照国务院邮政管理部门的规定做出收寄验视标识、安全检查标识的，由邮政管理部门责令限期改正；逾期未改正的，处5000元以下的罚款。"

（2）参与功能。为了保证监管活动的有效性，监管者参与每项具体管理活动，并在参与中实施监管。监管活动要渗透于决策、计划、实施、监督、评价等每一环节之中。例如，《邮政业寄递安全监督管理办法》第十六条提出："邮政企业、快递企业和用户应当依照法律、行政法规的规定，防止邮件、快件过度包装，减少包装废弃物。鼓励邮政企业、快递企业采取措施回收邮件、快件包装材料，实现包装材料的减量化利用和再利用。"

（3）预防功能。除了检查纠偏外，还要善于发现和寻找各种对未来工作产生不利影响的现实因素或潜在因素，以预防、阻止各种错误和偏差的产生和出现，保证管理目标的顺利实现和管理最佳效益的获得。例如，《邮政业寄递安全监督管理办法》第七条规定："用户交寄邮件、快件应当遵守国家关于禁止寄递或者限制寄递物品的规定，不得利用邮件、快件危害国家安全、社会公共利益或者他人合法权益。"

（4）反馈功能。监管是一种反馈，而且是一种及时反馈，对管理起着重要的促进作用。监管首要是检查，通过审核检查，能及时发现存在的各种问题和偏差，从决策的目标是否先进，计划的安排是否合理，指挥是否得力，协调是否有效，以及组织机构是否健全完备等各方面都能反馈有关信息。例如，《邮政业寄递安全监督管理办法》第二十五条规定："邮政企业、快递企业应当按照邮政管理部门的规定预留安全监管数据接口，收集、分析与寄递安全有关的信息，确保数据真实、完整，并按时向邮政管理部门报送。"

（5）保障功能。监管是最为有效的一种保障，即使国家与广大人民群众的利益得到实现。例如，《邮政业寄递安全监督管理办法》第十五条规定："邮政企业、快递企业向寄件人长期、批量提供寄递服务的，应当与寄件人签订安全协议，明确自身与签订安全协议的寄件人的安全保障义务。"

2. 应急管理的概念及特点

应急管理是指政府及其他公共机构在突发公共事件的事前预防、事发应对、事中处置和事后管理过程中，通过建立必要的应急机制，运用科技、管理等手段采取一系列必要措施，以保障公众生命财产安全、促进社会和谐健康发展的有关活动。应急管理是一个动态管理，包括预防、准备、响应和恢复4个阶段，均体现在管理突发公共事件的各个阶段。应急管理是一个完整的系统工程，可以概括为"一案三制"，即突发公共事件应急预案、应急机制、体制和法制。

结合2019年12月31日国家邮政局印发的《国家邮政业突发事件应急预案》（2019年修订）和《邮政业人员密集场所事故灾难应急预案》（国邮发〔2019〕96号）等专项应急预案，可将邮政快递业的应急管理理解为：国家邮政局、省级邮政管理机构和省级以下市（地）级及以下邮政管理机构在邮政快递业突发事件的管理过程中，通过建立应急机制，采取的预防预警、信息报告、应急处置、后期处置、保障措施、预案管理等相关措施。

应急管理是对突发公共事件的全过程管理。其中，邮政快递业突发事件是指邮政快递业突然发生的，造成或者可能造成人员伤亡、财产损失、运营网络阻断、用户信息泄露等危及邮政快递业安全稳定和寄递渠道安全畅通的紧急事件。可将邮政快递业突发事件按照起因源头分为两类。①行业外事件引发的邮政快递业突发事件。因自然灾害和行业外事故灾难、公共卫生事件、社会安全事件引发的人员伤亡、财产损失、运营网络阻断、用户信息泄露等事件。②行业内风险引发的邮政快递业突发事件。因行业自身安全隐患、矛盾纠纷等安全风险引发的人员伤亡、财产损失、运营网络阻断、用户信息泄露等事件。

应急管理是一项重要的公共事务，既是政府的行政管理职能，也是社会公众的法定义务。同时，应急管理活动又有法律的约束，具有与其他行政活动不同的特点。应急管理的特点主要包括政府主导性、社会参与性、行政强制性、目标广泛性、管理局限性5个方面。

（1）政府主导性。应急管理的主体是政府、企业和其他公共组织，其中的责任主体是政府，政府起主导性作用。政府的主导性作用体现在两个方面：①政府主导性是由法律规定的。《中华人民共和国突发事件应对法》规定，县级人民政府对本行政区域内突发事件的应对工作负责，涉及两个以上行政区域的，由有关行政区域共同的上一级人民政府负责，或者由各有关行政区域的上一级人民政府共同负责，从法律上明确界定了政府的责任；②政府主导性是由政府的行政管理职能决定的。政府掌管行政资源和大量的社会资源，拥有组织严密的行政组织体系，具有庞大的社会动员能力，这是任何非政府组织和个人无法比拟的行政优势，只有由政府主导，才能动员各种资源和各方面力量开展应急管理。

（2）社会参与性。《中华人民共和国突发事件应对法》规定："公民、法人和其他组织有义务参与突发事件应对工作。"从法律上规定了应急管理的全社会义务。尽管政府是应急管理的责任主体，但是也需要全社会的共同参与，对应突发事件才能取得良好效果。

（3）行政强制性。应急管理主要依靠行使公共权力对突发事件进行管理。公共权力具有强制性，社会成员必须绝对服从。在处置突发事件时，政府应急管理的一些原则、程序和方式将不同于正常状态，权力将更加集中，决策和行政程序将更加简化，一些行政行为将带有更大的强制性。当然，这些非常规的行政行为必须有相应法律、法规作保障，应急管理活动既受到法律、法规的约束，须正确行使法律、法规赋予的应急管理权限，同时又可以以法律、法规为手段，规范和约束管理过程中的行为，确保应急管理措施到位。

（4）目标广泛性。应急管理以维护公共利益、社会大众利益为己任，以保持社会秩序、保障社会安全、维护社会稳定为目标。换句话说，应急管理追求的是社会安全、社会秩序和社会稳定，关注的是包括经济、社会、政治等方面在内的公共利益和社会大众利益，其出发点和落脚点就是把人民群众的利益放在第一位，保证人民群众生命财产安全，保证人民群众安居乐业，为社会全体公众提供全面优质的公共产品，为全社会提供公平公正的公共服务。

（5）管理局限性。一方面，突发事件的不确定性决定了应急管理的局限性。另一方面，在突发事件发生后，尽管管理者做出了正确的决策，但指挥协调和物资供应任务十分繁重，要在极短时间内指挥协调、保障物资，本身就是一件艰巨的工作，特别是一些没有出现过的新的突发事件，物资保障更是难以满足。加之受到突发事件影响的社会公众往往处于紧张、恐慌、激动的情绪之中，情绪不稳定，加大了应急管理难度。

9.3.2 邮政快递业安全监管的内容

邮政快递业安全监管所涵盖的范围不仅包括行业的安全运行，也包括对从业人员生命安全的监管。具体来看，我国邮政快递业安全监管的主要内容有3个方面：①对禁寄物品的监管；②行业信息安全监管；③生产作业各环节的安全监管。其中，对禁寄物品的安全监管属于生产作业各环节安全监管的范畴，但因为对禁寄物品的安全监管贯穿整个生产作业环节，且其在行业安全监管中具有重要意义，因此将其单独列出说明。

1. 对禁寄物品的监管

对禁寄物品的监督管理是行业安全监管的核心内容，也是世界各国快递市场监管的重点。由于禁寄物品本身具有危害性，可能会对人民群众的生命财产安全及社会稳定产生不利影响，因而需要国家有关部门对其进行严格管制，以保证全行业的安全运行。

禁寄物品是指国家法律、法规明令禁止寄递的物品。其主要包括：①危害国家安全、扰乱社会秩序、破坏社会稳定的各类物品；②危及寄递安全的爆炸性、易燃性、腐蚀性、毒害性、感染性、放射性物品；③法律、行政法规及国务院和国务院有关部门规定禁止寄递的其他物品。

我国邮政管理部门对禁寄物品的监管包括如下内容。

（1）明确禁寄物品的含义和范围。2016年，国家邮政局、公安部、国家安全部印发《禁止寄递物品管理规定》，在其附录《禁止寄递物品指导目录》中明确规定了19类禁寄物品，包括枪支（含仿制品、主要零部件）弹药，管制器具，爆炸物品，压缩和液化气体及其容器，易燃液体，易燃固体、自燃物质、遇水易燃物质，氧化剂和过氧化物，毒性物质，生化制品、传染性、感染性物质，放射性物质，腐蚀性物质，毒品及吸毒工具、非正当用途麻醉药品和精神药品、非正当用途的易制毒化学品，非法出版物、印刷品、音像制品等宣传品，间谍专用器材，非法伪造物品、侵犯知识产权和假冒伪劣物品，濒危野生动物及其制品，禁止进出境物品，其他物品。

（2）加强监管防止禁寄物品进入寄递渠道，并对违反规定的责任主体进行处罚。《禁止寄递物品管理规定》中出台了多项旨在加强监管，防止禁寄物品进入流通渠道的配套措施，包括推行快递实名制、完善寄递服务信息登记制度、定期开展安全隐患排查整治活动以打击违法犯罪行为。

（3）指导快递企业安全处置禁寄物品。由于我国快递企业和消费者数量庞大，而监管力量相对薄弱，在一些情况下禁寄物品可能会进入流通渠道，因此当快递企业收到禁寄物品之后，有必要掌握禁寄物品的安全处置方法，防止安全事故的发生。在《禁止寄递物品管理规定》中对寄递服务企业处置禁寄物品的方法进行了说明，当邮政快递企业发现禁寄物品时，应按照规定向有关部门进行通报，按要求进行处理。

2. 行业信息安全监管

邮政快递业信息安全监管主要是指对用户信息安全的监管，邮政快递用户的个人信息包括寄（收）件人的姓名、地址、身份证号码、电话号码、单位名称，以及寄递详情单号、时间、物品明细等内容。

近年来，邮政快递业用户个人信息被泄露的事件屡屡发生，更加凸显行业信息安全监管完善的紧迫性和必要性。在我国《寄递服务用户个人信息安全管理规定》中明确规定了各级邮政管理部门负责各自辖区范围内的邮政快递业寄递用户信息安全监管工作，并要求邮政管理部门应当与有关部门配合，健全寄递用户信息安全保障机制，维护寄递用户信息安全。

对邮政快递企业来说，应当不断加强企业对用户信息安全的保障，建立健全相应配套制度，明确企业内各部门、各岗位的责任，特别是要加强寄递详情单实物信息和寄递详情单电子信息的安全管理，防止用户个人信息泄露。对邮政管理部门来说，快递信息安全监管的主要内容包括：①制定保障快递用户信息安全的法律法规、政策和相关标准；②监督、指导邮政快递企业落实信息安全责任制，督促企业加强用户信息安全管理；③对寄递用户信息安全进行监测、预警和应急管理；④监督、指导邮政快递企业开展寄递用户信息安全宣传教育和培训；⑤依法对邮政快递企业实施寄递用户信息安全监督检查；⑥组织调查或者参与调查寄递用户信息安全事故，依法查处违反寄递安全信息管理规定的行为；⑦法律法规规定的其他监管任务。

为加强行业信息安全监管，2015年10月26日，在国务院印发的《国务院关于促进快递业发展的若干意见》中提出实施寄递渠道安全监管"绿盾"工程。"绿盾"工程是以注重当前、着眼长远的思路，着重强化顶层设计，从消费者、市场主体、政府部门、社会组织等方面进行有效监管，从法律标准、责任、诚信、多维度构建防范体系，大力推进行业安全生产的信息化、标准化、规范化，全面提升安全监管的水平。"绿盾"工程主要包括：一是要落实整个安全生产设备的配置规范，以安检能力建设为重点，强化企业安全设备配备的标准化；二是积极推进寄递实名制，引导企业推广使用电子面单，研制集第二代居民身份证识别、寄递物品品名及禁寄物品清单、收寄地址、电话号码录入等功能为一体、方便携带的信息采集终端设备，研发邮件、快件面单信息自动识别、图文转化等先进技术，建立分类管理和拓展应用的综合信息平台。

2021年11月1日，我国首部专门针对个人信息安全的系统性、综合性法律《个人信息保护法》出台。随着《个人信息保护法》的正式施行，对用户信息进行加密、去标识化等安全技术措施已经成为邮政快递企业必须履行的法定义务。邮政快递业应以实行《个人信息保护法》为契机，进一步完善行业个人信息保护制度，特别是对隐私面单功能的全面推行。

3. 生产作业各环节的安全监管

邮政快递业寄递作业的基本环节包括四大部分，即收寄、分拣、运输和投递，对这4个基本作业环节的安全监管是快递行业安全监管的重要内容，对保障寄递服务渠道的安全畅通具有重要意义。

（1）收寄环节。收寄环节是邮政快递安全运营的第一步，也是最重要的一步，我国相关法律法规明确要求邮政快递企业执行收寄验视制度，当发现禁寄物品时及时向寄件人说明或向国家有关部门通报处理。近年来，我国邮政监管部门积极落实收寄验视、实名收寄、过机安检——"三项制度"，出台了《快递业务操作指导规范》《邮件快件收寄验视规定（试行）》等相关规定，对收寄环节的企业责任、验视内容、不予收寄的情形及用户义务等进行了详细的规定和说明。

（2）分拣环节。为保障安全、高效地完成分拣作业，国家邮政局在《快递业务操作指导规范》中对分拣作业的操作规范做出了一系列规定，其主要内容包括：①快件处理场所及其设施设备应当符合国家有关规定的要求；②快递工作人员的操作应当符合国家和快递企业的相关标准，保障分拣作业的规范；③当快递企业工作人员在分拣过程中发现问题快件时应按照有关处理办法停止寄递，并通报有关部门进行处理。

（3）运输环节。一方面保障快件在运输过程中不受损坏，另一方面还要保障运输人员和运输工具的安全。为此，我国出台了一系列规定以加强对邮件运输环节的安全监管。例如，国家邮政局要求所有快递干线运输车辆宜实行双人派押，宜安装全球定位终端系统，并对运输车辆进行定期保养和维护。

（4）投递环节。在投递环节，为了保障能够安全将快件投递至消费者手中，快递员和消费者等有关主体应加强快件验收制度，快递企业应对无法投递又无法退回的快件进行妥善处理。2014年1月14日，国家邮政局印发《无法投递又无法退回邮件管理办法》，要求邮政快递企业建立管理制度，加强对无法投递又无法退回快件的管理。

9.3.3　邮政快递业应急管理的内容

为应对日益严峻的行业安全形势，全面提升邮政快递业突发事件应急管理水平，加强邮政快递业应急管理具有重要意义。本节将以《国家邮政业突发事件应急预案》为依据，主要从应急管理机构体系、预防预警、应急处置、后期处置等几个方面进行介绍。

1. 应急管理机构体系

国家邮政快递业突发事件应急管理机构体系由国家级（国家邮政局）、省级（省级邮政管理机构）和省级以下市（地）级及以下邮政管理机构应急管理机构组成。

邮政快递业突发事件应急管理机构包括应急领导机构、应急工作机构、现场工作组和专家组等，应急领导机构和应急工作机构为常设机构。省级和省级以下邮政管理机构应当参照本预案，根据本地区实际情况成立应急管理机构，明确工作职责。邮政快递企业应结合本企业实际情况成立应急管理机构，明确工作职责。

（1）应急领导机构。国家邮政局成立国家邮政业突发事件应急工作领导小组（以下简称"国家邮政业应急领导小组"），负责全国邮政业应急管理工作，局长任组长，分管副局长任副组长，局内相关部门、单位主要负责人任成员。

（2）应急工作机构。国家邮政业应急领导小组下设国家邮政业突发事件应急工作办公室（以下简称"国家邮政业应急办公室"），设在市场监管司（安全监督管理司），局内其他有关司室参与、协助做好相关工作。

（3）现场工作组。现场工作组是国家邮政业应急领导小组处置Ⅰ级突发事件时指定成立并派往事发地的临时机构。现场工作组由市场监管司（安全监督管理司）牵头，相关司室和单位派员参加，必要时由国家邮政业应急领导小组组长或者副组长带队。

（4）专家组。专家组是国家邮政业应急领导小组根据实际需要聘请应急管理、工程技术、生产经营、政策法律、舆情管控等方面专家组成的应急咨询机构，为应急管理提供决策建议，必要时参加突发事件应急处置工作。

2. 预防预警

（1）预防

对于各级邮政管理机构，要按照预防和应急并重的要求，建立风险管理长效机制，加强对邮政快递企业的安全监管，维护寄递渠道的安全畅通，保障邮政快递业安全稳定地运行。

邮政企业和快递企业应当对本企业容易引发事故灾难的危险源、危险区域进行调查、登记、风险评估，对重大风险点和危险源要制定防控措施、整改方案和应急预案，同时做好监控和应急处置准备工作。加强从业人员应急管理教育培训，定期开展突发事件应急演练，提升从业人员预防、处置突发事件意识和能力。

（2）监测

各级邮政管理机构及邮政企业、快递企业应当建立监测机制，加强邮政业突发事件监测工作，收集、接收、整理气象局、水利部、交通运输部、应急管理部、公安部等部门的预警信息和邮政业相关安全信息，对可能发生的突发事件进行综合评估和趋势分析，及时提示风险，提供预警支持。充分发挥各级邮政业安全中心作用，运用科技信息化手段主动监测、发现、报告安全风险和预警信息。

（3）预警

预警主要包括预警信息、预警启动、预警响应及预警终止4个方面的内容。

预警信息。预警信息来源主要包括：①党中央、国务院工作部署和工作要求。②气象局、水利部、交通运输部、应急管理部、公安部等部门对外发布的自然灾害、生产安全事故、社会群体性事件等预警信息。③各级邮政管理机构及邮政企业、快递企业上报的信息；通过国家邮政业监督管理信息系统、12305邮政业消费者申诉、社会举报投诉等渠道收集到的行业运行信息。④舆情信息。邮政企业、快递企业应当对各类风险信息进行分析研判，认为可能演变为突发事件的，应当按照相关规定第一时间报告当地邮政管理机构。邮政管理机构在接到报告后，应当按规定向上级邮政管理机构报告；省级邮政管理机构接到报告后，应当及时、准确地向国家邮政局报告。

预警启动。国家邮政局在接收到特别重大风险信息后，经分析评估，认为可能发展成为Ⅰ级突发事件的，依照以下程序启动预警：①国家邮政业应急办公室向国家邮政业应急领导小组提出预警启动建议；②国家邮政业应急领导小组在接到建议后2小时内做出是否启动预警的决定；③在国家邮政业应急领导小组做出启动预警的决定后，国家邮政业应急办公室在1小时内，视情况采取电话、互联网、视频会议、传真电报等一种或者多种媒介形式向可能受到影响地区的省级邮政管理机构发布预警，部署防御措施。预警内容包括可能发生的事件情形、起始时间、风险评估、影响范围，以及应对措施、警示事项等。④预警是否向社会发布，由国家邮政业应急领导小组根据实际情况决定，如需向社会发布，应当在接到事件信息报告后3小时内由国家邮政业应急办公室通过公开信息渠道向社会发布预警。

预警响应。预警启动后，国家邮政局应当采取以下部分或者全部措施。①国家邮政业应急办公室加强对事件的监测，随时掌握并报告事态进展情况；实施预警信息专项报送和动态日报制度，并根据事态发展情况和国家邮政业应急领导小组要求，随时增加信息报告频次；加强与国务院相关部门的沟通，及时通报事件相关信息。②组织相关部门和人员加强对突发事件信息的动态分析评估，预测发生突发事件的可能性、影响范围和严重程度，以及可能发生的突发事件的级别。③国家邮政业应急领导小组成员迅速到位，及时掌握事件相关信息，研究部署应对处置工作。④应急队伍和相关人员24小时备勤，随时待命。⑤指导督促相关邮政快递企业加强对本企业的应急监测，做好人员车辆调度、物资筹备等应急处置准备工作。⑥做好新闻宣传和舆论引导工作。⑦其他必要措施。

预警终止。预警终止，应当采取以下部分或者全部措施：①国家邮政业应急办公室根据事态发展情况，认为符合预警终止条件的，向国家邮政业应急领导小组提出预警终止建议；②国家邮政业应急领导小组同意预警终止时，做出预警终止决定，提出后续处理意见；③国家邮政业应急办公室在预警终止决定做出后2小时内通知有关部门和单位；④如果国家邮政业应急领导小组就同一事件启动应急响应，则预警同步终止。Ⅱ级和Ⅱ级以下突发事件预警启动、响应及终止程序，由相应的邮政管理机构结合本地区、本部门实际自行编制。在预警启动过程中，如发现风险扩大，可能超出本级邮政管理机构应对处置能力的，应当第一时间向上一级邮政管理机构报告。

3. 应急处置

（1）先期处置

在突发事件发生后，事发企业在报告突发事件信息的同时，应当立即启动应急响应，及时、有效地进行先期处置，控制事态发展，并将相关信息及时通报与突发事件有关的政府部门、企事业单位和公民。事发企业应当根据实际情况，在确保人身安全的前提下，立即组织本企业应急救援队伍和工作人员营救遇险、涉险人员，疏散、撤离、安置受威胁人员；控制危险源，标明危险区域，封锁危险场所，并采取其他防止危害扩大的必要措施。对于本企业问题引发的群体性事件，或者本企业人员涉事的事件，企业相关负责人员应当迅速赶赴现场开展劝解、疏导、协调等工作。

（2）应急响应启动

在国家邮政局启动Ⅰ级应急响应时，应按照下列程序实施。

① 国家邮政业应急办公室分析、研判突发事件，确认符合国家邮政局负责响应条件的，向国家邮政业应急领导小组提出Ⅰ级应急响应启动建议。

② 国家邮政业应急领导小组在接到启动建议后2小时内研究决定是否启动Ⅰ级应急响应，如果同意启动，则正式做出Ⅰ级应急响应启动决定。

③ 在Ⅰ级应急响应启动后，国家邮政业应急领导小组根据需要成立现场工作组，派往现场指导开展应急处置工作。

④ 在Ⅰ级应急响应启动后，国家邮政业应急办公室立即启动24小时应急值班，组织开展应急处置工作。

应急响应流程如图9-6所示。

（3）其他等级应急响应

Ⅱ级、Ⅲ级、Ⅳ级应急响应启动、终止及处置等工作内容，由各级邮政管理机构参照Ⅰ级应急响应启动、终止和处置规定，结合本地区、本部门实际情况自行确定。在需要有关应急处置力量支援时，及时向上级邮政管理机构和本级人民政府报告。

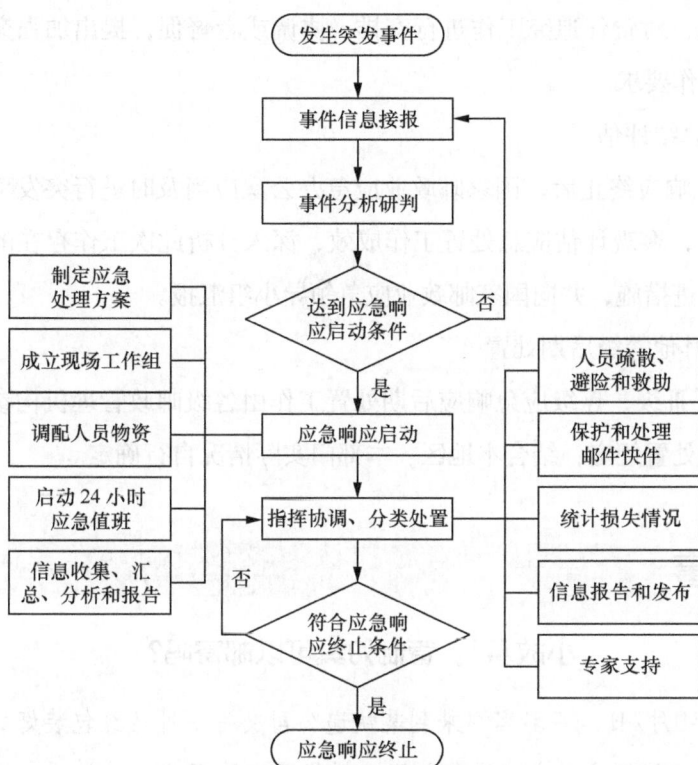

图 9-6 应急响应流程

4. 后期处置

（1）善后处置

国家邮政业应急领导小组指导事发地省级邮政管理机构组织做好善后处置工作。相关邮政管理机构应当对在应急处置工作期间紧急调集、征用有关单位及个人的物资给予补偿，并指导、督促事发企业迅速开展恢复重建工作。事发企业应当尽快恢复正常生产经营秩序，按规定及时向受损用户理赔，按规定对突发事件中的伤亡人员给予救助、抚恤。

（2）事件调查

国家邮政业应急领导小组组织有关司室和专家对 I 级突发事件的起因、经过、影响和恢复重建等问题进行调查、分析和处理，对损失情况及事故后果进行统计评估，对责任追究工作进行安排、协调或者督促，提出加强突发事件防范和处置工作要求。

（3）总结评估

在应急响应终止后，国家邮政业应急办公室应当及时进行突发事件应急处置总结评估，客观评估应急处置工作成效，深入分析此次工作存在的问题，制定下一步改进措施，并向国家邮政业应急领导小组汇报。

（4）其他等级后期处置

Ⅱ级、Ⅲ级、Ⅳ级应急响应后期处置工作由各级邮政管理机构参照Ⅰ级应急响应后期处置规定，结合本地区、本部门实际情况自行确定。

小故事

小故事1：管制刀具可以邮寄吗？

2019年8月7日，一名客户来到某快递公司交寄一件已经包装好的快件。营业部揽投员接待用户并负责进行收寄。揽投员咨询用户内件性质，用户称内装麻将牌及衣物，揽投员要求对快件进行开拆验视，用户称已封装好，不愿打开。但揽投员告知用户包裹收寄相关规定，即揽投员有权验视所邮寄物品内件，并要求必须对快件进行开拆验视，否则无法收寄。在用户同意后打开包裹，发现内件夹寄了两把管制刀具。揽投员立即向用户说明此类物品属于禁寄物品，不允许交寄。在用户将其取出后，揽投员重新对快件进行妥善封装，并严格落实实名制登记后进行了收寄，杜绝了一起收寄禁限寄物品的事件发生。

管制刀具是对社会秩序和公共安全造成重大威胁的禁寄物品，因此我国法律严格禁止管制刀具进入寄递环节。为了实现这一目标，邮政快递企业一方面必须依法建立和严格执行收寄验视制度与安全查验制度，另一方面邮政快递企业从业人员也应当认识到查验寄件人身份和验视收寄物品安全是其法定权利，如果用户拒绝告知真实身份或拒绝验视，工作人员有权拒绝收寄。另外，邮政快递企业应当加强内部违禁品管理制度的建立和执行，以与国家法律规定相适应。

总结而言，管制刀具的防范关乎社会利益，因此邮政快递企业必须加强对该类禁寄物品的管理和防范，建立和完善相应的预防、发现、上报和处置机制，以及时、有效地打击寄递管制刀具的非法行为。

💬 **讨论与思考：**

请你思考邮政快递从业人员是否有权对邮件开拆验视？结合案例，思考与讨论邮政快递从业人员在寄件过程中应当如何防范禁寄物品，以杜绝收寄管制刀具或其他类型的禁寄物品的事件发生？

小故事2：山西邮政快递业全力做好防汛救灾工作

2021年10月，山西省遭遇强降雨天气，局部地区出现暴雨，太原、晋中、吕梁、临汾、运城等地受灾严重。10月5日，山西省邮政管理局党组织针对连续强降雨天气，第一时间做出部署，并启动极端天气应急预案。在部署会上，山西省邮政管理局党组织要求山西省各级邮政管理部门毫不放松加强监测预警预报，科学指导邮政快递企业做好防汛救灾工作。同时，根据实际情况做好预报研判、优化调整应急预案，严格执行24小时值班值守制度，积极做好应急避险工作。加强行业受灾情况和复工复产情况统计，第一时间掌握行业经营转运场所受灾、车辆设备损毁、快件积压等情况，指导邮政快递企业针对不同情况做好应对处置。

邮政快递企业迅速行动起来。他们根据层层负责的原则，分别对分拨中心、营业网点、运输线路等方面进行统筹研判，及时调整邮件快件运输线路，合理分配邮件快件流量，确保邮件快件运转实效和安全，根据当地汛情积极做好应对工作。各企业将行业人员的安全摆在第一位，特别是在汛情发生时一线工作人员的撤离、转移、安置方案，确保行业从业人员的人身安全、生命安全。

应对灾情既要着眼眼前，也要兼顾以后。各邮政快递企业对受灾区域生产经营场所和积压邮快件进行集中处理；同时调度人力、物力、运力，组织生产突击队，采取灵活方式，完成疏运投递，做到可投尽投。另外，做好消费者投（申）诉处理工作，积极主动应对、合理解决消费者快件损失问题，减少社会负面影响，保障用户权益。

💬 **讨论与思考：**

请你结合该案例，从应急管理机构体系、预防预警、应急处置、后期处置几个方面，谈谈山西邮政快递企业是如何应对突发汛情的。深入思考与讨论邮政快递业的应急管理体系对社会安全与行业发展具有哪些重要意义？

复习思考题

1. 邮政普遍服务监管的内涵是什么？

2. 简述邮政普遍服务质量监督管理的法律依据及具体内容。

3. 简述快递市场准入监管的主要内容及流程。

4. 简述我国快递市场监管中社会性监管的主要内容。

5. 举例说明当前快递业负外部性问题的典型表现，并解释其监管的主要任务。

第 10 章 国际邮政组织和国际快递企业

学习目标

1. 了解万国邮政联盟的发展历程与组织结构；

2. 理解万国邮政联盟对我国邮政业发展的意义和作用；

3. 理解区域性邮政联盟的含义、宗旨及区域邮政联盟组织；

4. 了解国际邮政快递企业的基本情况、快递服务及其发展。

导入案例

中国加入万国邮政联盟

万国邮政联盟1874年成立，1948年成为联合国专门机构。万国邮政联盟是商定国际邮政事务的政府间国际组织，其宗旨是组织和改善国际邮政业务，促进此领域的国际合作与发展。为了更广泛地宣传邮政在各国政治、经济和文化发展中的重要意义及作用，1969年，万国邮政联盟第16届代表大会决定将每年的10月9日定为"世界邮政日"。1914年，中国加入万国邮政联盟。新中国成立后，因万国邮政联盟认定的合法席位为"中华民国"；1953年，中华人民共和国停止与万国邮政联盟的往来。1972年，万国邮政联盟恢复中国的合法席位；同年5月，中国通知万国邮政联盟，决定恢复万国邮政联盟的一切活动。自1974年以来，中国参加了历届万国邮政联盟大会，并当选历届邮政经营理事会理事国。中国邮政与世界邮政平等交往，不仅为中国邮政增加了一页光荣历史，也为中华民族维护国家主权与民族尊严增加了一页光荣历史，让邮政人引以为豪。

亚洲-太平洋邮政联盟召开执行理事会全会

2020年7月22日，亚洲-太平洋邮政联盟以在线视频会议的方式召开了执行理事会全会。亚洲-太平洋邮政联盟秘书长林洪亮、万国邮政联盟总局长比沙尔·侯赛因及亚洲-太平洋邮政联盟25个成员国的邮政管理部门和指定经营者代表参加了会议。中国国家邮政局副局长赵民率领由国家邮政局、中国邮政集团有限公司、香港邮政署、澳门邮电局组成的中国代表团出席会议。比沙尔·侯赛因以观察员的身份参加了在线视频会议并致辞。他表示，亚太地区是全球最有活力的地区，有了亚洲-太平洋邮政联盟的支持，万国邮政联盟才能顺利开展工作，尤其感谢中国和日本等国家对万国邮政联盟改革和发展所做的贡献。本次全会共有24项议程，审议了亚洲-太平洋邮政联盟工作报告、财务报告和预算、亚洲-太平洋邮政联盟合作机构工作报告、亚太地区技术中心工作报告、各委员会和工作组报告，批准了2021年工作计划，介绍了第27届万国邮政联盟代表大会、2021年亚洲-太平洋邮政联盟大会情况及新一届亚洲-太平洋邮政联盟秘书长竞选事宜。

💬 讨论与思考：

请大家讨论万国邮政联盟成立的初衷及职责；进一步思考中国加入万国邮政联盟对我国邮政业发展的重要意义，以及亚洲-太平洋邮政联盟和万国邮政联盟的关系。

10.1 国际邮政组织

国际邮政是在国家间开办的邮政业务，这就需要成立国际性邮政组织来协调、规范相关邮政事务。本节主要介绍万国邮政联盟和区域性邮政联盟。

10.1.1 万国邮政联盟

万国邮政联盟（UPU），简称"万国邮联""邮联"，总部设在瑞士首都伯尔尼，是商定国际邮政事务的政府间国际组织，其标志如图10-1所示。在促进国际邮政业务的发展、规范国际邮件的传递、为会员国提供邮政技术援助、解决会员国邮政争端等方面，万国邮政联盟发挥着不可替代的作用。

图 10-1 万国邮政联盟的标志

1. 发展历程

1863年5月，在美国邮政部长蒙哥马利·布莱尔的提议下，在法国巴黎召开了由欧美15个国家和地区参加的第一个世界邮政大会。会议旨在加强国际邮政的协同发展，并通过了一项一般性原则，以供国家之间签订合作协议时参考。但是由于没有实质性的组织结构管理国际邮政事务，当时并未解决各国邮政度量不统一、资费不统一、手续不统一等合作障碍。

在此背景下，北德意志联邦邮政长官海因里希·冯·斯特凡适时提出了成立邮政联盟的构想，欧美众多国家积极响应这一想法。1874年9月15日—10月9日，来自22个国家的代表在瑞士伯尔尼举行了第一次国际邮政代表大会，成立了邮政总联盟。

随着世界经济的快速发展，越来越多的国家和地区要求加入邮政总联盟。鉴于此，1878年5月，在法国巴黎举行的第二次国际邮政代表大会将邮政总联盟名称改为万国邮政联盟，并将邮联总部设在瑞士首都伯尔尼。

为了扩大万国邮政联盟的范围和影响力，万国邮政联盟采用"开放"式政策吸引更多的会员国加入。与此同时，万国邮政联盟组织松散等问题却逐渐增多。在此背景下，1947年7月4日，万国邮政联盟与联合国签订了关系协定，成为联合国负责国际邮政业务的专门机构，也是唯一的国际性邮政组织。截至2019年10月，万国邮政联盟共有192个会员国。

2. 组织机构

万国邮政联盟由万国邮政联盟代表大会、执行理事会、邮政研究咨询理事会和国际局组成。

万国邮政联盟代表大会，是邮政联盟的最高权力机构，通常每5年召开一次会议。其主要任务是修订邮政联盟各项法规，审批工作计划和预算，选举执行理事会和邮政研究咨询理事会的理事国，选举国际局正、副局长等。

执行理事会，是万国邮政联盟代表大会休会期间的执行机构，在两届代表大会之间根据邮政联盟法规的规定，主持邮政联盟的工作。它由万国邮政联盟代表大会按地理上公平分配的原则选出的40个理事国组成，通常每年召开一次会议，以便协调并监督邮政联盟的全部活动。

邮政研究咨询理事会，主要任务是研究有关邮政技术、经营管理、经济和技术合作方面的课题。现由35个理事国组成，一般每年举行一次会议。

国际局，是邮政联盟的办事机构。在对外关系中代表邮政联盟，负责与各邮政主管部门的联络、情报和咨询工作。国际局设总局长和副总局长各一人，由邮政联盟的最高权力机构——万国邮政联盟代表大会选举产生，任期4年，连任不得超过两届。

3. 公约与法规

1874年10月9日，来自22个国家的代表签署了《伯尔尼条约》，1878年5月，修订并改名为《万国邮政公约》。万国邮政联盟规定了国际邮件转运自由的原则，统一了国际邮件处理手续和资费标准，简化了国际邮政账务结算办法，确立了各国邮政部门争讼的仲裁程序。

1964年，万国邮政联盟第十五届万国邮政联盟代表大会按照组织条例与业务规定分开的原则，将原《万国邮政公约》分为《万国邮政联盟组织法》《万国邮政联盟总规则》《万国邮政公约》（含实施细则）。

万国邮政联盟的主要法规与邮政业务协定如表10-1所示。其中，会员国有权对《万国邮政公约》某项规定提出保留，将保留项目列入《万国邮政公约最后议定书》。同时，对于邮政业务规定及其实施细则仅对会员国有约束力。会员国有权对协定某项规定提出保留，将保留项目列入有关协定的最后议定书。

表 10-1　万国邮政联盟的主要法规与邮政业务协定

法规类别	法规名称	法规介绍
万国邮政联盟组织条例	《万国邮政联盟组织法》	万国邮政联盟的组织条例和万国邮政联盟的法规的基本规定
	《万国邮政联盟总规则》	实施组织法和正常进行联盟工作的各项具体规定
	《万国邮政公约》	包括适用于国际邮政业务的共同规则和有关函件业务的规定
邮政业务协定	《国际邮政包裹协定》	各缔约国相互间邮政包裹业务共同依据的准则
	《邮政汇票协定》	各缔约国相互间交换邮政汇票业务共同依据的准则
	《邮政支票业务协定》	各缔约国相互间开办的邮政支票业务为邮政活期账户所提供的一切服务
	《代收货价邮件协定》	各缔约国相互间开办的代收货价邮件互换业务
	《托收票据协定》	各缔约国相互间托收票据业务共同依据的准则
	《国际储蓄业务协定》	各缔约国相互间进行国际储蓄业务共同依据的准则
	《订阅报纸和期刊协定》	各缔约国相互间订阅报纸和期刊共同依据的准则

4. 中国加入万国邮政联盟的发展历程

中国于1914年3月1日加入万国邮政联盟。中华人民共和国成立后，中国政府曾派代表出席了万国邮政联盟召开的有关会议。鉴于1951年5月21日，万国邮政联盟声称合法席位为"中华民国",中华人民共和国中断同万国邮政联盟的关系。联合国第26届大会通过决议,中华人民共和国取代"中华民国"在联合国的合法席位,万国邮政联盟于1972年4月13日通过决议,承认中华人民共和国政府是中国在万国邮政联盟中的唯一合法代表,同年5月8日,中华人民共和国政府通知万国邮政联盟,决定参加万国邮政联盟的一切活动。从20世纪80年代初起,中华人民共和国成为万国邮政联盟执行理事会和邮政研究咨询理事会的理事国。

1999年8月,万国邮政联盟第22届大会在北京举行。作为联合国的一个专门机构,这是该组织成立125年来首次在中国召开的大会。万国邮政联盟的189个会员国和20多个国际组织的代表约2000人参加此次会议,共同研究解决世界邮政所面临的各种紧迫问题,探讨新世纪世界邮政的发展方向。

2004年9月,第23届万国邮政联盟大会在罗马尼亚首都布加勒斯特举行。中国政府推荐的候选人黄国忠当选为万国邮政联盟国际局副总局长。这是中国乃至亚太地区候选人首次当选这一联合国专门机构的高层领导职务。

2008年7月,第24届万国邮政联盟大会在瑞士日内瓦举行。黄国忠连任万国邮政联盟国际局副总局长,大会通过了新的世界邮政发展战略,审议并通过了万国邮政联盟各项法规修订案以及未来4年工作计划等。

2012年9月,第25届万国邮政联盟大会在卡塔尔多哈举行。大会选举产生了新一届行政理事会和邮政经营理事会理事国,中国高票连任邮政经营理事会理事国。根据万国邮政联盟法规,每一届万国邮政联盟大会都要选举新的理事会,行政理事会理事国席位只能连任两届。中国在2004年、2008年均被选为行政理事会理事国,故下一周期法定轮空。

2016年10月6日,在土耳其伊斯坦布尔举行的第26届万国邮政联盟大会上,我国成功当选新一届万国邮政联盟行政理事会和邮政经营理事会理事国,这对于推动我国邮政深度参与国际邮政事务,扩大我国在邮政领域的影响,具有重要的意义。万国邮政联盟行政理事会理事国当选两届之后须休一届,方能继续参加竞选。这次高票当选之后，我国再次获得"双料"理事国地位，大大提高了中国在国际邮政合作事务中的话语权。

2019年11月26日，万国邮政联盟电子商务时代跨境合作全球大会在厦门举行，该大会由万国邮政联盟主办，国家邮政局、中国邮政集团公司和厦门市政府联合承办。大会发布了万国邮政联盟在跨境电子商务领域达成的一项重要全球性共识——《厦门倡议》，呼吁邮政、海关、航空和铁路等各利益相关方在跨境电子商务领域通力合作，展示了世界邮政推进可持续发展、拥抱更好的世界和未来的愿景。

2021年8月，第27届万国邮政联盟代表大会在科特迪瓦阿比让举行。大会采取线上线下相结合的方式。国家邮政局局长马军胜率中国代表团出席线上开幕式。中国代表团由外交部、国家邮政局、中国邮政集团有限公司、香港邮政署、澳门邮电局等代表组成。我国驻科特迪瓦大使万黎现场出席，并代表中国政府签署了修订后的万国邮政联盟法规。中国成功连任新一届万国邮政联盟行政理事会和邮政经营理事会理事国，当选邮政经营理事会副主席国。

10.1.2　区域性邮政联盟

区域性邮政联盟是由3个或3个以上万国邮政联盟会员国组成的区域性国际邮政组织，简称区域性邮联。为促进各国邮政间的合作和改善国际邮政业务，万国邮政联盟自成立以来就允许其会员国建立区域性邮政联盟或缔结特别协定。为了促进万国邮政联盟和区域性邮政联盟之间的联系合作，区域性邮政联盟可以派观察员列席万国邮政联盟代表大会、万国邮政联盟执行理事会和邮政经营理事会的各种会议。万国邮政联盟可以派观察员列席区域性邮政联盟大会和各种会议。

建立区域性邮政联盟的宗旨在于方便及改善各区域内会员国之间的邮政往来，促进区域邮政业务合作。例如，在会员国之间相互给予减低资费和减免转运费等优惠。建立区域性邮政联盟必须具备4个条件：①至少3个会员国；②

签署一项处理邮政问题的公约，并制定若干工作条款；③具备必要的机构，定期召开会议；④制定的邮政业务条款应比万国邮政联盟法规的条款更利于公众。

本节主要介绍以下区域性邮政联盟：亚洲-太平洋邮政联盟、卡哈拉邮政组织、美西葡邮政联盟、北欧国家邮政联盟、阿拉伯邮政联盟。

1. 亚洲-太平洋邮政联盟

亚洲-太平洋邮政联盟是根据万国邮政联盟组织法规决定成立的亚太地区政府间国际组织，简称亚太邮联或APPU。

为了协调和发展亚洲和大洋洲一些国家之间的邮政关系，促进彼此之间进行邮政业务合作，1961年1月，亚太相关国家在菲律宾马尼拉召开会议并签署了《亚洲大洋洲邮政公约》。参会的国家有澳大利亚、日本、马来西亚、新加坡、菲律宾、泰国和韩国。根据该公约，亚洲大洋洲邮政联盟正式成立，总部设在菲律宾马尼拉。1981年3月，其更名为"亚洲-太平洋邮政联盟"。2000年，亚太邮联将总部从菲律宾马尼拉迁至泰国曼谷。目前，亚太邮联共有32个成员国。

2. 卡哈拉邮政组织

卡哈拉邮政集团由全球10个重要邮政机构组成，包括中国邮政集团有限公司、澳大利亚邮政、西班牙邮政、法国邮政、香港邮政、日本邮政、韩国邮政、英国皇家邮政、新加坡邮政和美国邮政。卡哈拉邮政组织的合作内容包括：结合各会员邮政自身的发展情况，按照卓越产品、标准产品、增强型航空包裹产品3个层次开展跨境速递与航空包裹业务。

卡哈拉邮政组织的目标是：（1）应对私营邮政机构的竞争。在世界邮政市场的开放趋势中，世界各国的公共邮政服务部门面临着来自私营快递企业和其他邮政同盟的竞争压力。通过联盟形式构成长期战略伙伴关系，在资源互补、优化配置的基础上发展核心业务，增强竞争实力。（2）降低邮政成本。通过改进会员国邮件的运输和投递水平，逐步完善国际邮件的投递网络，并在此基础上开展各种邮政新业务，在网络效应的帮助下降低邮政经营成本。（3）品牌共享。面对世界邮政联盟、并购和合作，卡哈拉邮政组织致力于组建地区性合作联盟，将合作业务范围推至更深层次，会员国利用卡哈拉邮政组织的品牌开展业务，共享品牌价值，应对私营快递企业的挑战。

3. 美西葡邮政联盟

该组织简称美西葡邮联。1911年，南美邮政联盟在乌拉圭首都蒙得维的亚市正式成立，1931年马德里大会决定改名为美洲和西班牙邮政联盟，缩写为UPAE，简称美西邮联。1991年葡萄牙加入后，再改为现名。会员国包括美国、阿根廷、玻利维亚、巴西、加拿大、智利、哥伦比亚、哥斯达黎加、古巴、多米尼亚、萨尔瓦多、厄瓜多尔、西班牙、危地马拉、海地、洪都拉斯、墨西哥、尼加拉瓜、巴拿马、巴拉圭、秘鲁、葡萄牙、苏里南、乌拉圭、委内瑞拉。

4. 阿拉伯邮政联盟

阿拉伯邮政联盟是由阿拉伯国家组成的区域性邮政联盟，成立于1952年。1989年起其活动由阿拉伯国家联盟总秘书处负责。联盟总部设在开罗。联盟由阿尔及利亚、埃及、巴林、吉布提、伊拉克、约旦、科威特、黎巴嫩、利比亚、毛里塔尼亚、摩洛哥、巴勒斯坦、卡塔尔、沙特阿拉伯、索马里、苏丹、阿曼、叙利亚、突尼斯、阿拉伯联合酋长国、也门组成。

5. 北欧国家邮政联盟

北欧国家邮政联盟于1946年正式成立，会员国包括丹麦、芬兰、冰岛、挪威、瑞典。该邮政联盟由每个会员国邮政主管部门轮流主持。

10.2 国际快递企业

国际快递企业是指在全球范围内提供"门到门"服务的快递公司。根据全球国际快递业务分布的广泛程度及快递企业实时的动态发展，本节主要介绍几个主要的国际快递公司，包括敦豪航空货运公司、联邦快递集团、美国联合包裹服务运送公司和中国邮政速递物流股份有限公司。

10.2.1 敦豪航空货运公司（DHL）

敦豪航空货运公司（简称"DHL"）是全球知名的邮递和物流集团Deutsche Post DHL旗下公司，主要包括以下几个业务部门，DHL Express、DHL Global Forwarding、DHL Freight、DHL Supply Chain和DHL eCommerce Solutions。DHL在快递、空运、海运、陆运、合同物流解决方案及国际邮递等领域提供专业性服务。

1. DHL简介

DHL是在美国创立，为德国邮政集团100%持股的快递货运公司，是目前世界上最大的航空快递货运公司之一。DHL是一家全球性的国际快递公司，提供专业的运输、物流服务，在五大洲设有将近34个销售办事处及44个邮件处理中心。DHL拥有全球性寄递网络，其运输网络覆盖全球220多个国家和地区的120 000多个目的地（主要城市）。它是全球快递、洲际运输和航空货运的重要服务商，也是全球第一的海运和合同物流提供商，致力于为客户提供从文件到供应链管理的全系列的物流解决方案。

2. 快递服务

DHL坚持为客户节约财富。凭借这一概念，一个新的行业诞生了——国际航空快递，通过飞机快速运送文件和货物。DHL的网络正在不断以惊人的速度扩展。它向西不断挺进，从夏威夷到东亚及环太平洋地区，然后是中东、非洲和欧洲。结合国际航空、汽运及铁路运输，DHL为各行业的企业及个人提供高效的快递服务，并通过当日快递、限时快递与限日快递3条产品线，为客户提供多方面的产品组合以满足客户对转运时间的要求。

3. DHL在中国

1986年12月1日，DHL与中国对外贸易运输（集团）总公司合资成立了中外运敦豪国际航空快递有限公司（简称"DHL中外运敦豪"），双方各占一半股权。DHL中外运敦豪将DHL在国际快递业的丰富经验和中国对外贸易运输（集团）总公司在中国外贸运输市场的经营优势成功地结合在一起，为中国各主要城市提供国际航空服务。该公司在国内21个城市设立了130多个办事处，形成了大规模、覆盖面广的空运速递网络，拥有1800多名员工，拥有450多辆运输车，其市场占有率达到了1/3。

DHL中外运敦豪的业绩获得了业界普遍认可，并屡获殊荣。在2006年举办的中国国际呼叫中心与客户关系管理大会上，DHL中外运敦豪一举赢得"2006中国最佳呼叫中心"等3项大奖。DHL中外运敦豪秉承"客户为先"的理念，全心全意为客户服务，不断满足客户日益增长的快递物流需求，推动中国航空快递业迈向新高峰。随着中国经济的迅速增长，DHL中外运敦豪亦创下骄人业绩，公司每年平均增长率为40%，营业额跃升60倍之多。DHL中外运敦豪的营业额在中国的市场占有率达到36%。

10.2.2 联邦快递集团（FedEx）

联邦快递集团（简称"FedEx"）是一家国际性速递集团，提供隔夜快递、地面快递、重型货物运送、文件复印及物流服务，总部设于美国田纳西州的孟菲斯市，隶属于美国联邦快递集团（FedEx Corp）。

1. FedEx简介

FedEx为顾客和企业提供涵盖运输、电子商务和商业运作等一系列服务的全面服务。FedEx通过相互竞争和协调管理的运营模式，提供了一套综合的商务应用解决方案，使其年收入高达320亿美元（1美元≈6.73元人民币）。2021年全球最佳品牌100强榜单发布，FedEx排名第75位。FedEx设有环球航空及陆运网络，通常只需1～2个工作日就能迅速运送时限紧迫的快件，并确保准时送达，而且还设有"准时送达保证"。

2. 快递服务

FedEx的企业文化——PSP（人、服务、利润）。PSP表示以上3个环节是一环扣一环的。首先要有优秀的员工，提供高质量的服务，公司才能获取利润，再将利润分配给员工，公司及员工才能达到双赢的目的。强调要有一种平等的理念，要注重员工自身的发展，要确保沟通从制度到心灵。

FedEx的产品服务主要包括4种：①次早达限时服务：在当日截件时间前取件，于取件后下一个工作日12:00前送达；②次日达限时服务：在当日截件时间前取件，于取件后下一个工作日18:00前送达；③隔日达限时服务：在当日截件时间前取件，于取件后第二个工作日18:00前送达；④国内普通送达服务：在当日截件时间前取件，2~4日送达；跨区运送，目前覆盖全球多个主要经济发达城市。

3. Fedex在中国

FedEx是较早看准中国快递这个庞大市场的外资公司之一，于1984年进入中国。FedEx在中国发展迅速，取得了较好的业绩：当初的每周两次变为现在每周有11个班机进出中国，是拥有直飞中国航班数目最多的国际快递公司；1996年快递服务城市只有60个，现在已发展到了220个快递服务城市；1999年，FedEx与天津大田集团在北京成立合资企业——大田-联邦快递有限公司，双方合作顺利，配合密切，进一步推动了中国快递业的发展。截至目前，FedEx在中国发展的基本情况如表10-2所示。

表 10-2　Fedex 在中国发展的基本情况

类别	具体内容
最早服务中国市场时间	1984年
最早机队服务中国时间	1996年
中国区总部	上海市
中国区员工	约12 000名
服务机场	北京首都国际机场、上海浦东国际机场、深圳宝安国际机场、广州白云国际机场
航班	每周超过300次国际航班
货机类型	波音777F、波音767F、波音757F、麦道-11s
运输车辆	超过3000辆
中国区地面操作站	超过100个
中国区分公司	99个

10.2.3 美国联合包裹服务运送公司（UPS）

美国联合包裹服务运送公司（简称"UPS"）成立于1907年，总部设于美国佐治亚州亚特兰大市，是世界上最大的快递承运商与包裹递送公司之一。

1. UPS简介

UPS是全球重要的快递物流企业，提供包裹和货物运输、国际贸易便利化、先进技术部署等多种旨在提高全球业务管理效率的解决方案。UPS业务网点遍布全球220多个国家和地区，拥有53.4万名员工。2021年，UPS营业额达到973亿美元。UPS被福布斯评为交通运输领域最具价值的品牌，并且在2021 JUST 100社会责任名单、道琼斯可持续发展世界指数和Harris Poll声誉商数等多项知名的排行榜与奖项名单中名列前茅。2021年全球最佳品牌100强榜单发布，UPS排名第29位。

2. 快递服务

作为全球贸易的促进者，UPS拥有高度整合的全球服务运输网络，支持多种不同运输方式的综合立体交通网络体系，可实现海、陆、空多式联运之间的"无缝连接"运作，可帮助客户的货件畅达全球市场。目前，UPS的快递服务规模为：①每日取件和为客户递送1 350万件包裹；②每年派送63亿件包裹及文件；③超过10 300辆替代燃料和先进技术车辆；④日常3.742亿在线追踪请求；⑤服务于220多个国家和地区；⑥约127 000部包裹运输车、有篷货车、牵引车与摩托车；⑦运营设施超过1800个；⑧576架自营飞机和租赁飞机；⑨37 000个UPS投递柜。

3. UPS在中国

中国市场是UPS全球业务中非常重要的一环。自1988年进入中国快递市场以来，UPS致力于为各类客户提供全方位的快递物流服务，满足各种规模的中国企业不断变化的贸易需求，助力中国客户更好地与世界连接。现在，UPS在中国的服务范围覆盖330多个商业中心和主要城市，每周连接中国、美国、欧洲各国及亚洲其他国家和地区的航班近200个班次。自1988年至今的30多年中，UPS在中国的发展分为3个阶段。

第1阶段：进入中国市场

1988年，UPS与拥有40多年运输经验的中国对外贸易运输集团总公司签订代理业务合作协议，开始了在中国市场的业务。2001年，UPS开创直航中国的服务，在中国与美国之间架设空中航空货运桥梁，这项新措施扩大了UPS的全球航运能力，缩短了货物转运时间，为客户带来更具竞争优势的价格。

第2阶段：在中国独立运营

2004年，中美签订新的航空协议，允许航空货运公司在对方境内建立国际货物航空转运中心，这一协定为UPS在中国的进一步发展奠定了基础。同年，UPS开始直接运营其在中国的23个地区的国际快递业务，并在2004年底成为首个在中国拥有全资公司的国际快递运营商。随后，UPS在中国扩大投资和运营，在设施建设、技术革新和员工成长各方面得到了进一步的发展。

第3阶段：服务深化和拓展战略支持业务增长

中国快递市场始终是UPS的重要增长市场。根据中国市场情况，UPS制定了特有的服务深化和拓展战略，提出细分市场解决方案，分别为零售业、汽车产业、工业制造业和高科技行业等行业客户提供定制化的物流解决方案，帮助他们提升企业竞争力，可以更快速地进入全球市场。UPS与中国企业的合作将继续坚持"以客户为中心"的理念，促进双方共同成长，提供更多可定制的服务以增强企业竞争力，加速企业发展全球贸易的脚步。

10.2.4　中国邮政速递物流股份有限公司

EMS，即邮政特快专递服务，是万国邮政联盟管理下的国际邮件快递服务。在中国，一提到EMS首先会想到中国邮政。究其原因，中国邮政于1980年开通国际EMS，1984年开通国内EMS，2010年中国邮政设立中国邮政速递物流股份有限公司（简称"中国邮政速递物流"）提供EMS业务。目前，中国邮政速递物流已拥有享誉全球的"EMS"邮政特快专递品牌。因此，这里具体介绍中国邮政速递物流的EMS业务。

1. 中国邮政速递物流简介

中国邮政速递物流是经国务院批准，由中国邮政集团公司作为主要发起人，于2010年6月发起设立的股份制公司，是中国经营历史最悠久、规模最大、网络覆盖范围最广、业务品种最丰富的快递物流综合服务提供商。中国邮政速递物流在全国31个省（自治区、直辖市）设立分支机构，并拥有中国邮政航空有限责任公司、中邮物流有限责任公司等子公司。截至2020年年底，公司注册资本为250亿元人民币，拥有近16万员工，业务范围遍及全国31个省（自治区、直辖市）的所有市、县、乡（镇），通达全球200余个国家和地区，拥有近9000个自营营业网点。

中国邮政速递物流主要经营国内速递、国际速递、合同物流等业务，其中，国内、国际速递服务涵盖卓越、标准和经济3种不同时限水平的寄递服务；卓越是时效最快的寄递服务，标准是时效较稳定的寄递服务，经济是时效相对较长、价格最有竞争力的寄递服务。合同物流涵盖仓储、运输等供应链全过程。中国邮政速递物流坚持"珍惜每一刻，用心每一步"的服务理念，为社会各界客户提供方便快捷、安全可靠的"门到门"速递物流服务，致力于成为持续引领中国快递市场、综合服务能力最强、最具全球竞争力和国际化发展空间的大型现代快递物流企业。

2. EMS服务

EMS一贯秉承"全心、全速、全球"的核心服务理念，为客户提供快捷、可靠的"门到门"速递服务，最大限度地满足客户和社会的多层次需求。EMS提供的特快专递业务主要分为国内业务和国际业务两类，其中国内业务主要包括国内特快专递、政务专递、商务专递、极速鲜、港澳台特快专递、港澳台e特快，国际业务则特指国际（地区）特快专递、e特快，如表10-3所示。本节主要介绍国内特快专递、港澳台特快专递、国际（地区）特快专递，其他业务详见3.1.3部分内容。

表 10-3　EMS 分类

业务类别	业务名称
国内业务	国内特快专递、政务专递、商务专递、极速鲜、港澳台特快专递、港澳台e特快
国际业务	国际（地区）特快专递、e特快

（1）国内特快专递

国内特快专递主要依托自主航空网，提供高效、安全的国内城市间文件和物品寄递服务。作为中国邮政速递物流的精品业务，国内特快专递提供高速度、高质量的为用户传递国内紧急文件资料及物品的服务，同时提供多种形式的邮件跟踪查询服务。服务范围为全国31个省、自治区、直辖市的全部区域。目前，国内已有近2000个市、县开办了此项业务；该业务可办理异地特快专递业务和同城特快专递业务。

国内特快专递的服务特性主要有：①在指定服务范围和时间内，提供今天寄明天到的次日递承诺服务；②提供代收货款、国内收件人付费等多项增值服务；③提供核心区域1小时内上门服务；④提供包装服务；⑤提供满足不同材质、大小的绿色环保包装材料；⑥邮件全程追踪，提供官方App、官方网站等多种查询方式；⑦提供专业的线上、线下客户服务。

（2）港澳台特快专递

港澳台特快专递是中国邮政和香港邮政、台湾邮政和澳门邮政开办的一项快递服务，方便客户寄递文件资料和物品等，为客户提供保价服务。产品具有快速、稳定、安全的特性。其服务特性包括：①覆盖面广，揽收网点覆盖范围广，目的地投递网络覆盖能力强；②收费简单，无燃油附加费、偏远附加费、个人地址投递费；③全程跟踪，全程跟踪邮件信息，随时了解邮件状态；④清关便捷，享受邮件便捷进出口清关服务。

（3）国际（地区）特快专递

国际（地区）特快专递（简称"国际EMS"），是中国邮政与各国（地区）

邮政合作开办的中国与其他国家和地区寄递EMS邮件的快速类直发寄递服务，可为用户快速传递各类文件资料和物品，同时提供多种形式的邮件跟踪查询服务。该业务与各国（地区）邮政、海关、航空等部门紧密合作，打通绿色便利邮寄通道。服务特性与港澳台特快专递相同，即覆盖面广、收费简单、全程跟踪、清关便捷。

3. EMS的发展优势

EMS拥有首屈一指的航空和陆路运输网络。依托中国邮政航空公司，建立了以南京为集散中心的全夜航航空集散网，现有专用速递揽收、投递车20 000余辆。覆盖最广的网络体系为EMS实现在国内300多个城市间的次晨达、次日递服务提供了有力的支撑。

EMS具有高效、发达的邮件处理中心。在中国共有200多个邮件处理中心，其中北京处理中心、上海处理中心和广州处理中心占地面积分别达到30 000平方米、20 000余平方米和37 000平方米。同时，各邮政处理中心配备了先进的自动分拣设备。亚洲地区规模最大、技术装备先进的中国邮政航空速递物流集散中心也于2008年在南京建成并投入使用。

EMS具备先进的信息处理能力，建立了以国内300多个城市为核心的信息处理平台，与万国邮政联盟查询系统链接，可实现EMS邮件的全球跟踪查询，建立了网络、短信、客服电话三位一体的实时信息查询系统。

小故事

小故事1：美国"退出"万国邮政联盟？不！

美国宣称，长期以来国际邮政业务有利于发展中国家的利益倾斜政策需要进行改变。2018年10月17日，美国政府致信万国邮政联盟，称将启动退出该机构的程序。美国还表示将最晚于2020年1月1日自行决定终端费率。

"终端费"制度是万国邮政联盟在1969年确立的、各国邮政部门之间清算国际邮递业务的一个共同认同和遵守的运作机制。这一制度的目的是补偿目的地国指定的邮政运营方从国外处理、运输和投递邮件的费用，即对发展中国家的付费实行照顾。具体做法是，发达国家的邮件在抵达发展中国家后的境内投递费用，由作为寄件方的发达国家承担70%~80%，而发展中国家的邮件在抵达发达国家后的境内投递费用，作为寄件方的发展中国家只需承担20%~30%。

2019年9月25日，在日内瓦举行的万国邮政联盟第3次特别大会上，192个会员国同意改革邮资费率制度，上涨国际大件信件和小包境内投递的费率。根据这一方案，进口函件业务量超过7.5万吨的国家，可以从2020年7月1日起实行自定义终端费率体系。这一方案还为终端费设定了阈值，保护邮件业务量低的发展中国家免受迅速改革终端费的影响。在该方案通过之后，美国宣布放弃退出万国邮政联盟，并于2019年10月10日致信万国邮政联盟表示。"退出将不生效，美国应继续成为万国邮政联盟组织法的缔约方和万国邮政联盟的会员国"。

讨论与思考：

请你结合案例，谈谈美国退出万国邮政联盟的动机？如果美国退出万国邮政联盟组织，那么对万国邮政联盟发展会产生什么样的影响？讨论2019年的终端费率制度改革会对中国会产生什么样的影响？

小故事2：国际快递企业提高运输附加费

为了应对国际新形势导致的全球供应链短缺等问题，FedEx、UPS和DHL快递等国际快递企业于近期提高了其国际"旺季"附加费水平，以应对运营成本日益增加的处境。

2022年3月3日，FedEx在服务更新中告知客户，由于全球供应链持续中断，航空货运能力仍然有限，公司持续调整国际网络并在受限的环境中运营，成本大增。鉴于此，至3月7日，FedEx已经提高欧洲与世界其他地区之间，以及从亚太地区到欧洲、中东地区、非洲地区和拉丁美洲目的地的部分包裹和货运的"高峰"附加费。其中，中欧包裹的附加费将从每千克1.2美元提高到每千克1.5美元，欧洲—美国的包裹将从每千克0.2欧元涨到每千克0.3欧元（1欧元≈20元人民币）。

此前，UPS已在2月调整了"高峰/需求附加费"，从欧洲各国到北美地区的附加费略有增加，从印度到北美地区的附加费有相当大的增加，从亚洲主要发货地（不包括中国）到欧洲的附加费也发生了变化。DHL快递在2月14日前对其"紧急情况附加费"进行了小幅调整，提高了从亚洲（不包括中国）到欧洲、美洲和世界其他地区的附加费。

💬 **讨论与思考：**

请你结合案例，思考运费的增加对国际快递业的发展会带来哪些影响？案例中UPS与DHL所调增附加费的区域不包括中国，讨论UPS与DHL快递没有调增中国区域运费的原因。

复习思考题

1. 万国邮政联盟成立的宗旨是什么？

2. 万国邮政联盟是如何进行组织管理的？

3. 简述万国邮政联盟的主要法规与邮政业务协定。

4. 简述建立区域性邮政联盟需要具备的条件。

学习目标

1. 理解企业社会责任的理论基础；

2. 理解邮政快递企业履行社会责任的对象和内容；

3. 掌握邮政快递企业履行的法律义务；

4. 掌握邮政快递企业践行社会责任的类别；

5. 理解邮政快递企业如何践行社会责任。

导入案例

雪线邮路

川藏线上有条雪线邮路，从四川省甘孜藏族自治州州府康定市出发，沿途翻越折多山、橡皮山、松林口、罗锅梁子、雀儿山后，抵达川藏邮路四川段终点站—德格县。公路海拔从2500米一路攀升至5000米，全程604千米。这条雪线邮路将来自全球各地的邮件发往康巴藏区和西藏自治区。60多年来，纵使川藏线上再多艰险，邮车都从未间断。在这条雪线邮路上，几代邮政人用辛勤付出和无私奉献，书写了传奇故事，展现了邮政人扎根藏区高原、敬业奉献的精神风貌及邮政人忠实履行普遍服务义务、坚守社会责任的担当。

让公益成为一种生活习惯

从数万个贫困家庭，到一双双渴求希望的眼睛，从破旧简陋的教学环境，到一张张稚嫩童真的脸……面对这些渴望读书的孩子，顺丰速运一直在思考，他们能做什么？从200人到10 458人，再到……从经济资助到成长陪伴，顺丰莲花助学陪伴每一位渴望改变的孩子。从甘肃省到云南省、贵州省、湖南省，顺丰莲花小学帮一个个孩子接受公平有质量的教育。从先心病、白血病到新生儿缺陷救助，顺丰速运愿意给生命一次机会，给孩子一个未来，点滴汇聚希望，行动让改变发生。

> **讨论与思考：**
>
> 　　研读"雪线邮路""公益活动"两个案例，你有哪些体会？讨论邮政快递企业履行社会责任的内容，思考邮政人如何履行邮政普遍服务义务？快递企业如何履行公益事业责任？

11.1　邮政快递企业社会责任的理论基础

11.1.1　社会责任的定义、特征与实践

　　《社会责任指南》（GB/T 36000—2015）国家标准于2015年6月2日发布，2016年1月1日实施。该国家标准是我国社会责任领域国家层面的标准性文件，将统一各类组织对社会责任的认识和理解，为组织履行社会责任提供全面、系统的指导。该国家标准给出了社会责任的定义、阐明了社会责任的特征与实践。

　　1. 社会责任的定义

　　《社会责任指南》给出了社会责任的定义。社会责任是组织通过透明和合乎道德的行为为其决策和活动对社会和环境的影响而担当的责任。这些行为致力于可持续发展，考虑了利益相关方的期望，符合适用的法律并与国际行为规范相一致，被融入整个组织并在组织关系中实施。由此定义可以看出，社会责任适用于所有类型的组织，包括企业在内。

　　2. 社会责任的基本特征

　　（1）利益相关方的识别和参与是组织社会责任的基础。

（2）社会责任包含对更广泛的社会期望的理解和尊重。社会期望不仅包括尊重法治和履行具有法律约束力的义务，还包括承担源自社会认同的道德观和价值观而履行的责任。

（3）社会责任是组织可持续发展战略的重要组成部分，组织在制定战略决策时需要考虑社会责任，并通过组织行为来承担责任。

3. 社会责任基本实践

社会责任基本实践指组织践行社会责任需要解决的基本问题。一是社会责任辨识问题。社会责任辨识不仅包含辨识因组织决策和活动影响而引起的社会责任，而且包含为致力于可持续发展而引起的社会责任。二是利益相关方的识别和参与问题。利益相关方是指其利益受组织决策和活动影响的相关者。组织通过识别这些影响可识别利益相关方。利益相关方参与是组织为创造一个或多个利益相关方进行对话的机会而开展的活动，其目的是为组织决策体提供知情基础。通过解决这两项社会责任基本实践问题，有效帮助组织践行社会责任。

11.1.2　社会责任理论和传统文化责任思想

在社会责任理论的探索过程中，主要形成了利益相关方理论和企业社会责任金字塔理论。虽然这些理论源于西方，但在中国传统文化中早已蕴涵着社会责任思想，并在传承与发展中被企业作为经营理念和管理智慧，影响、规范并约束着企业社会责任实践活动。

1. 利益相关者理论

1984年，弗里曼在《战略管理：利益相关者方法》一书中提出利益相关方理论。该理论认为企业履行社会责任就是解决社会问题的过程，企业与社会相关的很多问题其实就是企业与利益相关方的问题。这就是说，企业除了要为股东追求利润，还应该考虑利益相关方，即那些能够影响企业目标实现或被企业实现目标的过程影响的群体或个人。按照该理论，健康的企业必须与外部环境的利益相关方建立良好关系，实现共赢。利益相关方包括企业股东、债权人、雇员、消费者、供应商等交易伙伴，还包括政府部门、社会环境、企业所在社区、本地居民、媒体、非政府组织等，甚至是自然环境等受到企业经营活动直接或间接影响的客体。企业决策和活动会影响利益相关方的利益。企业不能只追求股东利益最大化，还要协调和平衡这些利益相关方现在和将来的利益。

2. 企业社会责任金字塔理论

阿奇·卡罗尔于1979年提出企业社会责任金字塔理论。该理论提出的企业社会责任内容包括4类：一是经济责任。经济责任是其他责任的基础，包括促进企业和社会经济增长，为社会创造财富，为社会提供有价值的产品服务，提供更多的就业机会等。二是法律责任。法律责任是必须遵守的社会标准，包括遵守国家法律法规，依法经营，依法纳税等。三是伦理责任。伦理责任是有义务做正确、正义和公平的事情，包括维护股东权益、维护员工权益、维护消费者权益、保护环境、积极参与社会建设等。四是慈善责任。慈善责任是成为一个好的企业，包括积极开展和参与社会慈善活动，支持国家、地方教育和文化艺术事业发展，关注社会弱势群体等。

3. 中国传统文化蕴涵的社会责任思想

中国传统文化中的法家、儒家、道家文化蕴涵着社会责任思想。

韩非子在《韩非子·定法》第四十三章中的论法。"法者，宪令著于官府，刑罚必于民心，赏存乎慎法，而罚加乎奸令者也"其含义是，法由官府明文公布，赏罚制度深入民心。可见，法家"尚法任势"的社会责任法治精神蕴含着法律责任的内涵。

孟子在《惠王篇》中深刻明辨义利。孟子见梁惠王，王曰："叟，不远千里而来，亦将有以利吾国乎？"孟子对曰"王何必曰利？亦有仁义而已矣。"王曰"何以利吾国？"其含义是，应言仁义而非利。凡行仁义，乃真正有利于吾国。可见，儒家"以义制利"的社会责任伦理道德蕴含着慈善责任的内涵。

老子在《道德经》中论道法自然。"天长地久。天地所以长且久者，以其不自生，故能长生。"道家的"道法自然"蕴涵着社会责任主张的环境关怀与持续发展的理念。

法家思想强调法治精神，有助于企业深化法律责任履行；儒家思想意涵着商道就是做人之道，对伦理责任影响深远；道家思想主张道法天地，对环境责任的履行启发甚宏。

11.1.3 邮政快递企业社会责任概述

邮政快递企业以《社会责任指南》为指导，以利益相关方理论确定履行社会责任的对象，以企业社会责任金字塔理论归纳履行社会责任的内容，传承中国传统文化的社会责任思想，结合战略定位与经营活动，履行企业社会责任。下面从邮政快递企业履行社会责任的义务、履行社会责任的对象和内容，社会责任实践3个层面，概述其社会责任。

1. 邮政快递企业履行社会责任的义务

邮政快递企业和社会相互依存，共生发展。社会为邮政快递企业的生存和发展提供了法律体系、人力资本、生产服务设施等社会资源，邮政快递企业利用社会资源经营邮务、速递、物流、金融四大板块业务，为消费者提供产品服务，为投资者创造利润。社会赋予邮政快递企业获取和利用社会资源的权利，邮政快递企业应承担社会责任并回馈于社会。

2. 邮政快递企业履行社会责任的对象和内容

（1）邮政快递企业履行社会责任的对象

利益相关方理论回答了企业应对谁履行社会责任的问题。根据该理论，邮政快递企业履行社会责任的对象是利益相关方，其根据自身决策和业务活动对利益相关方影响程度，以及利益相关方在企业目标实现过程中所起的作用，确定其生存和持续运营不可或缺的利益相关方。邮政快递企业依法经营各项业务，其决策和业务活动会对政府、员工、消费者和社会环境产生重要影响，且其生存和持续运营也离不开这些利益相关方。因此，邮政快递企业履行社会责任的对象是政府、员工、消费者和社会环境等利益相关方。

（2）邮政快递企业履行社会责任的内容

企业社会责任金字塔理论回答了企业履行什么社会责任的问题。根据该理论，邮政快递企业履行的社会责任内容包括4类：一是履行经济功能的基本责任，主要包括为投资者提供回报、为员工提供就业机会和支付劳动报酬及促进经济增长。二是遵守法律法规、依法经营，承担政府规定的法律义务。三是履行经济功能的同时要兼顾企业在社会中作用的发挥和为实现企业社会功能而履行的伦理责任，主要包括员工就业、培训与发展和社会保护等合法权益，消费者服务支持、信息安全与隐私保护等合法权益而履行的伦理责任。四是为了广泛地促进社会和谐与可持续发展而承担的慈善责任，主要包括社区参与、消除贫困、绿色发展、公益事业等对社会环境履行的责任。

3. 邮政快递企业践行社会责任

邮政快递企业不仅需要明确履行社会责任的对象和内容，而且需要践行社会责任，采取具体措施，将社会责任落实到企业决策和业务活动中。

企业践行社会责任应与企业经营活动同时展开。邮政企业依法经营各种业务，承担邮政普遍服务义务，受政府委托提供邮政特殊服务，对竞争性邮政业务实行商业化运营。快递企业接受国家邮政局和地方邮政管理部门监管，向消费者提供各种快递服务。邮政企业和快递企业同属邮政快递业，其经营业务种类、服务范围、运营模式有相同之处，也存在诸多差异。因此，邮政企业和快递企业履行社会责任的利益相关方相同，但是履行社会责任的内容有相同之处，也存在差异。

11.2 邮政快递企业对政府履行的法律义务

11.2.1 邮政快递企业应对政府履行的法律义务类别

邮政快递企业依照法律对政府履行基础法律义务和应急物流法律义务。同时，邮政企业依照法律规定对政府履行普遍服务义务和特殊服务义务。具体内容如下。

1. 邮政快递企业应对政府履行基础法律义务和应急物流法律义务

《中华人民共和国公司法》（2018修正）第一章第五条第一款规定："公司从事经营活动，必须遵守法律、行政法规，遵守社会公德、商业道德，诚实守信，接受政府和社会公众的监督，承担社会责任。"根据《中华人民共和国公司法》（2018修正）上述规定，邮政快递企业必须遵守法律、行政法规等基础法律。如根据《中华人民共和国邮政法》（2015修正）、《禁止寄递物品管理规定》等法律法规，邮政快递企业必须切实履行基础法律义务，促进邮政快递业健康持续地发展。

《中华人民共和国民法典》第二章第四百九十四条第一款规定："国家根据抢险救灾、疫情防控或者其他需要下达国家订货任务、指令性任务的，有关民事主体之间应当依照有关法律、行政法规规定的权利和义务订立合同。"根据《中华人民共和国民法典》上述规定，当国家因保障抢险救灾、疫情防控等的需要，下达国家订货、指令性任务时，邮政快递企业必须依照法律、行政法规的规定签订合同，全力保障完成国家订货、指令性任务。

2. 邮政企业应对政府履行普遍服务义务和特殊服务义务

《中华人民共和国邮政法》（2015修正）第一章第二条第二款规定："邮政企业按照国家规定承担提供邮政普遍服务的义务。"根据《中华人民共和国邮政法》（2015修正）上述规定，邮政企业必须依照法律履行普遍服务义务。如履行包括信件、印刷品、包裹等寄递服务业务。

《中华人民共和国邮政法》（2015修正）第三章第十五条第二款规定："邮政企业按照国家规定办理机要通信、国家规定报刊的发行，以及义务兵平常信函、盲人读物和革命烈士遗物的免费寄递等特殊服务义务。"根据《中华人民共和国邮政法》（2015修正）上述规定，邮政企业必须依照法律履行特殊服务义务。如义务兵平常信函免费寄递服务、为革命烈士遗物免费寄递特殊服务。

11.2.2　邮政企业践行对政府的法律义务

邮政企业作为国家重要的社会公用事业和国家重要的通信基础设施，长期坚守履行对政府的基础法律义务、普遍服务义务、特殊服务义务，用行动践行这些法律义务和应急物流法律义务。具体措施列举如下。

1. 邮政企业践行对政府的基础法律义务

邮政企业依法诚信经营，以品质拓展业务，不唯利是图，不弄虚作假，不贪图小利。邮政企业施行《智能快件箱寄递服务管理办法》，加强寄递安全管理，规范智能快件箱寄递服务。邮政企业贯彻落实《禁止寄递物品管理规定》，严格禁止寄递危及安全的爆炸性、易燃性、易腐蚀性、毒害性、感染性、放射性等各类物品等。邮政企业开展公平、公正、公开的竞争业务活动，自觉维护市场秩序和行业利益。

2. 邮政企业践行对政府的普遍服务义务

邮政企业用遍布全国各地的服务网点、深入千家万户的投递网络、统一低廉的服务资费，提供遍布全国的邮政服务。截至目前，邮政企业拥有5.4万个普遍服务营业网点，乡镇网点覆盖率、建制村直接通邮率持续保持100%，惠及全国5.1亿农村人口。截至2020年，全国共有3.7万条邮政邮路，邮路总长度（单程）有1187.4万千米。邮政普遍服务不仅满足了本国境内包括海岛、山区、农村、边疆在内的所有居民的基本通信需求，而且在保证国家政令畅通、传播方针政策及各种信息传递方面发挥着重要作用。

3. 邮政企业践行对政府的特殊服务义务

国家邮政局和邮政企业高度重视边海防部队邮政配送服务保障需求并重点解决边海防偏远点位通邮难的问题。该问题主要在于部队驻地偏远、道路状况差、社会依托弱、自然条件恶劣等现实情况。为解决边海防偏远点位通邮难题，邮政企业召开专题会议研究落实，投入大量车辆、人员和资金，设置军营邮局、开通专线邮路、探索无人配送、加大资费优惠等方式，联合军地启动了涉及信函、报刊、包裹、快递投递等多项服务。经过12省区邮政部门和隶属邮政企业共同努力,在2021年八一建军节前夕,全军125个边海防偏远点位实现通邮。

4. 邮政企业践行对政府的应急物流法律义务

邮政企业面对1998年"抗洪"、2003年抗击"非典",2008年"抗震"、2020年抗击"新冠肺炎疫情"、2021年的郑州"7·20"特大暴雨灾害等各类抢险救灾和紧急防控任务,用实际行动扛起应急物流的法律责任。如2020年2月15日晚,中国邮政集团有限公司湖北省武汉市分公司(以下简称武汉邮政)寄递事业部物流业务部收到紧急通知。该通知具体内容为,有3000套床上用品急需从湖北省荆门市京山县运到湖北省武汉市江岸区谌家矶长江新城区方舱医院和湖北省武汉市洪山区武汉科技会展中心方舱医院。接到通知,武汉邮政连夜召集物流车队的7名司机,驾驶着7辆邮车向200公里外的湖北省荆门市京山县疾驰,在不到24小时内,3000套床上用品被全部安全送达通知中要求的两处方舱医院。

11.2.3 快递企业践行对政府的法律义务

1. 快递企业践行对政府的基础法律义务

快递企业遵守法律法规、诚信经营、公平竞争,这里快递企业应践行的一项基础法律义务。快递企业贯彻落实《快递末端网点备案暂行规定》,在快递末端网点设置快件存放和保管区域,配备相应的通信、货架、监控等设备设施,公示快递服务组织标识,并遵守邮政管理部门的其他规定。快递企业贯彻落实《快递暂行条例》,严格禁止利用快件寄递服务从事危害国家安全、社会公共利益的活动。快递企业应诚信经营。例如,申通快递建立了较为完善的诚信经营体系,不断加强监督管理及反腐倡廉工作,严防严惩徇私舞弊、贿赂、侵占和欺诈等行为。

2. 快递企业践行对政府的应急物流法律义务

面对地震、特大洪水灾害抢险救灾,面对"非典"、新冠肺炎疫情防控,快递企业采取应急处置措施予以快速、有效的应对,践行应急物流的法律义务。如面对2021年的郑州"7·20"特大暴雨灾害，顺丰速运、京东物流、中通快递、申通快递、百世快递、韵达快递等众多快递企业密切关注河南省多地极端暴雨天气的发展态势，均在第一时间开通绿色通道，为当地提供救援捐赠物资运输。

11.3 邮政快递企业对员工履行的社会责任

11.3.1 邮政快递企业应对员工履行的社会责任类别

员工为邮政快递企业创造经济和社会效益，其是邮政快递企业的主要利益相关方。邮政快递企业应对员工履行的社会责任主要包括如下内容。

（1）就业和劳动关系。就业和劳动关系指组织如何与个人形成合法或有效的劳动关系，并明确组织对员工的义务。根据《中华人民共和国劳动法》（2018修正）、《中华人民共和国劳动合同法》法律法规，邮政快递企业应确保员工在就业、工时、工资等劳动实践中享有公平待遇和机会。

（2）培训与发展。根据《中华人民共和国劳动法》（2018修正）和《中华人民共和国职业教育法》（2022年修订）法律法规，邮政快递企业应根据实际情况，有计划地对员工开展职业培训，使员工具备从事工作或者实现职业发展所需要的职业道德、科学文化与专业知识、技术技能等职业素质。

（3）职业健康安全。职业健康安全是指员工在劳动或工作中的健康与安全问题。根据《中华人民共和国安全生产法》（2021修正）、《中华人民共和国职业病防治法》（2018修正）、《生产安全事故应急预案管理办法》（2019修正）等法律法规，邮政快递企业应树牢安全发展理念，坚持预防为主、综合治理的方针，采取预防和保护措施消除职业健康安全隐患，筑牢健康安全防线。

（4）社会保护。社会保护是指为避免员工因工伤、疾病、生育、抚养子女、老年、失业、残疾等导致收入损失，法律规定的或组织为员工提供的各种保障，以及组织为员工提供的各种医疗保健和家庭福利。2021年6月23日，国家邮政局等7部门联合印发《关于做好快递员群体合法权益保障工作的意见》，邮政快递企业应严格贯彻落实《关于做好快递员群体合法权益保障工作的意见》，切实保障快递员合理的劳动报酬、完善快递员社会保障等合法权益。

11.3.2 邮政企业践行对员工的社会责任

邮政企业践行对员工社会责任主要体现在就业和劳动关系、培训与发展、职业健康安全、社会保护4个方面，具体措施列举如下。

（1）邮政企业提供均等就业机会与形成合法劳动关系。例如，邮政企业官方网站专设"招聘系统"，其中有"招聘公告""岗位列表"板块。"招聘公告"板块中有招聘人员范围、招聘条件、招聘岗位、报名方式及时间等信息。"岗位列表"板块中有岗位职责、任职条件、招聘范围及申请职位等信息。如2022年，邮政企业扩大了招聘规模，计划提供3000多个就业机会；拓展了就业岗位类别，除了快递业务外，还涉及法律、计算机、交通等多个专业；拓宽了招聘范围，招聘应届毕业生和毕业后两年内的大学生；招聘岗位的应聘学历降低至大专，为莘莘学子提供更多均等的就业机会。

（2）邮政企业重视员工培训与发展。邮政企业将石家庄邮电职业技术学院设为企业培训中心，借助该学院力量为员工提供继续深造的机会，为员工成长和职业发展奠定基础。

（3）邮政企业保护员工健康安全。邮政企业贯彻落实《中华人民共和国安全生产法》（2021修正）、《中华人民共和国职业病防治法》（2018修正）、《生产安全事故应急预案管理办法》（2019修正）等法律法规，开展服务运营管理涉及的员工职业健康安全管理活动。如2021年12月，邮政企业举办《中华人民共和国安全生产法》专题讲座，进一步提高人们对安全发展的思想认识，助力全员安全生产主体责任的落实。

（4）邮政企业为员工提供多种形式的社会保护。邮政企业贯彻落实《关于做好快递员群体合法权益保障工作的意见》，切实保障快递员群体合法权益。例如，重庆市邮政企业2021年为员工办理重大疾病保险和意外伤害保险、补充医疗住院保险、劳务用工及劳务承揽备案人员互助保险、员工健康体检等。

11.3.3　快递企业践行对员工的社会责任

快递企业践行对员工的社会责任主要体现在就业与劳动关系、培训与发展、职业健康安全、社会保护4个方面，具体措施列举如下。

（1）快递企业提供均等就业机会并建立合法劳动关系。众多快递企业根据企业发展人才战略目标，在校园中和社会上招聘员工。例如，顺丰速运通过开展校招、内荐、网络招聘等多种招聘渠道吸纳新员工，同时顺丰速运还建立了退伍军人和障碍人士的招聘渠道，为更多群体提供均等就业机会。

（2）快递企业重视员工培训与发展。快递企业根据战略目标和发展需求，构建培训体系，为员工的成长与职业发展奠定基础。例如，2021年10月，韵达快递采取线上和线下相结合的方式，开展业务及服务质量提升、标准实操演练等多项内容，以期为客户带来更优质的服务体验。

（3）快递企业保护员工职业健康安全。快递企业贯彻落实《中华人民共和国安全生产法》（2021修正）、《中华人民共和国职业病防治法》（2018修正）、《生产安全事故应急预案管理办法》（2019修正）等法律法规，将安全生产管理与日常经营相融合，推行各种安全生产保障措施。例如，2021年10月，顺丰速运开展道路交通安全宣传活动，旨在增强快递员的交通安全意识，预防和减少快递电动车交通事故。

（4）快递企业为员工提供社会保护。快递企业贯彻落实《关于做好快递员群体合法权益保障工作的意见》，实施快递员群体合法权益保障工作方案。例如，2021年，韵达快递、极兔快递和申通快递的32家桂林市服务网点作为试点在广西率先行动，为快递员购买工伤保险。

11.4 邮政快递企业对消费者履行的社会责任

11.4.1 邮政快递企业应对消费者履行的社会责任类别

邮政快递企业为消费者提供产品服务，其在经营过程中应保护消费者利益，尊重消费者合法权益，回应和满足消费者的合理诉求和期望，确保企业行为能够以消费者的意愿和权益为导向。邮政快递企业应对消费者履行的社会责任主要包括如下内容。

（1）公开的信息，公平的营销。邮政快递企业应向消费者提供详细、真实、公开的信息，使消费者在知情的情况下，能进行产品服务比较，进行购买决策；在营销时，提供产品服务的质量、健康安全等方面所有重要信息，以满足消费者知情权、自由选择权的需要。

（2）健康安全的产品服务。邮政快递企业在产品服务设计阶段就应考虑健康安全要素，其应向消费者提供健康安全的产品服务，以保障消费者基本权益。

（3）消费者服务、支持及投诉和争议处理。邮政快递企业应明确告知消费者投诉申诉渠道，以及如何处理争议，以保障消费者倾听权、补偿权的需要。

（4）信息安全与隐私。邮政快递企业应采取科学有效的方法，保护消费者的信息安全与隐私，以保护消费者隐私权。

11.4.2 邮政企业践行对消费者的社会责任

邮政企业践行对消费者的社会责任主要体现在提供公开信息，提供健康、安全的产品服务，向消费者提供客户服务、支持与申诉投诉渠道，保护信息安全与隐私4个方面，具体措施列举如下。

（1）邮政企业为消费者提供产品服务的种类及资费等公开信息。在邮政企业官网列有详细的邮务产品、寄递产品和金融产品及资费。官网还提供政务专递、商务专递等多类型产品服务的服务时限、服务范围、运费与时效等详细信息。

（2）邮政企业提供健康、安全的产品服务。如邮政企业开通济南至南京航班专线寄递烟台大樱桃，开通海口至南京季节性荔枝航运专线寄递海南荔枝，让消费者在下单后24小时内即可品尝到新鲜、味美的水果。

（3）邮政企业向消费者提供申诉客户服务电话与服务平台。例如，2021年8月，国家邮政局和省（区、市）邮政管理局通过"12305"邮政业申诉电话和申诉网站共处理申诉25 547件，用户对邮政企业有效申诉处理满意率为93.1%。同年9月，同样的申诉电话和申诉平台，国家邮政局和省（区、市）邮政管理局共处理申诉27 877件，用户对邮政企业有效申诉处理满意率为99%。通过上述比较发现，同年9月与8月相比，在处理申诉件数增长的情况下，用户对邮政企业有效申诉处理满意率反而增加了5.9%，可见邮政企业非常重视消费者服务，积极面对和处理消费者申诉。

（4）邮政企业保护消费者信息安全和隐私。邮政企业启用虚拟面单，虚拟号码机制，设置隐私通信加密服务器生成虚拟号码。当快递信息生成时，服务器将临时性虚拟电话与消费者真实电话进行绑定，这样面单上出现的可能是二维码或是以"400"开头的虚拟电话，而不是消费者的真实信息，从而有效保护消费者的信息安全和隐私。邮政企业使用安易递全网通寄递身份二维码，实行一次认证、全国通用、全网通行，以此保障用户的身份信息安全。

11.4.3 快递企业践行对消费者的社会责任

与邮政企业相同，快递企业践行对消费者的社会责任主要体现在公开信息，提供健康、安全的产品服务，提供申诉客户服务渠道，信息安全与隐私保护4个方面，具体措施列举如下。

（1）快递企业为消费者提供各种服务产品价格标准和时效等信息。顺丰速运、中通快递、圆通速递、德邦快递、申通快递、百世快递、韵达快递、天天快递、菜鸟网络等众多快递企业官方网站均公布了经营业务种类、服务范围、服务价格等真实信息。每逢业务旺季或遇突现恶劣天气等情况，快递企业通过网络平台等渠道及时发布消费者提示，提醒消费者快件有可能出现的延迟现象，以减少和避免消费者损失。

（2）快递企业提供健康、安全的产品服务。例如，顺丰速运采用无人机物流运输和专业化杨梅预处理中心相结合的方式，实现了实时采摘、极速运输、重量分拣、自动开箱、称重、封箱、订单、贴单等功能，提供了从"分拣→预冷→包装"的一件代发全链条服务，提高了杨梅寄递时效性、保障了果品运输品质，为消费者提供温州优质特色杨梅果品。

（3）快递企业提供快递客户服务、投诉、申诉渠道，积极预防和解决争议。如顺丰速运重视客户意见，主动拓宽收集客户问题与需求的渠道，以大数据挖掘、平台工具后台反馈、监控网络社交平台、满意度调研等多种方式，了解客户诉求。同时注重客服智能化，持续优化客户体验。通过客户服务优化，服务效果显著，2019年85%的年投诉处理满意度提升至2020年的95%。

（4）快递企业保护消费者信息安全与隐私。自2015年11月1日快递实名制登记正式开始以来，出现快递面单信息泄露、"黑客"盗取消费者信息、快递员及相关从业人员利用职务便利出售消费者信息、电商平台相关人员售卖消费者信息等社会问题。快递企业开始思考如何保护消费者的信息安全与隐私。百世快递、中通快递、申通快递、天天快递、德邦快递、圆通速递、韵达快递等众多快递企业采用技术赋能方式，推行隐私面单服务，堵住信息泄露源头。中通快递、申通快递、圆通速递和顺丰速运委托蜂网开发快递物流征信系统，该系统存储着泄露消费者信息的失信快递人员名单，其可用于查询快递征信合作企业失信人员黑名单。该措施着手于员工教育培训，通过征信系统加大对泄露消费者信息相关人员的处罚力度，避免快递员工泄露消费者信息等安全隐患。

11.5 邮政快递企业对社会环境履行的社会责任

11.5.1 邮政快递企业应对社会环境履行的社会责任类别

社会环境指人类生存与活动范围内的社会物质与精神条件总和，其是人类活动的产物，有明确、特定的社会目的和社会价值。邮政快递企业从战略角度思考企业与社会环境的共生关系，把社会环境问题置于企业战略核心位置，把社会环境利益纳入企业核心价值主张，为解决社会环境问题不断进行产品服务创新，为企业和社会环境创造共享价值。邮政快递企业应对社会环境履行的责任主要包括如下内容。

1. 社区参与

社区参与是企业在尊重法治的前提下，积极支持和参与社区事务。国家邮政局贯彻落实《国务院办公厅关于推进电子商务与快递物流协同发展的意见》《国务院关于促进快递业发展的若干意见》的要求。按照"落实新发展理念，实施"互联网+流通"的行动计划，培育壮大市场主体，扩展服务网络惠及范围"的要求，国家邮政局推动全行业各个省份出台相关支持政策，如"快递进社区"。福建省宁德市邮政管理局联合市住建局、民政局出台了《推进快递服务进社区指导意见》，安徽省邮政管理局联合省住房城乡建设厅、民政厅出台了《关于推进快递服务进社区的意见》，要求按照"政府推动、市场主导、整合资源、服务民生"原则，因地制宜地在各类小区设立快递服务网点等快递服务平台，积极鼓励各类市场主体参与发展快递服务，积极推进快递服务进社区。

邮政快递企业应积极推动"快递服务进社区"，开展社区参与活动，加强社区快递配送点建设，完善社区末端服务设施，发挥社区公共服务功能，协力解决快递服务末端网点投递问题，更好地促进社区的和谐稳定发展。

2. 精准扶贫

精准扶贫的重要思想是针对不同贫困区域环境和不同贫困人口状况，运用科学有效的方法对扶贫对象实施精确识别、精确帮扶、精确管理的治贫方式。其思想重在坚持分类施策、因人因地施策、因贫困原因施策、因贫困类型施策。为了贯彻落实《中共中央国务院关于实施乡村振兴战略的意见》《乡村振兴战略规划（2018—2022年）》重大决策部署，国家邮政局联合国家发展和改革委员会、财政部、农业农村部、商务部、文化和旅游部、供销合作社出台了《关于推进邮政业服务乡村振兴的意见》，该意见指出邮政快递企业要积极推广电商快递脱贫模式，加快推进行业扶贫工作。

邮政快递企业应深刻领悟精准扶贫的重要思想精髓，贯彻落实上述《关于推进邮政业服务乡村振兴的意见》，围绕"精准扶贫、精准脱贫"的目标任务，深度融入行业扶贫工作，探索创新扶贫举措，切实有效地促进农民持续增收并巩固脱贫成果，服务乡村振兴。

3. 绿色发展

"绿水青山就是金山银山"这一重要思想阐述了经济发展与生态环境保护的辩证关系，强调保护生态环境关系人民的根本利益，关系子孙后代的长远利益。遵循"绿水青山就是金山银山"的重要思想，国家邮政局联合国家发展和改革委员会、科技部、工业和信息化部、环境保护部、住房和城乡建设部、商务部、国家质量监督检验检疫总局、国家认证认可监督管理委员会、国家标准化管理委员会出台了《关于协同推进快递业绿色包装工作的指导意见》，印发《国家邮政局关于全面加强生态环境保护、坚决打好污染防治攻坚战的实施意见》。此外，国家邮政局制还制修订了《快递封装用品》系列国家标准和《快递电子运单》《邮政业封装用胶带》《邮件快件包装填充物技术要求》《快件集装容器》等多项行业标准。

邮政快递企业应深入学习领会"绿水青山就是金山银山"的重要思想，贯彻落实上述各意见、国家标准和行业标准，坚持绿色发展理念，全面推动绿色邮政建设，将服务生态文明建设作为自身的重要责任。

4. 公益事业

公益事业是指自然人、法人或者其他组织自愿无偿向依法成立的公益性社会团体、公益性非营利的事业单位和个人进行捐赠的非营利事项，这些非营利事项包括救助灾害、救济贫困、扶助残疾人等困难的社会群体和个人的活动；教育、科学、文化、卫生、体育事业；环境保护、社会公共设施建设；社会发展和进步的其他社会公共和福利事业。

邮政快递企业应关注社会公共事务领域，将公共福祉和利益、教育、慈善与核心业务连接，与政府及非政府组织共同参与社会服务，合力共同解决社会问题。

11.5.2　邮政企业践行对社会环境的社会责任

1. 社区参与

邮政企业通过"党建共建"活动架起邮政与社区群众的"连心桥"，铺通了党和政府联系、服务群众的"最后一公里"。例如，宁夏回族自治区固原市原州区邮政企业与原州区宋家巷社区共同开展党支部"党建共建"活动，精心组织以"我和我的祖国"为主题的集邮党课。该课堂以邮票为载体，讲述了在党和国家发展历程中的重要成就和卓越贡献，增强了社区群众的文化自信。邮政企业通过"党建共建"活动的开展，主动走进社区，让多元的邮政业务丰富社区文化生活，更好地满足社区群众的用邮需求。

为有效解决投递"最后一公里"难题，安徽邮政企业大力整合社会资源，优化投递网络组织，走进社区、建成并运营"家邮站"，以点带面，实现投递区域全覆盖。该创新运营模式不仅解决了业务量增加过程中的传统"量增增人"的用工困境，而且通过农村电商农产品进城，搭建城市社区农产品销售渠道，实现了农产品从田间到直接寄递上门的便民贴心服务。

2. 精准扶贫

农村贫困问题主要存在于农产品生产环节和销售环节。在农产品生产环节中，生产资料的产供销体系处于半封闭状态，商业流通效率低下；资金欠缺、生产能力低下。在农产品销售环节中，高附加值农产品销售渠道不畅通。邮政企业找准这些致贫原因，充分利用连接城乡、覆盖全国的实物寄递网络，让当地农民与外界连接，畅通微循环，同时提供技术、资金支持，定点扶贫，开展党建、产业、电商、金融、保险、教育六大扶贫板块，创新实施"产业+技术""电商+互联网""教育+就业"等扶贫模式，解决融资难、销售难、物流难等问题，推动扶贫工作由"输血"向"造血"的转变，从根本上解决农民脱贫问题。

3. 绿色发展

面对资源短缺与环境污染问题，邮政企业坚决贯彻落实《关于协同推进快递业绿色包装工作的指导意见》《国家邮政局关于全面加强生态环境保护、坚决打好污染防治攻坚战的实施意见》，严格遵守《快递封装用品》系列国家标准和《快递电子运单》《邮政业封装用胶带》《邮件快件包装填充物技术要求》《快件集装容器》等多项行业标准，将绿色发展理念纳入企业经营决策中，采取有效举措开展绿色发展活动。2018年，邮政企业在行业率先开展绿色邮政建设行动，部署绿色包装、绿色运输。在绿色包装方面，邮政企业推行胶带瘦身、包装减量化、绿色化和可循环化；研发适用的可降解包装和循环包装。在绿色运输方面，完善绿色运输管理创新体系，优化运输装备用能结构，推广甩挂运输模式，投入新能源车的使用，减少资源消耗，抑制环境污染。

4. 公益事业

邮政企业广泛地关注社会公益事业，采取与非营利组织合作的方式，将战略性公益事业融入企业核心业务，与中国扶贫基金会发起共同的"爱心包裹"的公益扶贫项目，为社会搭建小额、透明、便捷、互动的一对一公益参与平台。通过将"爱心包裹"直接送到贫困地区的小学生手中，改善贫困地区小学生综合发展条件和生活条件。邮政企业还与中国妇女发展基金会联合发起"母亲包裹"公益扶贫项目，发动社会各界捐助，通过将"母亲邮包"送到贫困母亲手中，为贫困母亲提供生活必需品。

11.5.3 快递企业践行对社会环境的社会责任

1. 社区参与

顺丰速运、申通快递、圆通速递、韵达快递等众多快递企业进社区开展"党建共建"活动。例如，顺丰速运与广州市越秀区建设街签订"党建共建"协议，开展以"文明从我做起"为主题的精神文明创建活动。顺丰速运快递员组成志愿服务队，穿梭在基本覆盖整个建设街约4平方千米的范围内，化身为党和国家方针政策的宣传员、扫黑除恶扫黄打非线索发现上报的信息员，积极参与社区日常巡逻志愿服务，传递文明风尚，助力社区平安建设。

随着电商、直播等线上销售的发展，"快递进村进社区"成为畅通经济微循环的重要举措。新疆维吾尔自治区阿克苏地区阿克苏市托普鲁克乡中通快递营业网点主要负责阿克苏市托普鲁克乡、阿依库勒镇和库木巴什乡3个乡镇的快递配送，同时该营业网点除了中通快递外，还代投顺丰速运、圆通速递、申通快递、百世快递等快递企业的快件，平均每天有五六百件快递，在"双11"网购高峰期，一天能有1000多件快递。

2. 精准扶贫

众多快递企业坚决贯彻落实《关于推进邮政业服务乡村振兴的意见》，实施精准扶贫战略，采取具体措施践行精准扶贫责任。如中通快递贯彻落实《关于推进邮政业服务乡村振兴的意见》，推进"快递进村"工程，加快末端网点建设，探索"快递+农村电商+农特产品+农户"的产业扶贫模式，整合旗下中通商业、中快传媒等业务资源，依托电商平台、团购、直播等新兴业态模式，破解农产品销售渠道不畅难题。顺丰速运贯彻落实《关于推进邮政业服务乡村振兴的意见》，实施脱贫攻坚战略，有针对性地打造涉农核心业务，着力推进"快递下乡"和产业扶贫，专注打造农产品上行全产业链，为国家级贫困县提供农产品物流专业解决方案，推动贫困地区农业发展提质升级。

3. 绿色发展

综合考虑环境和资源约束问题，快递企业同邮政企业相同，坚决贯彻落实《关于协同推进快递业绿色包装工作的指导意见》《国家邮政局关于全面加强生态环境保护、坚决打好污染防治攻坚战的实施意见》，严格遵守《快递封装用品》系列国家标准和《快递电子运单》《邮政业封装用胶带》《邮件快件包装填充物技术要求》《快件集装容器》等多项行业标准，将绿色发展理念融入企业核心价值观、企业文化和企业经营活动中，通过科技赋能，探索出了绿色包装、绿色运输、绿色全流程。

（1）快递企业推行绿色包装。顺丰速运、申通快递、中通快递、百世快递等众多快递企业推广使用电子面单、绿色环保袋、可降解包装袋、植入RFID电子芯片的可循环集包袋等绿色包装。菜鸟网络、顺丰速运积极研发适用生物基材料包装袋、无胶带纸箱等。中通快递与第三方合作生产氧化和微生物双降解的绿色包装袋。顺丰速运研发一系列循环快递容器，搭建循环运营平台进行数据管理，积极联合相关方打造快递包装循环生态圈。

（2）快递企业推行绿色运输。顺丰速运、申通快递、百世快递等众多快递企业投入和使用新能源车辆。顺丰速运携手供应商研发氢燃料、天然气燃料等适用于不同快递业务场景的新型燃料车辆。中通快递应用地理信息系统监控车辆运输过程，通过车辆配备的北斗定位设备，合理规划运输路线，提高能源效率，减少污染物排放。

（3）快递企业推行绿色全流程。顺丰速运、申通快递、中通快递等众多快递企业关注"取件→运输→转运→派送"的快件全流程对环境的影响。例如，顺丰速运在取件环节使用绿色包装，在运输环节使用低能耗、高效率的绿色机队，在转运环节使用可再生能源利用，在派送环节投放使用电动三轮车及电单车等。

4. 公益事业

快递企业根据其愿景、使命和战略目标，优先考虑贫困地区孩子教育的社会问题，并选择公益慈善方式，将教育慈善领域作为公益事业的重点融入企业。如顺丰速运、中通快递、圆通速递、申通快递等快递企业捐建希望小学、开展物资捐赠，帮助改善教学环境，为贫困孩子与家庭带来希望。快递企业通过公益慈善行为，增进社会福祉。

小 故 事

小故事1：经营平台，做有社会责任担当的企业

多年来，中国邮政集团有限公司浙江省分公司（简称"浙江邮政"）坚持"信息引领，创新驱动"的企业理念，坚持理念与实践并行，在覆盖全省城乡服务平台的建设中积极争取地方政府的支持。2015年，浙江邮政率先完成"村邮站""E邮站"新型报刊亭、新型投递平台等城乡服务平台的建设。截至目前，浙江邮政网络的末梢终端已深入全省各个角落，解决了邮件投递"最后一公里"难题。

浙江邮政以时不待我的紧迫感和勇于担当的责任感，扛起城乡服务平台建设重任，实现城乡服务平台的快速落地。在推进城乡服务平台的落地进程中，浙江邮政不断探索，边干边悟，看准目标就迈出坚定步伐，大胆开拓，勇于创新，推进"村邮站""E邮站"等城乡服务平台的建设。实践证明，如果浙江邮政当年在决策时等待观望甚至迟疑，如今再想涉足"村邮站""E邮站"等城乡服务平台的建设就会时过境迁。

浙江邮政城乡服务平台一侧连着政府、另一侧连着百姓，从服务民生中找到切入点，满足百姓需求，做政府想做的、邮政企业努力能做的事情，展现了邮政企业的社会责任担当。

💬 **讨论与思考：**

从上述案例中，你能提取出本章中的哪些知识点？请进一步查找相关资料，思考并讨论浙江邮政企业的城乡服务平台建设如何造福城乡、服务民生。

小故事2：快递面单成"泄密单"，信息安全如何上锁

"您好，您的一个快递丢了，现在需要给您双倍赔偿。"在对方准确报出自己姓名、快递单号后，杨女士对这位自称是某快递公司的客服人员深信不疑，该"客服人员"表示将支付180元的赔偿费用，但需要杨女士在手机上进行操作。最终，在一步步的对方"指导"下，杨女士竟然转给了对方16万元……这是一位网民哭诉的被骗过程。

自2015年11月推行快递实名制以来，因快递面单信息泄露遭遇诈骗、入室盗窃的案例不时见诸报端。快递面单信息是如何泄露的呢？2017年12月底，民警在走访社区时调查到，某快递企业快递员私藏派送区域内快递面单万余张，以150元的价格卖给健身房销售人员，造成消费者信息泄露。在2020年的"双11"购物节期间，不法分子买通某快递企业多位快递员，租用其账号盗取快递面单信息，再层层倒卖给各类下游诈骗团伙，超40万条消费者信息被泄露。

2016年6月以来，为了防止快递面单信息泄露，快递企业推行"隐私面单"。该快递面单的推行需要专业的信息隐藏系统作为支撑，还须为快递员配备手持终端，在无形中增加了快递平台和快递驿站的经营成本。该快递面单的使用，还使得快递员无法直接从快递面单上获取消费者的准确信息，造成投递末端网点派送效率低下，这些现实问题致使"隐私面单"的推行遭受冷遇。快递面单成"泄密单"，"隐私面单"推行遇冷，这一问题引发快递企业新的思考。

💬 讨论与思考：

> 阅读上述案例，请你思考快递企业是如何保护消费者信息安全的？2021年11月1日起施行《中华人民共和国个人信息保护法》，请思考如何通过法律保护消费者的信息安全？

复习思考题

1. 邮政快递企业对谁履行社会责任?

2. 邮政快递企业履行社会责任的内容是什么?

3. 邮政快递企业如何践行对政府的法律义务?

4. 邮政快递企业如何践行对社会环境的责任?

参考文献

[1] 楼旭明，邹龙. 现代邮政业务与组织管理[M]. 北京：人民邮电出版社，2013.

[2] 赵栓亮，陈军须，张瑞凤，等. 邮政业务与管理[M]. 天津：天津大学出版社，2010.

[3] 周晓光，韦凌云，杨萌柯. 邮政与快递运营管理[M]. 北京：北京邮电大学出版社，2018.

[4] 中华人民共和国国务院新闻办公室. 中国邮政业改革发展成效[R/OL].（2019-09-17）

[5] 杨清，覃伟赋. 快递管理实务[M]. 北京：冶金工业出版社，2017.

[6] 苑春荟，燕阳. 快递市场监督[M]. 北京：北京邮电大学出版社，2019.

[7] 王为民，张慧锋. 速递业务与经营管理实务[M]. 北京：人民邮电出版社，2014.

[8] 刘晓平，孔继利，王刚. 邮政快递智能系统规划与设计[M]. 北京：北京邮电大学出版社，2018.

[9] 国务院办公厅. 国务院办公厅关于推进电子商务与快递物流协同发展的意见[R/OL].（2018-01-02）

[10] 高斌，陶伯刚. 快递服务概论 [M]. 北京：人民邮电出版社，2013.

[11] 谢逢洁. 快递网络：复杂性及规划运营管理 [M]. 北京：科学出版社，2017.

[12] 何健钊. F市邮政运输网络优化研究[D]. 广州：华南理工大学，2018.

[13] 吴久久，万小物，周磊，等. 双十一来了，怎样为14亿人送快递？[EB/OL].（2019-11-09）

[14] 王志彬，颜晔栋. 探访山城的末端物流资源共享之路[EB/OL].（2020-08-31）

[15] 王道平，霍玮. 现代物流信息技术[M]. 3版. 北京：北京大学出版社，2019.

[16] 王晓平. 物流信息技术[M]. 3版. 北京：清华大学出版社，2017.

[17] 魏世民，苏志远，翁迅. 邮政快递技术与装备[M]. 北京：北京邮电大学出版

社，2018.

[18] 李晖，李娟，戚光远，等. 快递业务操作与管理实务[M]．北京：北京理工大学出版社，2020.

[19] 刘源，杨茉，卢红奇. 现代物流技术与设备[M]．北京：中国财政经济出版社，2020.

[20] 缪兴锋，别文群，林钢，等. 智能物流技术[M]．北京：中国人民大学出版社，2021.

[21] 何黎明，张晓东，马增荣，等. 中国物流技术发展报告（2020）[M]．北京：中国财富出版社，2021.

[22] 国家邮政局职业技能鉴定指导中心. 快递信息技术应用[M]．北京：中国劳动社会保障出版社，2020.

[23] 马记，等. 邮政技术设备与管理[M]．北京：北京邮电大学出版社，2017.

[24] 郭彦峰.包装物流技术[M]．3版．北京：文化发展出版社，2021.

[25] 高洪文.DXAL邮政分公司邮政小包快递业务流程优化研究[D].长春：吉林大学，2016.

[26] 卓成娣.ST快递转运中心分拣流程的优化研究[D].南京：南京林业大学，2017.

[27] 王慧.邮政快递包裹业务流程分析及优化研究[D].南京：南京农业大学，2017.

[28] 基于GPS/GPRS的邮政通信运输管理系统研究[D].西安：西安电子科技大学，2010.

[29] 闫靖，陈丽，夏阳，等. 快递管理实务[M]．北京：北京航空航天大学出版社，2018.

[30] 毕丽丽.快递客户服务[M]．北京：中国财富出版社，2016.

[31] 何雄明.快递客户服务与营销[M]．北京：人民邮电出版社，2018.

[32] 国家邮政局职业技能鉴定指导中心. 快递客户关系管理[M]．北京：人民交通出版社，2016.

[33] 国家邮政局. 快递客户服务与营销[M]. 北京：人民交通出版社，2010.

[34] 赵溪. 客户服务导论与呼叫中心实务[M]. 4版. 北京：清华大学出版社，2018.

[35] 董亮. 客户服务与客户投诉处理实务手册[M]. 北京：企业管理出版社，2017.

[36] 李先国，曹献存. 客户服务实务[M]. 2版. 北京：清华大学出版社，2018.

[37] 高静. 客户服务礼仪[M]. 北京：电子工业出版社，2016.

[38] 贺诚. 顺丰快递公司服务补救质量评价及其补救措施[D]. 成都：电子科技大学，2018.

[39] 郝希初. 联邦快递中国区销售员工激励机制优化研究[D]. 兰州：兰州大学，2020.

[40] 张丽娟. 县级邮政业监管机制研究[D]. 重庆：西南政法大学，2018.

[41] 朱丽. 我国邮政业普遍服务政府规制及效用研究[D]. 北京：北京邮电大学，2012.

[42] 中华人民共和国国家邮政局. 2019年快递市场监管报告[R/OL].（2020–07–09）

[43] 北京市人民政府. 北京市发展和改革委员会关于印发《北京市快递业价格行为规则（试行）的通知》[EB/OL].（2017–10–18）

[44] 苏尉. 唐山市快递行业安全监管研究[D]. 成都：西南交通大学，2018.

[45] 马彩贞. 我国邮政普遍服务法律问题研究[D]. 武汉：华中科技大学，2019.

[46] 郭银杏. 重庆市垫江县快递行业安全监管问题研究[D]. 重庆：重庆大学，2018.

[47] 郝琴. 社会责任国家标准解读[M]. 北京：中国经济出版社，2015.

[48] 彭华岗，钟宏武，张蒽，等. 企业社会责任基础教材[M]. 2版. 北京：经济管理出版社，2014.

[49] 叶美兰. 中国邮政通史[M]. 北京：商务印书馆，2017.